普通高等教育新形态教材

KUAIJIXUE YUANLI◄

会计学原理

杨 文 熊 艳 卢铁玲◎主 编

时晓晖 李瑶瑶 李竟婧
◎副主编
张云芳 袁 媛

清华大学出版社
北京

内 容 简 介

本书共分9章，包括：总论、会计要素与会计等式、账户与复式记账、制造企业主要经济业务核算、会计凭证、会计账簿、财产清查、财务会计报告和账务处理程序。主要围绕三个层次进行讲解：一是会计基础理论知识；二是会计核算方法；三是会计核算组织。本书每章开篇都有学习目标，帮助和引导学生预习并理顺学习思路；章后均配有思考与实践、在线自测，以方便学生理解、巩固各章所学内容并强化实务训练。

本书适用于普通本科院校会计学、财务管理、审计学等专业教学，也适用于经济与管理类专业的"会计学"课程的教学，还可作为会计人员继续教育及高等职业技术院校会计学专业的教学用书或参考用书。

图书在版编目(CIP)数据

会计学原理/杨文，熊艳，卢铁玲主编. —北京：清华大学出版社，2022.5(2025.1 重印)

普通高等教育新形态教材

ISBN 978-7-302-60639-0

Ⅰ.①会…　Ⅱ.①杨…　②熊…　③卢…　Ⅲ.①会计学-高等学校-教材　Ⅳ.①F230

中国版本图书馆 CIP 数据核字(2022)第 068126 号

责任编辑：刘志彬
封面设计：汉风唐韵
责任校对：宋玉莲
责任印制：曹婉颖

出版发行：清华大学出版社

　　　　网　　　址：https：//www. tup. com. cn，https：//www. wqxuetang. com
　　　　地　　　址：北京清华大学学研大厦 A 座　　　　邮　　编：100084
　　　　社　总　机：010-83470000　　　　邮　　购：010-62786544
　　　　投稿与读者服务：010-62776969，c-service@tup. tsinghua. edu. cn
　　　　质量反馈：010-62772015，zhiliang@tup. tsinghua. edu. cn

印　装　者：天津安泰印刷有限公司
经　　销：全国新华书店
开　　本：185mm×260mm　　　**印　　张：**12.5　　　**字　　数：**304 千字
版　　次：2022 年 5 月第 1 版　　　**印　　次：**2025 年 1 月第 4 次印刷
定　　价：39.80 元

产品编号：086310-02

前　言

  会计是企业管理最主要、最基本的一种工具，是一种最主要、最普及的商业语言。经济越发展，会计越重要。会计不仅影响到一个企业的生存与发展，而且对国家经济的健康发展有着重大影响。

  为了满足高等院校经济类、管理类本科学生以及广大会计工作者的需要，使其能够成为优秀的会计工作者，我们组织编写了"会计学原理"教材。本书根据我国财政部发布的修订版《企业会计准则》《企业会计准则应用指南》的相关规定编写，并吸收了目前国际上先进的会计理论和方法，融合了经济及管理工作中对会计基本知识的需求，系统、全面、科学地阐述了会计核算的基本理论和方法，以帮助学生尽快掌握相关知识并奠定扎实基础。

  本书共分9章，包括：总论、会计要素与会计等式、账户与复式记账、制造企业主要经济业务核算、会计凭证、会计账簿、财产清查、财务会计报告和账务处理程序。主要围绕三个层次进行讲解：一是会计基础理论知识，包括会计的产生与发展、会计的本职、会计的职能目标、会计对象与会计要素、会计准则等；二是会计核算方法，包括设置和运用账户、复制记账、填制和审核凭证、登记账簿、成本核算、财产清查及会计报表；三是会计核算组织，包括会计核算模式、会计机构、会计人员和会计规范。本书每章开篇都有学习目标、导入案例，帮助和引导学生预习并理顺学习思路；章后均配有思考与实践、在线自测，以方便学生理解、巩固各章所学内容并强化实务训练。

  武汉工程大学邮电与信息工程学院杨文、华北理工大学轻工学院熊艳、辽宁财贸学院卢铁玲任主编；沈阳城市学院时晓晖、武汉工程大学邮电与信息工程学院李瑶瑶和李竞婧、山西工程技术学院张云芳、黑龙江财经学院袁媛任副主编。本书编写人员多年在普通高等院校本科会计学或财务管理专业从事教学工作，具有丰富的教学经验，了解学生的学习需求，同时也了解现有人才市场对应用型人才的需求情况。

  本书在写作过程中，参考了有关专家、学者的优秀著作、教材和其他相关文献，在此表示感谢！由于编者水平所限，书中不妥之处在所难免，恳请读者批评指正，以助其不断完善。

编　者

目　　录

第一章 总 论

学习目标

1. 了解会计的生产和发展过程；
2. 掌握会计的含义；
3. 理解会计核算的基本前提、会计要素的计量原则；
4. 熟悉会计的基本职能和目标；
5. 理解会计信息质量要求；
6. 熟悉会计核算方法。

导入案例

从古到今，从国内到国外，从宏观到微观，在漫长的历史长河中，会计无处不有，无时不用。我国古代原始社会就有了"结绳记事"的记载，如云南省西盟县的佤族使用结绳"账目"来记录和清算债权、债务。他们将一根用来记载或记事的绳索分为3个区间，分别代表放债数额、放债利息和放债时间。如绳左端的3个结代表借出的数额，中间的1个大结和1个小结代表半年利息，右端的3个结代表已借出的时间。随着经济的发展，社会的进步，会计在人们日常生活中的应用越来越广泛，也越来越重要。

案例思考：1. 古代的结绳记事是否属于一种会计工作？
　　　　　2. 古代与现代会计工作有哪些相同点？

第一节 会计的产生和发展

一、会计的产生与发展概述

会计作为一种商业语言在现代经济社会发挥了重要的作用，它的产生和发展经历了很长的历史时期。

人类的生存和社会的发展都需要生产活动，一方面生产活动创造物质财富取得一定的劳动成果；另一方面人们为了以更少的劳动耗费获取更多的劳动成果，会采用一定的技术方法对耗费的人力、物力进行记录、计算、比较分析等，这种方法可以简单地定义为会计。会计是社会生产发展到一定阶段的产物，是人们为组织和管理生产的需要而产生并不断发展的学科。会计作为一门学科，随着人类历史的发展而发展，经历了古代会计、近代会计、现代会计3个不同的发展阶段。

二、会计的发展阶段

▶ 1. 古代会计

第一个阶段是古代会计阶段，从旧石器时代中、晚期至公元 15 世纪末，大约在原始社会末期和奴隶社会初期。这一阶段的社会经济生产力非常低，生产规模很小，生产的劳动工艺十分简单，产品的品种也比较少。这一时期的会计核算和会计监督的内容主要是朝廷官府的钱粮赋税收支等活动，故也称为"官厅会计"。"官厅会计"是古代会计阶段的主要特征。

此阶段会计的特点表现为：会计大多数以实物、少量以货币作为计量单位，仍然是生产职能的附带部分，会计核算方法比较简单，采用单式记账法。比如在我国，"会计"之职最早设于西周，西周王朝建立了一套"日成""月要""岁会"的会计制度，已初步具备现代会计报表的功能；从秦汉到唐宋，在生产力不断发展的基础上，形成了一套记算账的古代会计基本模式，即"四柱清册"法，该方法是我国古代会计的一大杰出成就。会计在欧洲的发展主要集中在庄园之中，此外在古代埃及、印度及希腊等国，也逐步形成了具有各自特点的单式簿记方法体系。

▶ 2. 近代会计

第二个阶段是近代会计阶段，从 15 世纪末复式簿记得到广泛传播到 20 世纪会计学的创立。近代会计形成的标志是单式记账法过渡到复式记账法。1494 年意大利数学家卢卡的著作《算术、几何、比及比例概要》的出版标志着近代会计的开始，也是近代会计发展史上一个重要的里程碑。这一阶段的生产力水平有所提高，企业的规模不断扩大，生产工艺逐渐复杂，产品品种相应增加。

此阶段会计的特点表现为：大多数开始以货币作为主要的计量单位，会计作为独立的管理职能从生产职能中分离出来。需要会计的单位逐渐以企业会计为主，并且会计核算方法大多数采用复式记账法。比如在我国的明末清初，先后出现了"龙门账""三脚账""四脚账"等比较科学的会计方法；19 世纪中叶以后，以借贷复式记账法为主要内容的"英式会计""美式会计"传入我国，推进近代会计在我国的传播，对促进我国会计发展起到一定的作用。18 世纪末到 19 世纪初英国产业革命的完成，第一个会计师协会——爱丁堡会计师公会的成立，标志着会计的服务对象和会计内容的扩展。至 20 世纪初，伴随着资本主义市场经济发展中心的转移，世界会计发展中心也就从英国乃至西欧转移到了美国。

▶ 3. 现代会计

第三个阶段是现代会计阶段。从时间上看，大约从 20 世纪 50 年代开始到现在。从 20 世纪初会计学创立开始，会计发展的历史进入了崭新的现代会计时期，20 世纪成为世界会计发展史上最伟大的一百年。

这一阶段生产力水平得到较大发展，企业的规模越来越大，跨国公司对世界经济的影响逐渐变大，产品品种越来越多，科学技术的进步使得生产工艺复杂化，企业之间的竞争越来越激烈。一方面，电子计算机被引入会计领域，促进了会计数据处理电算化的应用；另一方面，企业为适应生产竞争的需要，迫切需要降低成本，于是标准成本法产生了，同时管理会计得到迅速发展，传统的企业会计学分化为财务会计与管理会计两门相对独立的学科。

综观会计发展的 3 个历史阶段，我们可以发现：会计的产生是社会发展到一定历史阶段的产物，会计是随着社会生产力的发展而发展的，它与社会生产力和经济的发展有着密切的联系。实践证明：经济越发展，会计越重要、越完善。

三、会计的发展趋势

当今，"互联网＋"成为把互联网的创新成果与经济社会各领域深度融合，推动技术进步、效率提升和组织变革，提升实体经济创新力和生产力，形成更广泛的以互联网为基础设施和创新要素的经济社会发展新形态。近些年来，"互联网＋"逐步深入人心，已经改变及影响了各行各业。会计工作的许多方面也开始与互联网深度融合，如网络代理记账、在线财务管理咨询、云会计与云审计服务等第三方会计审计服务模式初现端倪，以会计信息化应用为基础的财务一体化进程不断提速、财务共享服务中心模式逐渐成熟，联网管理、在线受理等基于互联网平台的管理模式成为会计管理新手段；在线联机考试、远程培训教育等已成为会计人才培养的重要方式。

2015 年第十二届全国人民代表大会第三次会议上，李克强总理在政府工作报告中提出制订"互联网＋"行动计划。随后，国务院印发了《关于积极推进"互联网＋"行动的指导意见》(国发〔2015〕40 号)，明确了推进"互联网＋"的总体思路、基本原则、发展目标和 11 个重点行动。到 2025 年，网络化、智能化、服务化、协同化的"互联网＋"产业生态体系基本完善，"互联网＋"新经济形态初步形成，"互联网＋"成为经济社会创新发展的重要驱动力量。

随着"互联网＋"时代及大数据时代的到来，社会经济的发展和管理要求的不断提高，会计行业也将迎来一场前所未有的变革。

(1)"互联网＋"为会计技术的发展提供了新支撑。随着云计算、大数据、移动互联网等新兴技术的快速发展，会计信息处理更为实时、动态、集中，会计核算更为规范、高效、便捷，信息技术的发展为会计技术的演进升级提供了有力支撑。

(2)"互联网＋"为会计人员的转型带来了新机遇。在互联网技术和大数据融合的辅助下，单位构建涵盖财务分析与预测、财务战略规划、资本市场运作、全面预算管理、风险控制和绩效管理等较为完备的现代化管理体系成为可能，这将有助于会计核算向价值管理的转型，使管理会计的独特作用进一步体现。

(3)"互联网＋"为会计职能的转变创造了新环境。随着网络技术的迅速发展，会计职能已从传统的"信息处理和提供"转向"信息的分析使用和辅助决策"，从"事后算账"转向"事前预测、事中控制"，加快推进"互联网＋"，有利于更好地发挥会计的预测、计划、决策、控制、分析、监督等功能，推动会计工作提质升级。

面对"互联网＋"给会计改革与发展带来的新机遇。会计行业只有扎根于经济社会发展，服务于国家治理能力的提升和企业创新进步，才能永葆生机和活力，当前和今后一个时期，会计行业需要从以下几个方面做好准备，迎接"互联网＋会计"时代的到来。

在会计管理层面，要为促进"互联网＋会计"时代的深度融合营造有利的政策环境。既要完善会计标准体系及配套机制，又要加快修订有关的会计法律、法规制度，为会计与互联网深度融合提供有力保障；既要稳步推进互联网技术在会计考试、继续教育、会计人员管理等领域的有效应用，又要利用信息技术规范管理、提高效能，推动会计管理与会计监督工作再上新台阶。

在企业层面，要为适应"互联网＋会计"时代的新要求做好调整与准备。既然要充分认识"互联网＋会计"时代的商业模式、思维模式及数据处理模式的大变革，在管理思维、经营理念、组织架构等方面做出调整与准备，又要充分发挥互联网在信息交换、数据汇总、集成管控等方面的优势。同时，在会计岗位设置、会计职能定位等方面做出调整与准备，使管理会计的职能得到充分发挥，让企业财务部门更有效地参与分析决策、进行内部控制。

在会计师事务所层面，要抓住"互联网＋会计"时代的新机遇而加快信息化建设的步伐；要将移动互联网、云计算、大数据等信息技术，充分应用于协同办公管理系统建设、行业信息管理系统升级和行业信息化咨询服务；更要完善会计师事务所的审计软件应用，推动借助于互联网的"智能审计"业务的加快发展，切实提升会计行业服务国家战略的水平。

在会计人员方面，要为应对"互联网＋会计"时代的新挑战而奋发学习。一方面，广大会计人员要适应互联网所带来的信息技术新挑战，学习、掌握互联网应用技术，在财务管理工作中运用大数据、云计算等新手段，借助信息工具，更高效地履行分析、决策、辅助管理等新职能；另一方面，要适应互联网所带来的业务延伸新挑战，加强国际化能力的全方位锻造，为企业"走出去"服务，为承接境外企业会计外包业务等做好准备。

随着"互联网＋"时代及大数据时代的到来，社会经济发展和管理要求的不断提高，会计经历了一个由简单到复杂、由低级到高级的不断发展完善的过程。这对传统会计带来较大影响。

（1）标准化记账工作自动化处理，传统会计的工作效率得到提高

在大数据时代，智能运算持续迭代，人工智能计算已能实现对标准化工作的完全替代，具体到传统会计行业，人工智能技术可以将传统会计的基础核算工作进行部分替代，如原始凭证、记账凭证的自动化录入等。与此同时，大数据时代的重要特征就是数据的电子化，并且处理数据的能力也非常强大，具体到传统会计领域就是电子发票的推出与广泛运用，进一步为传统会计行业标准化记账工作的自动化处理奠定基础。在采取电子发票的会计核算情况下，会计凭证从生成、录入以及核算都能实现自动化处理，这极大地解放了传统会计行业的劳动力，也缩短了基础性会计工作的耗时量，进而降低了各会计核算主体在基础会计领域的人力投入，最终大幅度提升了传统会计的工作效率。

（2）系统性会计报表电子化生成，传统会计的信息质量得到提升

会计报表是传统会计进行财务核算的重要工具与手段，大数据时代的人工智能技术可以在标准化记账的基础上实现系统性会计报表电子化生成的目标。德勤与人工智能企业Kira Systems联合开发的智能财务处理系统就是典型的案例。大数据时代，数据的信息化与无纸化是最主要的特征，人工智能对传统会计的改造就是系统性会计报表电子化生成，其计算原理就是通过设计会计核算组织程序，使得电子化凭证能实现程序化运转，智能系统可以根据智能参数将各类财务电子凭证、账簿及报表进行整合，最终实施处理并导出结果，完成传统会计核算程序。自动化的会计信息处理流程会避免人工统计带来的误差、错误及作假行为，传统会计的信息质量得到提升。

（3）综合性决策依据智能化提供，传统会计的管理职能得到提振

会计信息是企业家决策的核心依据之一，因而能否提供科学、及时、精准、合理的会计信息是传统会计的核心职能。在大数据时代，人工智能对传统会计的改造，会进一步优化传统会计的管理职能。例如，财务机器人可以根据财务人员设置的参数对财务报表的数据进行分析，并且还可以结合非财务信息进行辅助性决策，考虑的内容全面、精准、可靠。

从会计的发展可以看到，未来会计行业的就业市场是很大的，同时也面临很多挑战。

会计岗位是各个领域或行业用人单位必不可少的工作岗位，只要存在经济活动，就需要设置会计机构，建立会计部门，设置会计岗位，安排会计工作，因而会计专业的就业前景是很广阔的。同时，随着社会经济的高速发展，各行各业对会计类人才的需求不断增加，会计专业人才将成为热门人才，这对学生毕业后的就业非常具有优势。但是，高职专业会计专业是更加追求实用型的学科，其职业更为重视实际经验和专业技巧，需要熟练掌握会计操作技能、财务管理与审计的各种方法、计算机的基本操作技能等。会计专业人才分布在各个行业领域中，具体就业岗位也有着各自特点。

第二节　会计的含义、职能与目标

一、会计的含义

会计本身是随着社会经济环境的不断演变和发展而产生和发展的，社会经济环境的发展也推动了会计方法的逐步更新和会计理论的不断丰富。迄今为止，关于会计的概念并没有一个统一的定义。20世纪80年代，我国会计界对会计概念的讨论达到了高潮，下面通过回顾国内外最具代表的两种主流学派观点，概括出会计的含义。

▶ 1. 会计管理活动论

会计管理活动论认为会计的本质是一种经济管理活动，将会计作为一种管理活动并使用"会计管理"这一概念在西方管理理论学派中早已存在。20世纪60年代以后出现的"管理基金会计学派"，则认为进行经济分析和建立管理会计制度就是管理。

"管理活动论"认为："会计是人们管理生产过程中的一种社会活动，会计不仅是管理经济的工具，它本身就具有管理职能，是人们从事管理的一种活动"。这种观点强调会计工作是一种管理工作，因此会计的本质是一种管理活动。这种管理工作是随着经济的发展、企业规模的扩大，逐渐从综合管理中分离出来的。

▶ 2. 会计信息系统论

会计信息系统论，就是把会计理解为提供信息以供决策的一个系统。会计信息系统理论的思想最早起源于美国的会计学家 A. C. 利特尔顿（Ananias Charles Littleton）。20世纪60年代后期，随着信息论、系统论和控制论的发展，美国的会计学界和会计职业界倾向于将会计的本质定义为会计信息系统。

"信息系统论"认为："会计是旨在提高企业和各单位活动的经济效益、加强经济管理而建立的一个以提供财务信息为主的经济信息系统"，认为会计是信息系统，强调在商品经济条件下会计必然以提供财务信息为主这一特点。

在本教材中，我们将"管理活动论"和"信息系统论"加以综合，对会计做出如下定义：会计是经济管理的重要组成部分，是以货币为主要计量单位，并运用专门的方法和程序，对企业和行政、事业单位的经济活动进行连续、系统、全面的核算和监督，提供以财务信息为主的经济信息，为外部有关各方的投资、信贷决策服务，是为了强化经济管理和提高经济效益的一种管理活动。

知识链接 1-1
会计的定义

二、会计的职能

由会计定义可以看出，会计是随着生产的发展，逐步从企业各项经营活动中分离出来的一项提高经济效益的管理活动。会计在经济管理工作所具有的功能或能够发挥的作用，即为会计的职能。会计作为经济管理的组成部分，是通过会计的职能来实现的。马克思曾指出，会计是对生产过程的"控制和观念的总结"，这是对会计职能的科学概括。"观念总结"一般理解为核算，"控制"一般理解为监督，即会计的基本职能包括会计核算和会计监督。会计的这两项基本职能已写入《中华人民共和国会计法》。

知识链接 1-2
会计的职能

▶ **1. 会计核算职能**

会计核算是会计的首要职能，它是以货币计量为主要单位，对各种单位的经济业务活动或者预算执行情况及其结果进行连续、系统、全面的记录和计量，并据以编制会计报表。它要求各单位必须根据实际发生的经济业务事项进行会计核算。其特点表现为三个方面。

（1）会计核算主要是从价值量上反映各经济主体的经济活动状况。会计核算是对各单位的一切经济业务，以货币计量为主，进行记录、计算，以保证会计记录和反映的完整性。

（2）会计核算具有连续性、系统性和完整性。各单位必须对客观发生的所有经济业务，即涉及资金运动或资金增减变化的事项，采用系统的核算方法体系，按时间顺序，无一遗漏地进行记录。

（3）会计核算应对各单位经济活动的全过程进行反映。随着商品经济的发展，市场竞争日趋激烈，会计在对已经发生的经济活动进行事中、事后的记录、核算、分析，反映经济活动的现实状况及历史状况的同时，发展到进行事前核算、分析和预测经济前景。

▶ **2. 会计监督职能**

会计监督是会计的另一项职能，也是我国经济监督体系的重要组成部分。会计监督职能，是指会计具有按照一定的目的和要求，利用会计核算职能所提供的经济信息，对企业和行政事业单位的经济活动进行控制，使之达到预期目标的功能。它的具体内容包括：监督经济业务的真实性；监督财务收支的合法性；监督公共财产的完整性。会计监督职能主要具有以下特点。

（1）会计监督主要是通过价值量指标来进行监督工作的。由于基层单位在进行经济活动的同时都伴随着价值运动，表现为价值量的增减和价值形态的转化，因此，会计通过价值指标可以全面、及时、有效地控制各个单位的经济活动。

（2）会计监督同样也包括事前、事中和事后的全过程的监督。会计监督的依据有合法性和合理性两种。合法性依据的是国家的各项法令及法规，合理性依据的是经济活动的客观规律及企业自身在经营管理方面的要求。

会计核算和会计监督的关系是十分密切的，两者相辅相成，相互作用。核算是监督的基础，如果没有核算提供完整、可靠的会计信息资料，会计监督就失去了基础；而监督是会计核算质量的保证，没有会计监督就不能保证会计信息的质量。

三、会计的目标

会计的目标是指在一定的历史条件下，人们通过会计所要实现的目的或达到的最终结果。由于会计是整个经济管理的重要组成部分，会计目标当然从属于经济管理的总目标，或者说会计目标是经济管理总目标下的子目标。在将提高经济效益作为会计终极目标的前提下，我们还需要研究财务会计报告的目标，即向谁提供信息、为何提供信息和提供何种信息。

根据会计定义，我们可以得知财务会计报告的目标是向有关各方提供会计信息，以帮助决策。会计的目标，决定于会计资料使用者的要求，也受到会计对象、会计职能的制约。我国《企业会计准则——基本准则》中对于财务会计报告的目标做了明确规定：企业应当编制财务会计报告，财务会计报告的目标是向财务会计报告使用者提供与企业财务状况、经营成果和现金流量等有关的会计信息，反映企业管理层受托责任履行情况，有助于财务会计报告使用者做出经济决策。

上述财务会计报告的目标，实质上是对会计信息质量提出的要求。它可以划分为两个方面：

（1）满足对企业管理层的监管需要。如资金委托人对受托管理层是否很好地管理其资金进行评价和监督；工会组织对管理层保障工人基本权益的评价；政府及有关部门对企业绩效的评价和税收的监管；社会公众对企业履行社会职能的监督等。

（2）满足相关团体的决策需要。如满足潜在投资者投资决策需要；满足债权人是否进行借贷决策需要等。

会计的目标是会计管理运行的出发点和最终要求。会计的目标决定和制约着会计管理活动的方向，在会计理论结构中处于最高层次。随着社会生产力水平的提高，科学技术的进步，管理水平的改进及人们对会计认识的深化，会计目标会不断地随着社会经济环境的变化而变化。

第三节　会计基本假设与核算基础

一、会计基本假设

会计基本假设也称作会计核算的基本前提，是指会计存在、运行和发展的基本假定，是对会计核算所处的时间、空间环境以及表达方式所做的合理设定。会计准则中所规定的各种程序和方法只能在满足会计核算基本前提的基础上进行选择使用，离开了会计核算基本前提，会计活

知识链接 1-3
会计基本假设

动就失去了确认、计量、记录、报告的基础，会计工作就会陷入混乱甚至难以进行。我国《企业会计准则——基本准则》规定了会计核算的 4 个基本前提，即会计主体、持续经营、会计分期、货币计量。

▶ **1. 会计主体**

会计主体，又称会计实体或会计个体，是指会计所服务的特定单位或组织。会计主体明确了会计工作的空间范围。《企业会计准则——基本准则》第 5 条规定："企业应当对其本身发生的交易或者事项进行会计确认、计量和报告"。

明确这一基本假设的意义在于：①明确了每个企业的经济业务必须同它的所有者及其他组织和企业（其他主体）分开，即会计所反映的是一个特定主体的经济业务，而不是所有者个人或其他主体的经济活动；②明确了会计服务的对象和会计核算的范围，即会计核算应当以会计主体发生的各项交易或事项为对象，记录和反映会计主体本身的各项经济活动。

▶ **2. 持续经营**

所谓持续经营，是指在可以预见的将来，会计主体将会按当前的规模和状态继续经营下去，企业不会面临破产清算，也不会大规模削减业务。它明确了会计工作的时间范围，《企业会计准则——基本准则》第 6 条规定："企业会计确认、计量和报告应当以持续经营为前提。"

明确了这一基本假设，就意味着会计主体将按照既定的用途使用资产，按照既定的合约条件清偿债务，会计人员就可以在此基础上选择会计政策和估计方法。在此基础上，企业所采用的会计原则、会计方法才能保持稳定性，才能正常反映企业的财务状况、经营成果和现金流量，从而保持了会计信息处理的一致性和稳定性。

▶ **3. 会计分期**

会计分期是指在会计主体持续经营的基础上，人为地将持续经营活动时间划分为若干阶段，每个阶段作为一个会计期间。《企业会计准则——基本准则》第 7 条规定："企业应当划分会计期间，分期结算账目和编制财务会计报告。"

会计分期的目的在于，通过会计分期的划分，将持续经营的生产经营活动划分为连续、相等的期间，分期结算账目，以便分阶段考核、报告其经营成果，按期编制会计报表。会计期间分为年度、半年度、季度和月度。其中，半年度、季度和月度均称作会计中期，以一年为单位确定的会计期间称为会计年度。在我国，会计年度从公历 1 月 1 日起至 12 月 31 日止。

▶ **4. 货币计量**

货币计量是指企业在会计核算中要以货币为统一的计量单位，记录和反映企业生产经营活动的财务状况等会计信息。在会计核算中，日常用来登记账簿和编制会计报表的货币，就是单位主要会计核算业务所使用的货币，称为记账本位币。《企业会计准则——基本准则》规定："企业会计应当以货币计量。"

在我国，企业通常以人民币为记账本位币，而业务收支以人民币以外的货币为主的单位，也可以选定某种人民币以外的货币作为记账本位币，但向国内报送的财务会计报告应当折算为人民币。

会计的四个基本假设是相互依存、相互补充的关系。会计主体确定了会计核算的空间范围，持续经营确定了会计核算的时间范围，而会计分期又是经营期间的具体化，货币计量则为会计核算提供了必要的计量手段。它们共同构成了企业单位开展会计工作、组织会计核算工作的前提条件和理论基础。

二、会计核算基础

知识链接1-4
权责发生制和
收付实现制

企业的生产经营活动在时间上是持续不断的，在不断取得收入的同时又不断地发生各种成本、费用，将收入和相关费用进行匹配，就可以计算和确定企业生产经营活动期间所产生的利润或是亏损。因为企业生产经营活动是连续的，而会计期间是人为划分的，所以难免有一部分收入和费用出现收支期间和应归属期间不一致的情况。为正确划分收入和费用的归属期，在处理这类经济业务时，应正确选择会计核算基础。可供选择的会计核算基础包括权责发生制和收付实现制两种。

▶ 1. 权责发生制

权责发生制又称应收应付制，是指以应收应付作为确定本期收入和费用的标准，而不管货币资金是否在本期收到或付出。这是指收入和费用是否计入某会计期间，不是以是否在该期间内收到或付出现金为标志，而是依据收入是否归属该期间的成果、费用是否由该期负担来确定。具体来说，凡在当期取得的收入或者应当负担的费用，不论款项是否已经收付，都应当作为当期的收入或费用；凡不属于当期的收入或费用，即使款项已经在当期收到或已经当期支付，都不能作为当期的收入或费用。因此，权责发生制也称为应收应付制。我国颁布的《企业会计准则——基本准则》规定："企业应当以权责发生制为基础进行会计确认、计量和报告。"

▶ 2. 收付实现制

收付实现制亦称实收实付制或现金制，是以货币资金的实际收、付作为标准来确定本期的收益和费用；凡是本期实际收入或付出的款项，不论是否属于本期的收益和费用，都作为本期的收益和费用。这种方法核算手续简单，但不能准确反映各个时期的盈亏，所以不适宜企业采用。《政府会计准则——基本准则》规定，政府会计由预算会计和财务会计构成，其中预算会计实行收付实现制（国务院另有规定的，依照其规定），财务会计实行权责发生制。

第四节　会计要素确认与计量属性

一、会计要素确认

会计要素确认是会计基本程序的首要任务。所谓会计要素确认，是指依据一定的标准，将经济业务中的某一项目作为一项会计要素加以记录和将其列入财务报告的过程。美国财务会计准则委员会将其定义为："把一个事项作为资产、负债、收入和费用等正式加以记录和列入会计报表的过程"。我国《企业会计准则》将企业会计要素分为资产、负债、所有者权益、收入、费用、利润六大要素。在《企业会计准则——基本准则》中规定了会计要素确认的条件。

▶ 1. 资产

资产是指企业过去的交易或事项形成的、由企业拥有或控制的、预期会给企业带来经济利益的资源。符合资产定义的资源，在同时满足以下条件时确认为资产：

（1）与该资源有关的经济利益很可能流入企业；

（2）该资源的成本或者价值能够可靠地计量。

比如，某企业在某年某月销售商品一批，收到购货单位签发并在两个月后承兑的金额为 10 000 元的商业承兑汇票一张，则该张商业承兑汇票在未来能够给该企业带来确定金额的经济利益的流入，因此应该属于该公司的资产。

▶ 2. 负债

负债是指过去的交易、事项形成的现时义务，履行该义务预期将会导致经济利益流出企业。如果把资产理解为企业的权利，那么负债就可以理解为企业所承担的义务。符合负债定义的义务，在同时满足以下条件时，确认为负债：

（1）与该项目有关的经济利益已很可能流出企业；

（2）未来流出的经济利益的金额能够可靠地计量。

比如，某企业在某年某月购买 3 000 元的原材料用于产品的生产，经和供应商协商，货款将于下月支付，则该项业务导致企业下月经济利益流出，并且该经济利益流出能够可靠计量为 3 000 元，因而属于企业的负债。符合负债定义和负债确认条件的项目，应当列入资产负债表；符合负债定义但不符合负债确认条件的项目，不应当列入资产负债表。

对于既符合资产定义，又符合资产确认条件的项目，应当列入资产负债表；而对于符合资产定义，但是不符合资产确认条件的项目，不应当列入资产负债表。

▶ 3. 所有者权益

所有者权益是指企业资产扣除负债后，由所有者享有的剩余权益。所有者权益是所有者在企业资产中享有的经济利益，其金额为资产减去负债后的余额，又称为净资产。公司的所有者权益又称为股东权益。由于所有者权益体现的是所有者在企业中的剩余权益，因此，所有者权益的确认主要依据资产和负债的确认，所有者权益的金额确定也主要取决于资产和负债的计量。所有者权益项目应当列入资产负债表。

▶ 4. 收入

收入是企业在日常活动中形成的、会导致所有者权益增加的、与所有者投入资本无关的经济利益的总流入。对于符合收入定义的项目，必须具备以下条件才能确认：

（1）与收入相关的经济利益很可能流入企业；

（2）经济利益流入企业的结果会导致企业资产的增加或负债的减少；

（3）经济利益流入金额能够可靠计量。

比如，某企业销售商品一批，售价为 30 000 元，货物已发出，款项与客户约定下月支付。在这笔业务中，能够被可靠计量的 30 000 元的利益于下月会流入企业，该流入会导致企业资产的增加，属于该企业的收入。

▶ 5. 费用

费用是指企业在日常活动中发生的、会导致所有者权益减少的、与向所有者分配利润无关的经济利益的总流出。

费用只有在经济利益很可能流出从而导致企业资产减少或者负债增加，且经济利益的流出额能够可靠计量时才能予以确认：

（1）企业为生产产品提供劳务等发生的可归属于产品成本、劳务成本等的费用，应当在确认产品销售收入、劳务收入等时，将已销售产品已提供劳务的成本等计入当期损益；

（2）企业发生的支出不产生经济利益的，或者即使能够产生经济利益但不符合或者不再符合资产确认条件的，应当在发生时确认为费用，计入当期损益；

（3）企业发生的交易或者事项导致其承担了一项负债而又不确认为一项资产的，应当在发生时确认为费用，计入当期损益；

（4）符合费用定义和费用确认条件的项目，应当列入利润表。

▶ **6. 利润**

利润是指企业在一定会计期间的经营成果。利润通常是评价企业管理层业绩的一项重要指标，也是投资者、债权人等做出投资决策、信贷决策等的重要参考指标。

利润往往会导致所有者权益的增加，如企业当年实现了 30 万元的利润，会使企业当年增加 30 万元的所有者权益；但并不是所有使所有者权益增加的项目都是利润，如某投资者对企业追加投资 1 000 万元，这笔业务虽然也使企业所有者权益增加但并不是利润。利润金额取决于收入和费用、直接计入当期利润的利得和损失金额的计量。利润项目应当列入利润表。

二、会计计量属性

会计计量是将企业符合确认条件的会计要素登记入账并列报于财务报表而确定其金额的过程。企业应当按照规定的会计计量属性进行计量，确定相关金额。会计的计量属性反映的是会计要素金额的确定基础，主要包括历史成本、重置成本、可变现净值、现值和公允价值 5 种。

▶ **1. 历史成本**

历史成本也称实际成本，是指企业在取得或制造某项资产时实际支付的现金或现金等价物。在历史成本计量下，资产按照购置时支付的现金或现金等价物的金额或者按照购置资产时所付出的对价的公允价值计量；负债按照其因承担现时义务而实际收到的款项或资产的金额，或者按照日常活动中为偿还负债预期需要支付的现金或现金等价物的金额计量。

▶ **2. 重置成本**

重置成本也称现行成本，是指在当前市场条件下，重新购置相同资产所付出的现金或现金等价物。在重置成本计量下，资产按照现在购买相同资产所需支付的现金或现金等价物的金额计量；负债按照现在偿付该项债务所需支付的现金或现金等价物的金额计量。

▶ **3. 可变现净值**

可变现净值，是指在企业正常生产经营活动中，以存货的估计售价减去至完工时估计将要发生的成本、估计销售费用及相关税金后的金额。在可变现净值计量下，资产按照其正常对外销售所能收到的现金或现金等价物的金额扣减该资产至完工时估计将要发生的成本及相关税费后的金额计量。

▶ **4. 现值**

现值是考虑货币时间价值因素的计量属性，是指以适当折现率对未来现金流量折现后的价值。在现值计量下，资产按照预计从其持续使用和最终处置中所产生的未来净现金流入量的折现金额计量。

▶ 5. 公允价值

公允价值是指在公平交易中，熟悉情况的交易双方自愿进行资产交换或债务清偿的金额。在公允价值计量下，资产和负债按照在公平交易中，熟悉情况的交易双方自愿进行资产交换或债务清偿的金额计量。

第五节　会计信息质量要求

财政部颁布的《企业会计准则——基本准则》中对会计信息质量要求的规定，包括可靠性、相关性、可理解性、可比性、实质重于形式、重要性、谨慎性、及时性。这些规定都是为了保证会计信息的质量而提出的，是会计确认、计量和报告质量的保证。

▶ 1. 可靠性

可靠性是指企业应当以实际发生的经济业务及证明经济业务发生的合法凭证为依据，如实反映财务状况、经营成果，做到内容真实、数字准确、资料可靠。这一原则是对会计工作的基本要求，它包括两方面内容。

（1）会计必须根据审核无误的原始凭证，采用特定的专门方法进行记账、算账、报账，保证所提供的会计信息内容完整、真实可靠。如果会计核算不是以实际发生的交易或事项为依据，即为使用者提供虚假的会计信息，则会误导信息使用者，使之做出错误的决策。

（2）会计人员在进行会计处理时应保持客观，运用正确的会计原则和方法，得出具有可检验性的会计信息。如果会计人员进行会计处理时不客观，同样不能为会计信息使用者提供真实的会计信息，也会导致信息使用者做出错误决策。

▶ 2. 相关性

相关性要求企业所提供的会计信息应与财务会计报告使用者的经济决策相关，这样有助于财务会计报告使用者对企业过去、现在或者未来的情况作出评价或预测。这里所说的相关，是指与决策相关，有助于决策。如果会计信息提供后，不能帮助会计信息使用者进行经济决策，就不具有相关性，因此，会计工作就不能完成会计所需达到的会计目标。

根据相关性原则，要求在收集、记录、处理和提供会计信息过程中能充分考虑各方面会计信息使用者决策的需要，满足各方面具有共性的信息需求。对于特定用途的信息，不一定都通过财务报告来提供，而可以采取其他形式加以提供。

▶ 3. 可理解性

可理解性是指企业提供的会计信息应当清晰明了，便于财务会计报告使用者理解和使用。它要求会计信息简明、易懂，能够简单明了地反映企业的财务状况、经营成果和现金流量，从而有助于会计信息使用者正确理解、掌握企业的情况。

根据可理解性的要求，会计记录应当准确、清晰，填制会计凭证、登记会计账簿必须做到依据合法、账户对应关系清楚、文字摘要完整；在编制会计报表时，项目钩稽关系清楚、项目完整、数字准确。

▶ 4. 可比性

可比性要求企业提供的会计信息应当具有可比性。这主要包括两个方面的质量要求。

（1）信息的横向可比。即企业之间的会计信息口径一致，相互可比。企业可能处于不同行业、不同地区，经济业务发生的地点不同，为了保证会计信息能够满足经济决策的需要，便于比较不同企业的财务状况和经营成果，不同企业发生的相同或者相似的交易或事项，应当采用国家统一规定的相关会计方法和程序。

（2）信息的纵向可比。即同一企业不同时期发生的相同或相似的交易或事项，应当采用一致的会计政策，不得随意改变，这样便于对不同时期的各项指标进行纵向比较。在该准则要求下，企业不得随意改变目前所使用的会计方法和程序，一旦做出变更，也要在会计报告附注中做出说明。如：存货的实际成本计算方法有先进先出法、加权平均法等，如果确有必要变更，应当将变更情况、变更原因及其对企业财务状况和经营成果的影响在财务会计报告附注中说明。

▶ 5. 实质重于形式

实质重于形式要求企业应当按照以交易或事项的经济实质进行会计确认、计量和报告，而不应仅以交易或事项的法律形式作为依据。这里所讲的形式是指法律形式，实质是指经济实质。有时，经济业务的外在法律形式并不能真实反映其实质内容。为了真实反映企业的财务状况和经营成果，就不能仅仅根据经济业务的外在表现形式来进行核算，而要反映其经济实质。比如，法律可能写明商品的所有权已经转移给买方，但事实上卖方仍享有该资产的未来经济利益。如果不考虑经济实质，仅看其法律形式，就不能真实反映这笔业务对企业的影响。

▶ 6. 重要性

重要性要求企业提供的会计信息应当反映与企业财务状况、经营成果和现金流量等有关的所有重要交易或事项。在此原则下，企业在选择会计方法和程序时，要考虑经济业务本身的性质和规模，根据特定的经济业务决策影响的大小，来选择合适的会计方法和程序。

重要性原则与会计信息成本效益直接相关。坚持重要性原则，就能够使提供会计信息的收益高于成本；而对于那些不重要的项目，如果也采用严格的会计程序，分别核算，分项反映，就会导致会计信息成本高于收益。评价某些项目的重要性，很大程度上取决于会计人员的职业判断。一般来说，应当从质和量两个方面来进行分析。从性质方面来说，当某一事项有可能对决策产生一定影响时，就属于重要项目；从数量方面来说，当某一项目的数量达到一定规模时，就可能对决策产生影响。

▶ 7. 谨慎性

谨慎性要求企业对交易或事项进行确认、计量和报告时应当保持应有的谨慎，即在存在不确定因素的情况下做出判断时，不应高估资产或者收益、低估负债或者费用。对于可能发生的损失和费用，应当加以合理估计。企业经营必然存在风险，实施谨慎性原则，对存在的风险加以合理估计，就能在风险实际发生之前化解风险，并防范风险，有利于企业做出正确的经营决策，有利于保护所有者和债权人的利益，有利于提高企业在市场上的竞争力。比如，在存货、有价证券等资产的市价低于成本时，相应地减记资产的账面价值，并将减记金额计入当期损益，这体现了谨慎性原则对历史成本原则的修正。当然，谨慎性原则并不意味着可以任意提取各种准备，用于调控利润，这就属于谨慎性原则的滥用。

▶ 8. 及时性

及时性要求企业对于已经发生的交易或事项，应当及时进行会计确认、计量和报告，不得提前或延后。会计信息具有时效性，这样才能满足经济决策的及时需要，信息才有价值，所以为了实现会计目标，就必须保证会计信息的有效性。

根据及时性原则，要求及时收集会计数据。在经济业务发生后，应及时取得有关凭证；对会计数据及时进行处理，及时编制财务报告；将会计信息及时传递，按规定的时限提供给有关方面。

第六节 会计核算方法

会计核算的方法，是对会计对象进行连续、系统、全面地核算和监督所应用的方法。主要包括以下 7 种专门方法：设置会计科目及账户、复式记账、填制和审核凭证、登记账簿、成本计算、财产清查、编制会计报表。这 7 种方法相互联系共同组成会计核算的方法体系。

知识链接 1-5
会计核算方法

▶ 1. 设置会计科目及账户

设置会计科目及账户，是对会计对象具体内容进行的分类反映和监督方法。会计对象包含的内容纷繁复杂，设置会计科目及账户就是根据会计对象具体内容的不同特点和经济管理的不同要求，选择一定的标准进行分类，并事先规定分类核算项目，在账簿中开设相应的账户，以取得所需要的核算指标。

正确、科学地设置会计科目及账户，细化会计对象，提供会计核算的具体内容，是满足经营管理需要，完成会计核算任务的基础。

▶ 2. 复式记账

复式记账是指对每一项经济业务都要在两个或两个以上的相互联系的账户中进行登记的一种方法。复式记账一方面能全面地、系统地反映经济业务引起资金运动增减变化的来龙去脉；另一方面通过账户之间的一种平衡关系，检查会计记录的正确性。例如，用银行存款 6 000 元购买材料，采用复式记账法就要同时在"原材料"账户和"银行存款"账户分别反映材料增加了 6 000 元、银行存款减少了 6 000 元。这样就能在账户中全面核算并监督会计对象。

▶ 3. 填制和审核凭证

各单位发生的任何会计事项都必须取得原始凭证，证明其经济业务的发生或完成。原始凭证要送交会计进行审核，审核其填制内容是否完备、手续是否齐全、业务的发生是否合理合法等，经审核无误后，才能编制记账凭证。记账凭证是记账的依据，原始凭证和记账凭证统称为会计凭证。审核和填制会计凭证是会计核算的一种专门方法，它能保证会计记录的完整、可靠，提高会计核算的质量。

▶ 4. 登记账簿

账簿是具有一定格式，用来记账的簿籍。登记账簿就是根据会计凭证，采用复式记账法，把经济业务分门别类、内容连续地在有关账簿中进行登记的方法。借助于账簿，就能将分散的经济业务进行分类汇总，系统地提供每一类经济活动的完整资料，了解某一类或全部经济活动发展变化的全过程，更加适应经济管理的需要。账簿记录的各种数据资料，也是编制财务报表的重要依据。所以，登记账簿是会计核算的主要方法。

▶ 5. 成本计算

成本计算是按照一定对象归集和分配生产经营过程中发生的各种费用，以便确定该对象的总成本和单位成本的一种专门方法。例如，工业企业要计算生产产品的成本，就要把企业进行生产活动所耗用的材料、支付的工资，以及发生的其他费用加以归集，并计算产品的总成本和单位成本。产品成本是综合反映企业生产经营活动的一项重要指标。正确地进行成本计算，可以考核生产经营过程的费用支出水平，同时又是确定企业盈亏和制定产品价格的基础，并为企业进行经营决策，提供重要数据。

▶ 6. 财产清查

财产清查就是通过对各项财产物质、货币资金进行实物盘点，对往来款项进行核对，以查明实存数和账存数是否相符的一种专门方法。在财产清查中发现有财产、资金账面数额与实存数额不符的情况，应该及时调整账簿记录，使得账存数与实存数一致，并查明账实不符的原因，明确责任。通过财产清查，可以查明各项财产物资、债权债务、所有者权益的情况，可以促进企业加强物资管理，保证财产的完整，并能为编制会计报表提供真实、准确的资料。

▶ 7. 编制会计报表

编制会计报表是根据账簿记录的数据资料，采用一定的表格形式，概括、综合地反映各单位在一定时期内经济活动过程和结果的一种方法。编制会计报表是对日常核算工作的总结，是在账簿记录基础上对会计核算资料的进一步加工整理。会计报表提供的资料是进行会计分析、会计检查的重要依据。

从填制会计凭证到登记账簿、编制会计报表，一个会计期间(一般指一个月)的会计核算工作即告结束，然后按照上述程序进入新的会计期间，如此循环往复，持续不断地进行下去，这个过程也称为会计循环。

上述会计核算的方法相互联系、密切配合，构成了一个完整的核算方法体系。这些方法相互配合运用，其程序如下：

(1) 经济业务发生后，取得和填制会计凭证；

(2) 按会计科目对经济业务进行分类核算，并运用复式记账法在有关会计账簿中进行登记；

(3) 对生产经营过程中各种费用进行成本计算；

(4) 通过财产清查对账簿记录加以核实，保证账实相符；

(5) 期末，根据账簿记录资料和其他资料，进行必要的加工计算，编制会计报表。

会计核算方法关系如图 1-1 所示。

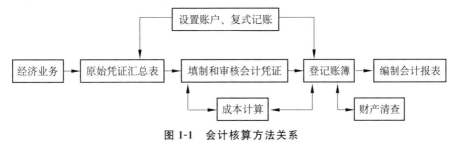

图 1-1　会计核算方法关系

本章小结

本章主要介绍了会计的产生和发展，会计的含义、职能与目标，会计基本假设，会计核算基础，会计要素确认与计量属性，会计信息的质量要求，会计核算方法等会计学的一些基本理论问题。

会计是以货币为主要计量单位，以凭证为依据，利用专门的技术方法，对一定主体的经济活动过程及其结果进行全面、综合、连续、系统的核算和监督，并向有关方面提供真实可靠的会计信息的一种经济管理活动。随着经济的不断发展，会计的职能也在不断丰富和拓展，除了反映和监督这两个基本职能外，还有预测、决策和控制的职能；会计目标是向会计信息的使用者提供决策有用的信息并反映企业管理层受托责任履行情况。会计核算的基本前提也称为会计基本假设，具体包括会计主体、持续经营、会计分期、货币计量。

企业会计的确认、计量和报告应当以权责发生制为基础。权责发生制是指凡是本期已经实现的收入和已经发生或应当负担的费用，不论其款项是否已经收付，都应作为当期的收入和费用处理；凡是不属于当期的收入和费用，即使款项已经在当期收付，也不应作为当期的收入和费用。

会计信息质量要求是对企业财务报告中所提供的会计信息质量的基本要求，是使财务报表中所提供的会计信息对使用者决策有用所应具备的基本特征，它包括可靠性、相关性、可理解性、可比性、实质重于形式、重要性、谨慎性和及时性。

会计核算方法是用来反映和监督会计对象，实现会计职能的手段。会计核算方法是随着会计本身的发展而不断丰富和完善的，并构成一个完整的方法体系。会计核算方法具体由 7 种方法构成，分别是设置会计科目及账户、复式记账、填制和审核会计凭证、登记账簿、成本计算、财产清查和编制会计报表。它们构成了一个完整的、科学的方法体系。

思考与实践

简答题

1. 什么是会计？会计的基本特征有哪些？
2. 什么是会计对象？什么是会计要素？
3. 会计信息的质量要求有哪些？其内容是什么？
4. 会计的职能有哪些？会计核算与会计监督职能之间的关系如何？

在线自测

扫描封底二维码　获取答题权限

第二章 会计要素与会计等式

学习目标

1. 掌握会计对象及工业企业的资金运动；
2. 理解六大会计要素的基本定义，掌握各自的基本分类；
3. 熟悉资产负债表要素的具体内容；
4. 熟悉利润表要素的具体内容；
5. 掌握会计等式的内容；
6. 掌握经济业务的发生对会计要素、会计等式的影响原理。

导入案例

张明刚创办了一家公司，他有 20 万元存款。现在，他租了一间办公室，支付 1 年租金 3 万元，支付各种办公费用 1 万元，用银行存款购入 10 万元商品并全部卖出，收到货款 12 万元，货款已经存入银行。

案例思考： 张明的公司在经过这些经济活动以后是否还符合会计恒等式？

第一节 会计对象与会计要素

一、会计对象

会计对象是指会计核算和监督的内容。凡是特定对象能够以货币表现的经济活动，都是会计所核算和监督的内容。确切地说，资金运动及其所反映的经营活动或业务活动就是会计对象。由于企业、行政事业等单位在国民经济中所处的地位和作用不同，它们的经济活动的内容和资金运动形式也有较大差异。概括起来，会计对象可分为两大类，即企业单位的经济业务和行政事业单位的经济业务。它们对应的会计对象也有所不同。

▶ **1. 企业单位的会计对象**

1）工业企业的会计对象

工业企业的会计对象是指工业企业的资金运动。工业企业的资金运动包括资金的投入、资金的循环与周转、资金的退出三部分。

（1）资金的投入：资金的投入包括企业债权人投入的资金和所有者投入的资金两部分。前者属于企业债权人权益，即企业负债；后者属于企业所有者权益。投入企业的资金一部分构成流动资产，另一部分构成非流动资产。

（2）资金的循环与周转：工业企业的生产经营过程由采购过程、生产过程、销售过程组成，资金运动要依顺序通过这3个过程，周而复始地进行。

采购过程是生产过程的准备过程。在这一过程中企业发生的主要业务是材料的采购和存储，为了保证生产的正常进行，企业要用货币资金购买各种原材料，于是资金由货币资金转化为储备资金。

生产过程既是产品的制造过程，也是物化劳动和劳动的耗费过程。利用劳动手段将原材料投入生产，引起原材料的消耗、固定资产的折旧、工资的支付和生产费用的支出，使储备资金、部分货币资金和部分固定资金转化为生产资金。

销售过程是产品价值的实现过程。产品完工后，通过销售，取得销售收入，收回货款，成品资金又转化为货币资金。

在这3个过程中，货币资金依次转化为储备资金、生产资金、成品资金，最后又回到货币资金，这一过程被称为资金的循环。资金不断地循环就叫作资金的周转。

（3）资金的退出：处于周转中的资金有时会离开周转，退出企业。如归还银行借款、支付利息、向国家上缴税金以及向所有者分配利润等，此时资金退出企业，不再参加周转。

2）商品流通企业的会计对象

商品流通企业的会计对象就是商品流通企业的资金运动。商品流通企业担负着社会商品交换的任务，处于商品流通领域，按照等价交换的原则从生产企业购进商品，然后按照市场价格销售出去。商品流通企业的经济业务是商品流转，其经营过程主要有购进和销售两个阶段。在商品购进阶段，用货币购买商品，货币资金转化为商品资金；在商品销售阶段，销售商品，取得销售收入，商品资金又转化为货币资金，最终实现商品的价值。商品流通企业发生的经济业务主要有购入商品支付采购费和销售商品收回货款。商品售价与进价的差额就是毛利，同样还会发生成本计算、税金缴纳、利润分配等业务。

▶ **2. 行政事业单位的会计对象**

行政事业单位的会计对象就是预算资金运动，它不同于企业的资金运动。因为行政事业单位的主要活动不是经济活动，但是为完成国家赋予的任务，同样需要一定数额的资金，其资金的主要来源是国家财政拨款。行政事业单位在正常业务活动过程中，所消耗的人力、物力和财力的货币表现，即为行政费用和业务费用。一般来说，行政事业单位没有或只有很少一部分业务收入，其费用开支主要是靠国家财政预算拨款，因此，行政事业单位的经济活动一方面按预算从国家财政取得拨入资金，另一方面又按预算以货币资金支付各项费用。其资金运动的形式是：资金拨入至资金付出。由此可见，行政事业单位会计对象的内容就是预算资金及其收支。

综上所述，不论是工业企业、商品流通企业，还是行政事业单位都是社会再生产过程中的基层单位，会计反映和监督的对象都是资金及其运动过程。正因为如此，我们可以把会计对象概括为社会再生产过程中的资金运动。

二、会计要素

会计要素是对会计对象进行的基本分类，是构成会计客体的必要因素，是会计对象的具体化。会计必须对资金运动过程中所确认的会计事项按不同的经济特征进行归类，并为每一个类别取一个相应的名称，这就是会计要素，它是会计核算的具体内容，也是会计报表的基本项目。如前所述，企业会计的对象就是企业资金的价值运动，然而资金价值运动的概念概括性太强，为了合理、准确地反映和控制企业经营活动的过程和结果，需要对会计对象进行进一步的分类，分解为相互独立又相互联系的多个要素。因此，会计要素就是对会计对象的基本分类，是会计核算对象的具体化。这是会计对象与会计要素的关系。

知识链接 2-1
会计要素

会计工作的主要内容就是对会计要素进行确认、计量、记录和报告。至于会计对象要分成几个要素，应服从于会计信息使用者的要求。按照各类会计信息使用者共同关注的内容，企业至少应提供两类会计信息：一类是一个会计主体特定时点财务状况的特定信息；另一类是一个会计主体在某一会计期间经营成果的动态信息。我国的《企业会计准则——基本准则》列示了六类会计要素，即资产、负债、所有者权益、收入、费用和利润。按照它们各自反映的内容可分为两大类：一类是从静态方面反映企业财务状况的会计要素，即资产、负债和所有者权益，它们构成资产负债表的基本框架，所以又称为资产负债表要素；另一类是从动态方面反映企业经营成果的会计要素，即收入、费用和利润，它们是构成利润表的基本框架，因此又称为利润表要素。

第二节　资产负债表要素

企业应当按照交易或者事项的经济特征确定会计要素。本章以生产企业为例，重点介绍我国《企业会计准则》中的六大会计要素。资产、负债及所有者权益（资产负债表要素）属于静态会计要素，主要反映企业的财务状况；收入、费用和利润（利润表要素）属于动态会计要素，主要反映企业的经营成果。

一、资产要素

资产是指企业过去的交易或者事项形成的、由企业拥有或者控制的、预期会给企业带来经济利益的资源。企业过去的交易或者事项包括购买、生产、建造行为及其他交易或者事项，需要注意的是，预期在未来发生的交易或者事项不形成资产；由企业拥有或者控制，是指企业享有某项资源的所有权，或者虽然不享有某项资源的所有权，但该资源能被企业所控制；预期会给企业带来经济利益，是指直接或者间接导致现

知识链接 2-2
资产要素

金和现金等价物流入企业的潜力。具体来讲，企业从事生产经营活动必须具备一定的物质资源，如货币资金、厂房场地、机器设备、原材料等，这些都是企业从事生产经营的物质基础，都属于企业的资产。此外，如专利权、商标权等不具有实物形态，但却有助于生产经营活动的无形资产，以及企业对其他单位的投资等，也都属于资产。

▶ 1. 资产的特征
资产具有以下特征。

1）资产预期会给企业带来经济利益

经济利益，是指直接或间接地流入企业的现金或现金等价物。资产能够为企业带来经济利益，例如企业通过收回应收账款、出售库存商品等直接获得经济利益，也可通过对外投资以获得股利或参与分配利润的方式间接获得经济利益。按照这一特征，那些已经没有经济价值、不能给企业带来经济利益的项目，就不能继续确认为企业的资产。

例如，甲企业的第一工序上有两台机床，其中 A 机床型号较老，自 B 机床投入使用后，一直未再使用；B 机床是 A 机床的替代产品，目前承担该工序的全部生产任务。那么，A、B 机床是否都是企业的固定资产？根据资产的特征可知，A 机床不应确认为该企业的固定资产。该企业原有的 A 机床已长期闲置不用，不能给企业带来经济利益，因此不应作为资产反映在资产负债表中。

2）资产由企业拥有或控制

资产是为企业拥有的，或者即使不为企业拥有，也是企业所控制的。一项资源要作为企业资产予以确认，企业应该拥有此项资源的所有权或控制权，可以按照自己的意愿使用或处置。

例如，甲企业的加工车间有两台设备。A 设备系从乙企业以融资租入方式获得，B 设备系从丙企业以经营租入方式获得，目前两台设备均投入使用。那么，A、B 设备是否为甲企业的资产？这里要注意经营租入与融资租入的区别。企业对经营租入的 B 设备既没有所有权也没有控制权，因此 B 设备不应确认为企业的资产。而企业对融资租入的 A 设备虽然没有所有权，但享有与所有权相关的风险和报酬的权利，即拥有实际控制权，因此应将 A 设备确认为企业的资产。

3）资产是由过去的交易或事项形成的

资产是过去已经发生的交易或事项所产生的结果，资产必须是现实的资产，而不能是预期的资产。未来的交易或事项可能产生的结果不能作为资产。

例如，企业计划在年底购买一批机器设备，10 月与销售方签订了购买合同，但实际购买行为发生在 12 月，那么企业不能在 10 月将该批设备确认为资产。

▶ **2. 资产的分类**

资产按其流动性不同，分为流动资产和非流动资产。

1）流动资产

流动资产是指预计在一个正常营业周期中变现、出售或耗用，或者主要为交易目的而持有，或者预计在资产负债表日起一年内（含一年）变现的资产以及自资产负债表日起一年内交换其他资产或清偿负债的能力不受限制的现金或现金等价物。流动资产主要包括货币资金、交易性金融资产、应收票据、应收账款、预付款项、应收利息、应收股利、其他应收款和存货等。

（1）货币资金

货币资金包括库存现金、银行存款、其他货币资金。

库存现金是一种流动性最强的流动资产，可以自由流通，可随时用来购买企业所需的财产物资，偿还债务，支付各种费用等。银行存款是企业存放在银行或者其他金融机构，可以自由支配的存款。其他货币资金包括企业的银行汇票存款、银行本票存款、信用卡存款、信用证保证金存款、存出投资款、外埠存款等。

（2）交易性金融资产

交易性金融资产是指利用闲置资金，赚取差价；以交易目的而持有，近期准备出售；以公允价值计量且其变动计入当期损益的债券、股票、基金等。

（3）应收及预付款项

应收及预付款项是指企业在日常生产经营过程中发生的各项债权，包括应收票据、应收账款、预付账款、应收股利、应收利息、其他应收款等。其中，应收票据是企业因销售商品、提供劳务等而收到的商业汇票，包括银行承兑汇票和商业承兑汇票；应收账款是指企业因销售商品、提供劳务等经营活动应收取的款项；企业按照合同规定预付的款项即预付账款；应收股利是指企业应收取的现金股利和应收取其他单位分配的利润。

（4）存货

存货是指企业在日常活动中持有以备出售的产成品或商品、处在生产过程中的在产品、在生产过程或提供劳务过程中耗用的材料和物料等，具体包括材料、在产品、产成品等。

2）非流动资产

非流动资产是指流动资产以外的资产，主要包括长期股权投资、固定资产、在建工程、工程物资、无形资产等。长期股权投资是指企业持有的对其子公司、合营企业及联营企业的权益性投资以及企业持有的对被投资单位不具有控制、共同控制或重大影响，并且在活跃市场中没有报价、公允价值不能可靠计量的权益性投资。固定资产是指同时具有以下特征的有形资产：①为生产商品、提供劳务、出租或经营管理而持有；②使用寿命超过一个会计年度。无形资产是指企业拥有或者控制的没有实物形态的可辨认非货币性资产。例如，专利权、非专利技术、商标权、著作权、土地使用权、特许权等。

二、负债要素

负债是指企业过去的交易或者事项形成的预期会导致经济利益流出企业的现时义务。现时义务是指企业在现行条件下已承担的义务。未来发生的交易或者事项形成的义务，不属于现时义务，不应当确认为负债。

知识链接 2-3
负债要素

▶ 1. 负债的特征

负债具有以下基本特征。

1）负债的清偿预期会导致经济利益流出企业

负债通常是在未来某一时日通过交付资产（包括现金和其他资产）或提供劳务来清偿。例如，企业赊购一批材料，材料已验收入库，但尚未付款，该笔业务所形成的应付账款应确认为企业的负债，需要在未来某一时日通过交付现金或银行存款来清偿。有时，企业可以通过承诺新的负债或转化为所有者权益来了结一项现有的负债，但一般都会导致企业经济利益的流出。

2）负债是由过去的交易或事项形成的现时义务

也就是说，导致负债的交易或事项必须已经发生，例如，购置货物或使用劳务会产生应付账款（已经预付或是在交货时支付的款项除外），接受银行贷款则会产生偿还贷款的义务。只有源于已经发生的交易或事项，会计上才有可能确认为负债。对于企业正在筹划的未来交易或事项，如企业的业务计划等，并不构成企业的负债。

▶ 2. 负债的分类

负债按其流动性不同，分为流动负债和非流动负债。

1）流动负债

流动负债是指预计在一个正常营业周期中清偿，或者主要为交易目的而持有，或者自资产负债表日起一年内（含一年）到期应予以清偿，或者企业无权自主将清偿推迟至资产负债表日后一年以上的负债。流动负债主要包括短期借款、应付票据、应付账款、预收款项、应付职工薪酬、应交税费、应付利息、应付股利和其他应付款等。其中：短期借款是指企业向银行或其他金融机构等借入的期限在 1 年以下（含 1 年）的各种借款；应付票据是指企业购买材料、商品和接受劳务供应等开出承兑的商业汇票，包括银行承兑汇票和商业承兑汇票；应付账款是指企业因购买材料、商品和接受劳务等经营活动应支付的款项；应付职工薪酬是指企业根据有关规定应付给职工的各种薪酬，包括工资、职工福利、社会保险费、住房公积金、工会经费、职工教育经费等；应交税费是指企业按照税法等规定计算应缴纳的各种税费。

2）非流动负债

非流动负债是指流动负债以外的负债，主要包括长期借款、应付债券等。

长期借款是指企业向银行或其他金融机构借入的期限在 1 年以上（不含 1 年）的各项借款。

应付债券是指企业为筹集（长期）资金而发行债券的本金和利息。

三、所有者权益要素

所有者权益是指企业资产扣除负债后由所有者享有的剩余权益。公司的所有者又称为股东权益。对于任何企业而言，其资产形成的资金来源不外乎两个：一个是债权人；另一个是所有者。债权人对企业资产的要求权形成企业负债，所有者对企业资产的要求权形成企业的所有者权益。所有者权益的来源包括所有者投入的资本、直接计入所有者权益的利得和损失、留存收益等。

知识链接 2-4
所有者权益

▶ 1. 所有者权益的特征

所有者相对于负债而言，具有以下特点：

（1）所有者不像负债那样需要偿还，除非发生减值、清算，企业不需要偿还所有者；

（2）企业清算时，负债往往优先清偿，而所有者只有在企业清偿所有的负债之后才返还给所有者；

（3）所有者权益能够分享利润，而负债则不能参与利润分配。所有者权益在性质上体现为所有者对企业资产的剩余收益，在数量上也就体现为资产减去负债后的余额。

▶ 2. 所有者权益的内容

所有者权益包括实收资本、资本公积、盈余公积和未分配利润四个内容，其中，前两项属于投资者的初始投入资本，后两项属于企业留存收益。企业的实收资本是指投资者按照企业章程或合同、协议的约定，实际投入企业的资本；资本公积是指企业收到投资者出资额超出其在注册资本或股本中所占份额的部分，以及直接计入所有者权益的利得和损失；库存股是指企业收购、转让或注销的本公司股份金额。盈余公积，是指企业按照规定的比例从净利润中提取的可以用于弥补亏损、转增资本或用于职工集体福利设施的资金；未分配利润是指企业留待以后年度分配的利润。

第三节　利润表要素

经营成果是企业在一定时期内从事生产经营活动所取得的最终成果，是资金运动显著变动状态的主要表现。反映经营成果的会计要素包括收入、费用、利润三项，也称为利润表要素。

一、收入要素

收入是指企业在日常活动中形成的、会导致所有者权益增加的、与所有者投入资本无关的经济利益的总流入。

知识链接2-5
收入要素

▶ 1. 收入的特征

根据收入的定义，收入具有以下特征。

（1）收入是企业在日常活动中形成的。

日常活动是指企业为完成其经营目标所从事的经常性活动以及与之相关的活动。例如，工业企业制造并销售产品、商品流通企业销售商品、咨询公司提供咨询服务等，均属于企业的日常活动。明确界定日常活动是为了将收入与利得相区分，日常活动是确认收入的重要判断标准，凡是日常活动所形成的经济利益的流入都应当确认为收入；反之，非日常活动所形成的经济利益的流入不能确认为收入，而应当计入利得。比如，处置固定资产属于非日常活动，所形成的净利益就不应确认为收入，而应当确认为利得；再如，无形资产出租所取得的租金收入属于日常活动所形成的，应当确认为收入。

（2）收入会导致所有者权益的增加。

与收入相关的经济利益的流入应当会导致所有者权益的增加，不会导致所有者权益增加的经济利益的流入不符合收入的定义，不应确认为收入。例如，企业向银行借入款项，尽管也导致了企业经济利益的流入，但该流入并不导致所有者权益的增加，而是使企业承担了一项现时义务，因而不应将其确认为收入，应当确认为一项负债。

（3）收入是与所有者投入资本无关的经济利益的总流入。

收入应当会导致经济利益的流入，从而导致资产的增加。例如，企业销售商品，应当收到现金或者在未来有权收到现金时，才表明这项交易符合收入的定义。但是，经济利益的流入有时是所有者投入资本的增加导致，所有者投入资本的增加不应当确认为收入，应当将其直接确认为所有者权益。

▶ 2. 收入的分类

企业的收入按照经营业务的主次，分为主营业务收入和其他业务收入。

（1）主营业务收入。

主营业务收入是指企业在销售商品、提供劳务及让渡资产使用权等日常活动中所产生的收入。主营业务收入的内容根据企业所在的行业决定，如工业制造企业表现为产品销售收入，商品流通企业表现为商品销售收入，建筑工程企业表现为建造合同收入，旅游餐饮行业则为营业收入。

（2）其他业务收入。

其他业务收入是指企业主营业务收入以外的所有通过销售商品、提供劳务收入及让渡资产使用权等日常活动中所形成的经济利益的流入，如材料销售、代购代销、包装物出租等收入。

二、费用要素

费用是指企业在日常活动中发生的、会导致所有者权益减少的、与向所有者分配利润无关的经济利益的总流出。以工业企业为例，其在一定时期的费用通常由产品生产成本和期间费用两部分构成，产品生产成本由直接材料、直接人工和制造费用三个成本项目构成，期间费用包括管理费用、财务费用和销售费用三项。

知识链接 2-6
费用要素

▶ 1. 费用的特征

根据费用的定义，费用具有以下三个特征。

（1）费用是在日常活动中形成的。费用必须是企业在其日常活动中所形成的，这些日常活动与收入定义中涉及的日常活动的界定是一致的。将费用定义为日常活动形成的，其目的是将其与损失相区别，企业非日常活动所形成的经济利益流出企业不能确认为费用，而应当计入损失。例如，工业企业生产产品耗用的原材料，支付的工资，销售产品的运输费、装卸费等，都属于企业的费用。企业的对外捐赠支出、有关的罚款和滞纳金，属于偶发的交易或事项，不属于企业的费用，它们作为损失都会减少企业的利润。

（2）费用会导致所有者权益减少。与费用相关的经济利益流出应当会导致所有者权益的减少，不会导致所有者权益减少的经济利益流出不符合费用定义，不应当确认为费用。例如，企业用银行存款购买原材料 200 万元，该购买行为虽然使得企业的经济利益流出去了 200 万元，但是并不会导致企业的所有者权益减少，它使得企业的另外一项资产（存货）增加，所以在这种情况下经济利益流出企业就不能确认为费用。

（3）费用是与向所有者分配利润无关的经济利益的总流出。费用的发生应当会导致经济利益流出企业，从而导致资产的减少或者负债的增加（最终也会导致资产的减少）。其表现形式包括现金或者现金等价物的流出，存货、固定资产和无形资产等的流出或者消耗等。鉴于企业向所有者分配利润也会导致经济利益流出企业，但该经济利益流出显然属于所有者权益的抵减项目，因而不应当确认为费用，应当排除在费用之外。

▶ 2. 费用的分类

费用应当按照功能分类，可分为从事经营业务发生的成本、期间费用等。制造业的费用通常由期间费用和产品成本两部分构成。

1）期间费用

期间费用是指企业本期发生的、不能直接或间接归入营业成本，而是直接计入当期损益的各项费用，包括销售费用、管理费用和财务费用。

知识链接 2-7
费用的分类及产品
成本项目的构成

期间费用一般不能直接归属于某个特定产品。它随着时间推移而发生，与当期产品的管理和产品销售直接相关，而与产品的产量、产品的制造过程无直接关系，即容易确定其发生的期间，而难以判别其所应归属的产品。根据配比原则，期间费用不能列入产品成本，而是在发生的当期从损益中扣除。

销售费用，是指企业在销售商品和材料、提供劳务的过程中发生的各种费用，包括保险费、包装费、展览费和广告费、商品维修费、预计产品质量保证损失、运输费、装卸费等，以及为销售本企业商品而专设的销售机构（含销售网点、售后服务网点等）的职工薪酬、业务费、折旧费等经营费用。

管理费用，是指企业为组织和管理企业生产经营所发生的费用，包括企业在筹建期间内发生的开办费、董事会和行政管理部门在企业的经营管理中发生的或者应由企业统一负担的公司经费（包括行政管理部门职工工资及福利费、物料消耗、低值易耗品摊销、办公费和差旅费等）、工会经费、董事会费（包括董事会成员津贴、会议费和差旅费等）、聘请中介机构费、咨询费（含顾问费）、诉讼费、业务招待费、房产税、车船税、城镇土地使用税、印花税、技术转让费、矿产资源补偿费、研究费用、排污费等。

财务费用，是指企业为筹集生产经营所需资金等而发生的筹资费用，包括利息支出（减利息收入）、汇兑损益以及相关的手续费、企业发生的现金折扣或收到的现金折扣等。

2）产品成本

产品成本是指企业进行工业性生产所发生的各项生产成本（直接材料、直接人工及制造费用），包括生产各种产品（产成品、自制半成品等）、自制材料、自制工具、自制设备等发生的生产成本。产品成本有狭义和广义之分。狭义的产品成本是指产品的制造成本。制造成本是企业为了生产产品而发生在基层生产单位（车间、分厂）的各种耗费，主要有原材料、燃料和动力、生产工人薪酬和各项制造费用。本章节所讨论的产品成本为狭义的产品成本，即制造成本。

三、利润要素

利润是指企业在一定会计期间的经营成果，利润包括收入减去费用后的净额、直接计入当期利润的利得和损失等。

▶ 1. 利润的特征

利润的主要特征是：利润表示企业最终的经营成果，是一定会计期间内收入与费用配比的结果，因此，利润与收入、费用密切相关。企业只有取得收入，并补偿在生产经营过程中的各种费用，才能增加所有者权益；反之，收入不能抵补相应的费用，就会减少所有者权益。其中，收入减去费用后的净额反映的是企业日常活动的业绩，它是企业的收入与费用配比相抵后的差额，是衡量企业经济效益高低的一项重要综合指标。直接计入当期利润的利得和损失反映的是企业非日常活动的业绩。企业在生产经营活动中因提高产品质量、扩大产品产销量、降低产品成本、加速资金周转等带来的经济效益，最终都会综合地反映在利润指标上。

知识链接 2-8
利润

▶ 2. 利润的内容

利润的内容包括营业利润、利润总额和净利润：

（1）营业利润。企业营业利润是指营业收入减去营业成本、营业税金及附加、销售费用、管理费用、财务费用、资产减值损失，加上公允价值变动收益（损失）和投资收益（损失)后的金额。其中,营业收入是指企业经营业务所确定的收入总额,包括主营业务收入和其他业务收入;营业成本是指企业经营业务所发生的实际成本总额,包括主营业务成本和其他业务成本;资产减值损失是指企业计提各项资产减值准备所形成的损失;公允价值变动收益(损失)是指企业交易性金融资产等公允价值变动形成的应计入当期损益的利得(损失);投资收益(损失)是指企业以各种方式对外投资所取得的收益(或发生的损失)。

(2)利润总额。利润总额是指企业的营业利润加上营业外收入,减去营业外支出后的金额。

(3)净利润。净利润是企业利润总额减去应计入当期损益的所得税费用后的金额。它是广义收入和广义费用配比后的结果。企业净利润再按国家有关利润分配制度和办法进行利润分配。

第四节　会 计 等 式

一、会计等式的内容

知识链接 2-9
会计等式

会计等式是反映会计要素之间数量关系的平衡公式,它揭示了六大会计要素之间的内在联系。如前所述,六项会计要素反映了资金运动的静态和动态两个方面,具有紧密的相关性,它们在数量上存在着特定的平衡关系,这种平衡关系用公式来表示,就是通常所说的会计等式。会计等式是反映会计要素之间平衡关系的计算公式,它是各种会计核算方法的理论基础。在会计学中,有两个基本的会计等式,即反映财务状况的等式和反映经营成果的等式。此外,本章还介绍扩展的会计等式。

▶ 1. 反映财务状况的等式

这是最基本的会计等式。如前所述,资产是由过去的交易或事项所引起,能为企业带来经济利益的资源。资产来源于所有者的投入资本和来自债权人的借入资金以及企业在生产经营中所产生效益的积累,并分别归属于所有者和债权人。归属于所有者的部分形成所有者权益,归属于债权人的部分形成债权人权益,即企业的负债。

资产和权益(包括所有者权益和债权人权益)实际上是企业所拥有的经济资源在同一时点上所表现的不同形式。资产表明的是资源在企业存在、分布的形态,而权益则表明了资源取得和形成的渠道。资产来源于权益,资产与权益必然相等。二者之间的数量关系可以表达为

$$资产 = 权益$$

在现代企业中,筹集资金的方式除了投资人对企业的投资外,还包括举债。企业可以向银行等金融机构借款,也可以通过发行公司债券向社会公众筹集资金,这些款项都有约定的期限,但在尚未到期偿还前,企业可以自由运用,形成购置企业资产的一项资金来源。凡是向企业提供借款的个人、机构、组织、企业等,称为企业的债权人,企业则为债务人。

企业的投资人和债权人把资产投入企业,因而对企业的资产就享有一定的权利,如享有收回本金和获取投资报酬的权利。这种权利在会计上称为权益。债权人权益称为负债,

投资人权益称为所有者权益。资产和权益的数量关系可以表述为

$$资产＝债权人权益＋所有者权益$$

$$资产＝负债＋所有者权益$$

这一平衡公式反映了会计基本要素(资产、负债、所有者权益)之间的数量关系,反映了企业资产的归属关系,任何一个特定的时点,资产的存量与其来源在金额上必定相等,它是设置账户、复式记账、试算平衡和编制会计报表等会计核算方法的理论依据,在会计核算中有着非常重要的地位。

资产、负债、所有者权益是反映企业资金运动静止状态下基本内容的三个会计要素,是资金运动的静态表现形式,形成了反映企业资金运动过程中某一特定时点财务状况的基本会计等式。它是编制资产负债表的理论依据。

▶ 2. 反映经营成果的等式

企业通过生产经营活动,一方面生产、销售商品和提供劳务,实现销售收入,发生货币资金的流入;另一方面又因生产、销售商品和提供劳务,发生各种资源的耗费,形成费用开支。通过收入和费用的比较,可以确认企业在一个会计期间的经营成果。

创办企业的目的是最大限度地赚取利润。企业出售商品、提供劳务会取得收入;为了取得收入,又会发生相应的耗费和支出。例如,企业生产产品耗费的材料费用及其他费用、对生产产品所使用的厂房、设备提取的固定资产折旧费等,这些耗费的货币表现就是费用。企业一定时期的收入减去全部费用后的差额就是企业的经营成果,即利润。若是收入大于费用的经营成果,即表现为企业利润,它将导致企业资产总额和权益总额的同时增加;反之,则表现为企业亏损,它将导致企业资产总额和权益总额的同时减少。收入、费用、利润三者之间的关系可用如下等式予以表述:

$$收入－费用＝利润$$

收入、费用、利润是反映企业资金运动状态下基本内容的三个会计要素,是资金运动的动态表现形式。因此,这三个动态会计要素形成了反映企业资金运动过程中一定会计期间经营成果的会计等式。它是编制利润表的理论依据。

▶ 3. 扩展的会计等式

一般而言,企业取得的收入会导致企业资产的增加(或者负债的减少),从而增加所有者权益;费用的发生会相应地减少企业的资产(或者增加负债),从而减少所有者权益。所有者一方面享有企业的盈利;另一方面也必须负担企业的亏损,承担出资额被侵蚀的风险。上述两个会计等式之间的关系,可用如下等式表示:

$$资产＋(收入－费用)＝负债＋所有者权益＋利润$$

如果等式左方的收入减去费用为正,即为盈利,则等式右方的所有者权益应加上利润额,说明所有者权益增加了,投资者的出资额实现了保值与增值;如果等式左方的收入减去费用为负,即为亏损额,则等式右方的所有者权益应减去亏损,说明所有者权益减少了,投资者的出资额不仅未能保值,反而因费用大于收入而被侵蚀。该等式描述了企业在年终进行利润分配前资产负债表等式与利润表等式之间的关系,可称之为复合等式,即扩展的会计等式。

二、经济业务对会计等式的影响

凡是能够以货币计量的特定会计主体的经济业务，均可以通过会计等式进行反映和记录。经济业务是反映资金运动的具体经济活动，它必然会引起会计要素的有关项目发生增减变化；会计等式又概括和反映了会计要素之间的关系。因此，经济业务与会计要素、会计等式存在着密切的关系。但不管经济业务如何影响，会计要素如何变化，都不会破坏会计等式的平衡关系。下面举例说明经济业务的发生对会计等式的影响。

【例 2-1】 大华公司 202×年 8 月 31 日发生了下列经济业务：

(1) 收到投资者投入的资金 6 000 元，存入银行；

(2) 向银行借入为期一年的短期借款 5 000 元；

(3) 以银行存款购入原材料 8 000 元，原材料验收入库；

(4) 将收入 50 000 元转入本年利润；

(5) 取得销售收入 20 000 元，货款存入银行；

(6) 销售商品使库存商品减少了 13 000 元；

(7) 以盈余公积转增资本 7 000 元；

(8) 以银行存款偿还银行短期借款 5 000 元；

(9) 以银行短期借款偿还应付账款 5 000 元。

根据以上资料分析如下：

第(1)笔经济业务的发生，导致所有者权益要素中的"实收资本"项目增加 6 000 元，资产要素中的"银行存款"项目增加 6 000 元。资产和所有者权益同时增加，资金总额也增加。

第(2)笔经济业务的发生，导致负债要素中"短期借款"项目增加 5 000 元，资产要素中的"银行存款"项目增加 5 000 元。资产和负责同时增加，资金总额也增加。

第(3)笔经济业务的发生，导致资产要素中"银行存款"项目减少了 8 000 元，资产要素中"原材料"增加了 8 000 元。资产要素中的两个项目一增一减，资金总额不变。

第(4)笔经济业务的发生，导致收入要素中"主营业务收入"减少了 50 000 元，所有者权益要素中"本年利润"项目增加 50 000 元。收入和所有者权益要素中的项目一增一减，资金总额不变。

第(5)笔经济业务的发生，导致收入要素中的"主营业务收入"项目增加 20 000 元，资产要素中的"银行存款"项目增加 20 000 元。资产和收入同时增加，资金总额也增加。

第(6)笔经济业务的发生，导致资产要素中"库存商品"项目减少了 13 000 元，费用要素中的"主营业务成本"增加了 13 000 元。费用和资产要素中的项目一增一减，资金总额不变。

第(7)笔经济业务的发生，导致所有者权益要素中"实收资本"项目增加 7 000 元，"盈余公积"项目减少 7 000 元。所有者权益要素中的两个项目一增一减，资金总额不变。

第(8)笔经济业务的发生，导致负债要素中"短期借款"项目减少 5 000 元，资产要素中的"银行存款"项目减少 5 000 元。资产和负债同时减少，资金总额也减少。

第(9)笔经济业务的发生，导致负债要素中"应付账款"项目减少 5 000 元，负债要素中的"短期借款"项目增加 5 000 元。负债要素中的两个项目一增一减，资金总额不变。

根据以上分析结果可以得出以下结论:

(1) 任何经济业务的发生,至少会引起两个以上的会计要素或一个会计要素的两个以上项目发生变化;

(2) 任何经济业务的发生,都不会破坏会计等式的平衡关系;

(3) 影响会计等式一边的要素的项目一增一减,影响会计等式两边的要素项目同增同减;

(4) 这些交易事项对会计恒等式的影响有四种类型:资产与权益同增、资产与权益同减、资产的此增彼减、权益的此增彼减;

(5) 影响会计等式一边的要素的项目由于一增一减,资金总额不变;影响会计等式两边的要素项目同增同减,资金总额发生变化。

▌本章小结▐

本章主要介绍了会计对象、会计要素、资产负债表要素和利润表要素以及会计等式的重要基础内容,本章的重点是六大会计要素的含义、特征、内容以及由此形成的会计恒等式。

会计要素是对会计对象的基本分类,是会计对象的具体化,是反映会计主体的财务状况和经营成果的基本单位。我国的《企业会计准则——基本准则》和会计制度中定义了资产、负债、所有者权益、收入、费用和利润六大会计要素。

会计等式是表明各会计要素之间基本关系的恒等式。它是设置账户、复式记账和编制资产负债表的理论依据。"资产=负债+所有者权益"是静态的会计等式,也是基本的会计等式;"收入-费用=利润"是动态的会计等式;"资产+费用=负债+所有者权益+收入"是扩展的会计等式。经济业务的发生,不会破坏会计等式的平衡关系,所以会计等式又叫会计方程式或会计恒等式。

▌思考与实践▐

简答题

1. 简述资产的定义及其特征。

2. 简述负债的定义及其特征。

3. 为何企业的资产和权益之间始终必然存在数额相等关系?

4. 什么是所有者权益?所有者权益的特征有哪些?

业务题

5. 某企业 2020 年 3 月发生以下经济业务:

(1) 3 日,以银行存款偿还到期的短期借款 200 000 元;

(2) 8 日,向甲企业购买 A 材料一批,货物已验收入库,价款 80 000 元尚未支付(不考虑增值税);

(3) 12 日,向银行提取现金 10 000 元;

(4) 20 日,前期应收 B 企业货款 70 000 元,现已收回存入银行;

(5) 25 日,收到乙投资者作为资本投入的汽车一辆,双方确认的价值为 150 000 元;

（6）29 日，向银行借入偿还期为 3 年的借款 500 000 元。

要求：判断各项经济业务引起会计要素的变化情况，并在表 2-1 中相应栏目打"√"列示。

表 2-1　各项经济业务引起会计要素的变化情况

业　务	资产和负债同时增加	资产和所有者权益同时增加	资产和负债同时减少	资产和所有者权益同时减少	资产内部一增一减	权益内部一增一减
（1）						
（2）						
（3）						
（4）						
（5）						
（6）						

在线自测

扫描封底二维码　　获取答题权限

第三章　账户与复式记账

学习目标

1. 掌握会计科目体系的构成，熟悉企业会计科目表；
2. 了解会计账户的意义，掌握会计账户的基本结构和内容；
3. 熟悉会计科目与会计账户的关系；
4. 理解记账方法及类型；
5. 掌握借贷记账法的记账规则运用；
6. 掌握会计分录的具体编制方法；
7. 理解借贷记账法的账户结构和试算平衡。

导入案例

小林同学刚从大学会计系毕业，应聘到大鹏公司作会计员，上班还不到几天，就赶上月末结账。会计部经理安排他编制该公司这个月的试算平衡表。小林找到了本公司所有的总账账簿，埋头苦干，不到一个小时，一张"总分类账户发生额及余额试算平衡表"就编制出来了。表格上的 3 组数字相互平衡。小林正准备交差，忽然，会计员李明说："呀，昨天车间领料单还没记到账上去呢！"这时，另一个会计员小张又过来说："有笔账我核对了，数字有问题。应当记入'原材料'和'生产成本'的是 19 000 元，而不是 16 000 元。已经入账的那部分数字要改动。"小林疑惑了："试算平衡表不是已经平衡了吗？怎么还有错账呢？"

案例思考： 你能帮小林解开疑惑吗？

第一节　会 计 科 目

一、会计科目的概念

会计科目是对会计要素对象的具体内容进行分类核算的项目。在开展会计核算工作之前必须设置会计科目。

企业在经营过程中发生的各种经济业务，会引起各项会计要素的增减变化。由于企业的经营业务错综复杂，即使涉及同一种会计要素，也往往具有不同的性质和内容。例如，固定资产和现金虽然都属于资产，但它们的经济内容以及在经济活动中的周转方式和所引起的作用各不相同。为了实现会计

知识链接 3-1
会计科目

的基本职能，要从数量上反映各项会计要素的增减变化，就不仅需要获取各项会计要素增减变化及其结果的总括数字，而且要获取一系列更加具体的分类和数量指标，因此还要对会计要素作进一步的分类。

会计科目通常作为账户的名称，成为设置账户和登记账簿的依据，并为编制财务报表提供条件。在会计核算的各种方法中，设置会计科目占有重要的地位，是最基本的会计核算方法。

二、会计科目的设置原则

机关、企业、事业等单位，由于会计对象的具体内容和经济业务不同，在设置会计科目时也有所不同。但无论企业、事业、还是机关等单位，由于会计科目是设置账户、处理账务所必须遵守的规则和依据，所以在设置会计科目时必须遵循下列原则。

▶ 1. 必须结合会计对象的特点

企业单位会计对象不仅表现为资产、负债、所有者权益，还表现为经营收入、经营支出和经营成果。因此，对于企业而言，一般设置资产类、负债类、所有者权益类、成本类、损益类的科目。对于机关、事业等单位的会计对象，主要是预算资金收入、预算资金支出和预算资金结存，因此常设置预算资金来源类、预算资金运用类和预算资金结存类的科目。

▶ 2. 必须符合经济管理的要求

设置会计科目，既要结合会计对象的具体内容，又要符合经济管理的要求，以便达到加强企业管理、考核经济活动的效果。例如，企业单位由于实行经济核算制，就必须设置"本年利润""利润分配"等相关科目；为了适应国家对银行存款和现金两种货币资金的不同管理要求，就必须设置"银行存款"和"库存现金"科目。

▶ 3. 既要强调统一性，又要强调灵活性

统一性和灵活性相结合是设置会计科目的基本原则。统一性是指企业必须根据国家统一的会计准则的规定设置会计科目（一级科目），统一编号，并力求在时间上保持前后一致。统一性有利于统一核算口径，保证会计核算指标能在一个行业甚至于全国范围内进行综合汇总，分析利用，以考核各个单位的经济活动情况。

灵活性是指企业在不影响会计核算要求和会计报表的汇总，以及对外提供统一财务会计报告的前提下，可以根据实际情况自行增加、减少或者合并某些会计科目；企业在不违背会计科目使用原则的基础上确定适合本企业的会计科目名称；明细科目的设置，除会计准则规定的科目以外，企业可自行确定。例如，对于大中型企业，由于材料存量大，品种繁多，为了便于加强管理，可以分别设置"原材料""燃料""包装物"等科目；而对于小型企业，由于材料品种少，存量也不大，为了简化材料核算，只设置一个"原材料"科目即可。

▶ 4. 应保持相对稳定性

会计科目的设置是由会计准则加以规定的，因此，为了保证会计科目设置的相对稳定性，会计准则的制定应保持相对稳定。会计科目的稳定性主要表现为会计科目的名称、含义及所包含的内容应保持相对稳定，只有会计科目具有相对稳定性，会计核算资料才具有可比性。

▶ **5. 从总体上应保持完整性**

完整性就是要使设置的整套会计科目能够反映所有的经济业务，即所有经济业务都由特定的会计科目来反映。为保证会计科目的完整性，各个科目之间的核算内容是互相排斥的（互斥性）。不同的会计科目反映不同的核算内容。如果不同的会计科目核算内容一致或者相同的核算内容用不同的会计科目来反映，那么就会造成核算上的不统一。因此，设置会计科目时，不同的会计科目之间的互斥性是保证会计核算统一性和准确性的重要条件。

三、会计科目的分类

会计科目虽然具有不同的经济内容，但它们并非彼此独立，而是相互联系、相互补充地组成一个完整的会计科目体系。为了正确地掌握和使用会计科目，借助会计科目了解经济活动情况，有必要对会计科目进行分类。

▶ **1. 按所反映的经济内容分类**

会计科目可以按照多种标准进行分类设置，按会计要素对会计科目进行分类是其基本分类之一。工业企业的会计科目分为：资产类、负债类、所有者权益类、成本类和损益类五大类。

1）资产类科目

资产类科目是指用来核算和监督企业拥有或者控制的、能以货币计量的经济资源的增减变化及结余情况的会计科目，是对资产要素的具体内容进行分类核算的项目。

2）负债类科目

负债类科目是指用于核算和监督企业承担的能以货币计量、需以资产或劳务偿付的债务的增减变动和结余情况的会计科目，是对负债要素的具体内容进行分类核算的项目。

3）所有者权益类科目

所有者权益类科目是指用于核算和监督企业投资者对企业净资产所有权的增减变动和结余情况的科目。

4）成本类科目

成本类科目是用于核算成本的发生和归集情况，提供成本相关会计信息的会计科目。

5）损益类科目

损益类科目是指用于核算收入、费用的发生或归集，提供一定期间损益相关的会计信息的会计科目。

为了便于编制会计凭证、登记账簿、查阅账目、实行会计电算化，还应在会计科目分类的基础上，为每个会计科目编一个固定的号码，这些号码称为会计科目编号，简称科目编号。科目编号能清楚地表示会计科目所属的类别及其在类别中的位置。为了便于会计工作的进行，通常在会计准则中，以会计科目表的形式对会计科目的编号、类别和名称加以规范。财政部颁布的《企业会计准则——应用指南》统一制定了企业实际工作中需要使用的会计科目，其中，工业企业常用会计科目如表 3-1 所示。

表 3-1 工业企业常用的会计科目

顺 序 号	编 号	会计科目名称	会计科目适用范围
		一、资 产 类	
1	1001	库存现金	
2	1002	银行存款	
3	1012	其他货币资金	
4	1101	交易性金融资产	
5	1121	应收票据	
6	1122	应收账款	
7	1123	预付账款	
8	1131	应收股利	
9	1132	应收利息	
10	1221	其他应收款	
11	1231	坏账准备	
12	1401	材料采购	
13	1402	在途物资	
14	1403	原材料	
15	1404	材料成本差异	
16	1405	库存商品	
17	1406	发出商品	
18	1407	商品进销差价	
19	1408	委托加工物资	
20	1411	周转材料	
21	1471	存货跌价准备	
22	1501	持有至到期投资	
23	1502	持有至到期投资减值准备	
24	1503	可供出售金融资产	
25	1511	长期股权投资	
26	1512	长期股权投资减值准备	
27	1521	投资性房地产	
28	1531	长期应收款	
29	1601	固定资产	
30	1602	累计折旧	
31	1603	固定资产减值准备	

续表

顺 序 号	编 号	会计科目名称	会计科目适用范围
32	1604	在建工程	
33	1605	工程物资	
34	1606	固定资产清理	
35	1701	无形资产	
36	1702	累计摊销	
37	1703	无形资产减值准备	
38	1711	商誉	
39	1801	长期待摊费用	
40	1811	递延所得税资产	
41	1901	待处理财产损溢	
二、负 债 类			
42	2001	短期借款	
43	2101	交易性金融负债	
44	2201	应付票据	
45	2202	应付账款	
46	2203	预收账款	
47	2211	应付职工薪酬	
48	2221	应交税费	
49	2231	应付利息	
50	2232	应付股利	
51	2241	其他应付款	
52	2401	递延收益	
53	2501	长期借款	
54	2502	应付债券	
55	2701	长期应付款	
56	2801	预计负债	
57	2901	递延所得税负债	
三、所有者权益类			
58	4001	实收资本	
59	4002	资本公积	
60	4101	盈余公积	
61	4103	本年利润	

续表

顺 序 号	编 号	会计科目名称	会计科目适用范围
62	4104	利润分配	
63	4201	库存股	
四、成 本 类			
64	5001	生产成本	
65	5101	制造费用	
66	5201	劳务成本	
67	5301	研发支出	
五、损 益 类			
68	6001	主营业务收入	
69	6051	其他业务收入	
70	6101	公允价值变动损益	
71	6111	投资收益	
72	6301	营业外收入	
73	6401	主营业务成本	
74	6402	其他业务成本	
75	6403	税金及附加	
76	6601	销售费用	
77	6602	管理费用	
78	6603	财务费用	
79	6701	资产减值损失	
80	6711	营业外支出	
81	6801	所得税费用	
82	6901	以前年度损益调整	

▶ **2. 按提供会计信息详细程度分类**

会计科目按其所提供信息的详细程度不同,分为总分类科目和明细分类科目。

各个会计科目并不是彼此孤立的,而是相互联系、相互补充,组成一个完整的会计科目体系。通过这些会计科目,可以全面、系统、分类地反映和监督会计要素的增减变动情况及其结果,为经营管理提供所需要的一系列核算指标。在生产经营过程中,由于经济管理的要求不同,所需要的核算指标的详细程度也就不同。根据经济管理的要求,既需要设置提供总括核算指标的总账科目,又需要设置提供详细核算资料的二级明细科目和三级明细科目。

知识链接 3-2
总分类科目和明细
分类科目的区别

1）总分类科目

总分类科目即一级科目，也称总分类会计科目，是对会计要素的具体内容进行总括分类的会计科目，是进行总分类核算的依据。为了满足会计信息使用者对信息质量的要求，总账科目是由《企业会计准则——应用指南》统一规定的。

2）明细分类科目

明细分类科目也称为明细科目、细目，是在总账科目的基础上，对总账科目所反映的经济内容进行进一步详细分类的会计科目，以提供更详细、更具体的会计信息的科目。如在"原材料"科目下，按材料类别开设"原料及主要材料""辅助材料""燃料"等二级明细科目。明细科目的设置，除了要符合财政部统一规定外，一般根据经营管理需要，由企业自行设置。对于明细科目较多的科目，可以在总账科目和明细科目之间设置二级或多级科目。如在"原料及主要材料"下，再根据材料规格、型号等开设三级明细科目。

总分类科目与明细分类科目的关系是既有联系又有区别：总分类科目是概括地反映会计对象的具体内容，提供的是总括性指标；而明细分类科目是详细地反映会计对象的具体内容，提供的是比较详细具体的指标；总分类科目对明细分类科目具有统驭控制作用，而明细分类科目则是对总分类科目的补充和说明。

第二节　会计账户

一、会计账户的概念

会计账户是以会计科目为名称，具有特定的结构和明确的核算内容，用于系统地、连续地记录和反映由企业经济业务所引起的相关会计要素增减变化及其结果的载体，是一种会计核算方法。会计账户的设置应与会计科目的设置相适应。

▶ 1. 会计账户的意义

设置会计账户，是会计核算的专门方法之一。科学地设置和运用会计账户，对于分类、归集、整理、加工会计信息具有重要意义。

1）科学组织会计核算的需要

会计账户是连续、系统地记录和积累会计资料的工具。通过设置和运用会计账户，可以将全部经济业务按照不同的性质进行归类、加工和汇总，从而使零星、分散的会计凭证资料系统化，并为编制各种会计报表提供基本依据。

2）更好地满足经济管理的需要

通过科学设置和运用会计账户，可以连续、系统、全面地反映资金的取得和运用情况，既可以获得各种总括核算资料，又可以获得各种明细分类核算资料，从而为经济管理和经济活动分析提供必要的会计信息。

3）会计检查和会计监督的需要

通过设置和运用会计账户，可以随时掌握资产、负债、所有者权益、收入、费用和利润等会计要素项目的增减变化及其结果，为保护企业财产物资的安全完整，进行合法、有效的生产经营提供了详细资料，有利于对企业的全部经济活动进行日常的会计分析、会计检查和会计监督。

▶ 2. 会计账户的分类

1）按会计要素分类

从会计要素出发，可以将会计账户分为资产类账户、负债类账户、所有者权益类账户、成本类账户和损益类账户 5 大类。

2）按所提供会计信息的详细程度分类

会计账户按其所提供会计信息的详细程度可分为总分类账户和明细分类账户两大类。根据总分类科目开设的账户称为总分类账户，该类账户提供各种总括分类的核算资料。通过总分类账户对经济业务进行的核算称为总分类核算。总分类核算只能用货币度量。根据明细分类科目开设的账户称为明细分类账户，该类账户提供各种详细的分类核算资料。通过明细分类账户对经济业务进行的核算称为明细分类核算。明细分类核算除了能用货币度量外，有些账户还要用实物度量，如用件、千克、吨等，来适应明细核算的需要。总分类账户统驭明细分类账户，明细分类账户则对总分类账户起着进一步补充说明的作用。

3）按用途和结构分类

会计账户按其用途和结构的不同可分为盘存账户、结算账户、所有者投资账户、集合分配账户、跨期摊提账户、成本计算账户、收入账户、费用账户、财务成果账户、调整账户和计价对比账户 11 类账户。

（1）盘存账户。

盘存账户是用来反映和监督各项财产物资和货币资金的增减变动及其结存情况的账户。可以归为这类账户的有："库存现金""银行存款""原材料""库存商品""固定资产"等账户。当"生产成本""物资采购"账户有期初、期末余额时，分别表示在产品、在途材料也具有盘存账户的性质。盘存类账户的结构是：借方记录各项财产物资和货币资金的增加数，贷方则记录各项财产物资和货币资金的减少数；期末余额在借方，反映期末各项财产物资和货币资金的实际结存数。

（2）结算账户。

结算账户是用来反映企业同其他单位或个人之间发生的债权、债务结算情况的账户。按照结算账户的性质不同，结算账户可以分为债权结算账户、债务结算账户以及债权债务结算账户三类。

① 债权结算账户。

债权结算账户亦称为资产结算账户，是专门用来反映企业同各单位或个人之间的债权（应收、暂付）结算的账户，如"应收账款""应收票据""预付账款""其他应收款"等账户。这类账户的结构是：借方记录债权的增加数，贷方记录债权的减少数；期末余额通常在借方，反映期末尚未收回的债权实有数。

② 债务结算账户。

债务结算账户亦称负债结算账户，是专门用来反映企业同其他单位或个人之间的债务（应付、暂收）结算的账户，如"短期借款""应付账款""应付票据""预收账款""应付工资""应付福利费""应交税费""应付股利""其他应付款""长期借款""应付债券"等账户。这类账户的结构是：贷方记录债务的增加数，借方记录债务的减少数；期末余额通常在贷方，反映期末尚未偿还债务的金额。

③ 债权债务结算账户。

债权债务结算账户亦称资产负债结算账户或往来账户，是专门用来反映企业同其他单位或个人之间的往来结算业务的账户。如"应收账款""应付账款""其他往来""待处理财产损溢"等账户。这类账户的结构是：借方记录债权的增加及债务的减少（或偿还），贷方记录债务的增加及债权的减少（或收回）；月末余额可能在借方，表示月末尚未收回的债权大于月末尚未偿还债务的差额，也可能在贷方，表示月末尚未偿还的债务大于月末尚未收回债权的差额。

（3）所有者投资账户。

所有者投资账户亦称资本账户，是用来专门反映企业所有者投资的增减变动及其结存情况的账户，主要包括"实收资本""资本公积""盈余公积""未分配利润"等账户。这类账户的结构是：贷方记录所有者投资的增加额，借方记录所有者投资的减少额；期末余额在贷方，表示期末所有者投资的实有额。

（4）集合分配账户。

集合分配账户是用来归集和分配生产经营过程中某个阶段所发生的各种费用的账户，如"制造费用"。这一类账户的结构是：借方记录车间各种间接生产费用的发生额，贷方记录月末按一定标准分配计入各个成本计算对象的分配额，月末无余额。

（5）跨期摊提账户。

跨期摊提账户是用来反映应由几个会计期间共同负担的费用，并且将这些费用在各个会计期间进行分摊和预提的账户。归属于跨期摊提账户的有两个账户，即"待摊费用"和"预提费用"。"待摊费用"账户是先记录借方，后记录贷方，余额在借方，表示尚未摊销的费用。"预提费用"账户是先记录贷方，后记录借方，期末余额一般是在贷方，反映已预提尚未支付的费用；期末余额也可能在借方，反映多支付的预提费用，实际上是由预提费用转化为待摊费用。

（6）成本计算账户。

成本计算账户是用来反映生产经营过程中物资采购及产品生产过程中发生的、应计入成本的全部费用，并据以确定其各个成本计算对象的实际成本的账户，主要包括"物资采购""生产成本"等账户。这类账户的结构是：借方记录应计入成本的全部费用，包括直接计入各个成本计算对象的费用和分配转入各个成本计算对象的费用，贷方记录结转的已完成采购过程或生产过程的成本计算对象的实际成本；期末该类账户可有余额，也可无余额。若有余额必在借方，表示尚未完成某一过程的成本计算对象的实际成本，如在途材料、在产品；若无余额，表示材料采购或生产过程各成本计算对象的实际成本已全部结转出去。

（7）收入账户。

收入账户属广义收入账户，是用来反映企业在一定会计期间所取得的全部收入的账户，主要包括"主营业务收入""其他业务收入""投资收益""营业外收入"等账户。该类账户的结构是：贷方记录本期收入的增加额，借方记录本期收入的减少额及期末结转"本年利润"账户的数额，期末无余额。

（8）费用账户。

费用账户属于广义费用账户，是用来反映企业在一定会计期间内所发生的、应由当期收入补偿的各种费用的账户。其主要包括："主营业务成本""管理费用""财务费用""营业外支出""所得税费用"等账户。该类账户的结构是：借方记录各种费用支出的增加额，贷方记录费用支出的减少额及期末转入"本年利润"账户的费用支出额，期末无余额。

（9）财务成果账户。

财务成果账户是用来反映企业在一定时期内全部生产经营活动最终成果的账户。主要是指"本年利润"账户。该账户的结构是：贷方记录期末从各收入类账户结转记入的本期发生的收入额，借方记录期末从各费用类账户结转记入的本期发生的费用额；期末余额若在贷方，则表示一定时期内收入大于费用的差额，即本期实现的净利润；期末余额若在借方，则表示一定时期内收入小于费用的差额，即本期发生的亏损总额。年末，需将"本年利润"账户实现的净利润或发生的亏损，从相反的方向结转至"未分配利润"账户，结转后无余额。但是，在年度内，财务成果账户呈现为累计性账户，无论何月，账面记录的净利润或亏损均表示为截至本月累计发生额。故年度内各月，财务成果账户或有贷方余额，或有借方余额。

（10）调整账户。

调整账户是用来调整被调整账户的余额，以求得被调整账户的实际余额而设置的账户。在会计核算中，由于经营管理的需要，往往对于某一会计要素需设置两个账户，用两种数字从两个不同的方面进行记录。其中一个账户设置原始数字，反映原始状况，而用另一个账户反映对原始数字的调整数字，反映调整状况，将原始数字同调整数字相加或相减，则可求得被调整后的实际余额。调整账户按其调整方式不同，可分为备抵账户、附加账户和备抵附加账户三类。

① 备抵账户。

备抵账户又称抵减账户，是用来抵减被调整账户余额，以求得被调整账户实际余额的账户，备抵账户对被调整账户的调整的方式，可用公式表示为

$$被调整账户余额－备抵账户余额＝被调整账户实际余额$$

可见，备抵账户与其被调整账户存在着反方向关系，即当被调整账户的余额为借方（或贷方）时，备抵账户的余额为贷方（或借方）。所以，备抵账户，按被调整账户的性质，分为资产备抵账户和权益备抵账户两类。

② 附加账户。

附加账户亦称增加账户，是用来增加被调整账户的余额以求得被调整账户实际余额的账户。附加账户对被调整账户的调整方式，可用下列计算公式表示：

$$被调整账户余额＋附加账户余额＝被调整账户实际余额$$

可见，附加调整账户与被调整账户的余额在同一方，即同是借方或同是贷方。在实际会计核算工作中，附加账户的运用较少。

③ 备抵附加账户。

备抵附加账户是指既用来抵减，又同时用来附加被调整账户的余额，以求得被调整账户实际余额的账户，它兼有备抵账户与附加账户的双重功能，属于双重性质的账户。但是，备抵附加账户不能对被调整账户同时起两种作用，只能起附加作用或者是抵减作用。备抵附加账户究竟在某一时期执行哪一种功能，发挥何种作用，取决于该账户的余额与被调整账户的余额是在同一方向还是反方向。当其余额与被调整账户余额方向相同时，起附加调整的作用，而当其余额与被调整账户余额方向相反时，起备抵调整的作用。例如，当

工业企业对材料的日常核算采用计划成本计价时，所设置的"材料成本差异"账户就属于备抵附加调整账户。

（11）计价对比账户。

计价对比账户是对某一要素的记录中按照两种不同的计价标准进行计价、对比，确定其业务成果的账户。例如，按计划成本对企业材料进行日常核算的企业，设置的"物资采购"账户，借方为采购的实际成本，贷方为采购的计划成本，差额表示为节约额或超支额；同样，像"固定资产清理"账户也具有类似的用途和结构。会计核算中，计价对比主要是要反映经营管理的要求，因而计价对比的结果，期末一般应从计价对比账户形成差额反方向转出。

二、会计账户与会计科目的关系

会计账户与会计科目之间既有联系又有区别。每一个会计账户都有其名称，会计科目就是会计账户的名称，也是设置会计账户的依据；会计账户是根据会计科目开设的，是会计科目的具体运用。没有会计科目，会计账户便失去了设置的依据；没有会计账户，就无法发挥会计科目的作用。所以，会计科目和会计账户都是对会计要素的具体内容进行的科学分类，都说明一定的经济业务内容，两者口径一致，性质相同。然而，会计账户与会计科目又有所不同。会计科目仅仅是会计要素的具体分类项目，只是说明一定的经济业务的内容，不存在结构；而会计账户必须具有一定的结构和格式，用来记录经济业务引起会计要素在数量方面发生的增减变动及其结果，可以提供具体的数据资料。会计账户与会计科目，在会计学中是两个既有联系，又有区别的概念。

▶ 1. 会计账户与会计科目的联系

会计科目就是会计账户的名称，会计账户是根据会计科目所开设的。会计账户与会计科目均是对会计对象具体内容所进行的同一科学分类，且两者在经济内容上分类的口径、方法、结果是完全一致的，并无本质的区别；会计账户与会计科目在具体的会计核算内容和范围上是完全相同的。会计账户是按照会计科目进行会计核算的载体，会计科目规定了会计账户核算的内容和范围。

▶ 2. 会计账户与会计科目的区别

（1）会计科目只是经济业务分类核算的项目，只是说明一定经济业务的内容；而会计账户不仅记录、说明经济业务的内容，而且是连续、系统地反映和监督其增减变化情况及其结果的一种会计核算工具。

（2）会计科目的主要作用是为设置会计账户、填制会计凭证提供统一、规范的核算要求；而会计账户的主要作用是对分散的各种经济业务进行归类、加工和汇总，为编制会计报表和经济管理提供总括和明细的会计核算资料。

（3）会计科目可以独立于会计账簿而存在；而会计账户则是根据规定的会计科目在会计账簿中开设的账页户头，具有专门的结构和格式，不能脱离会计账簿而存在。

正是因为会计账户与会计科目之间的紧密联系，所以在实际工作中，人们往往把会计账户与会计科目等同起来使用。但是，它们毕竟是两个不同的概念，不应完全混为一谈。会计科目是会计制度规定内容的组成部分，而设置会计账户是会计核算方法的组成部分。

三、会计账户的基本结构

为了全面、清晰地记录各项经济业务，每一个会计账户既要有明确的经济内容，又必须有一定的结构。会计账户的结构就是会计账户的格式，即每一个会计账户应分为几个部分，每一部分分别登记什么内容，增减变动的结果在哪一方，表示什么。各项经济业务引起的资金变动尽管是错综复杂的，但从数量上看不外乎增加和减少两种情况，因此，账户的结构也相应地划分为两个基本部分：一部分反映增加的数额，另一部分反映减少的数额。通常把账户划分为左右两方，分别记录增加额或减少额，增减相抵后的差额，称为账户的余额。账户的基本结构，一般应包括下列内容：

(1) 账户的名称(会计科目)；

(2) 日期和摘要(记录经济业务的日期和概括说明经济业务的内容)；

(3) 凭证号数(说明账户记录的依据)；

(4) 增加和减少的金额及余额。

在实际工作中，最基本的账户格式是三栏式账户。以借贷记账法为例，其格式如图 3-1 所示。

会计科目(账户名称)   第　　页

年		凭证		摘要	借方	贷方	借或贷	余额	(　)方分析
月	日	字	号						

图 3-1　会计账户基本结构

会计账户用左、右两方登记会计要素的增减变化，但究竟哪一方记增加，哪一方记减少，取决于所采用的记账方法和账户记录经济业务的内容。会计账户的具体格式取决于企业采用的记账方法。根据《企业会计准则》规定，企业会计记账应采用借贷记账法。在借贷记账法下，账户的左方称为"借方"，账户的右方称为"贷方"。此处的"借""贷"二字并无借入和贷出的具体含义，只是表示左与右的符号而已。有关借贷记账法的详细内容将在下一节讲述。

会计账户在一定时期内登记的经济业务金额的合计称作账户的本期发生额，它反映一定时期内企业各项会计要素增减变动情况，提供的是动态的指标。本期发生额包括本期增加发生额和本期减少发生额。本期增加发生额是指账户在报告期内记录增加金额的合计数，本期减少发生额是指账户在报告期内记录减少金额的合计数。账户的本期增加发生额与本期减少发生额相抵后的差额，称为账户的余额。账户的余额一般与其增加的发生额在同一方向，余额按其表现时间的不同，分为期初余额和期末余额。期初(或期末)余额是指报告期开始(或结束)时账户的金额，它反映某一时点企业资产和权益变动的结果，提供的是静态指标。本期期末余额转入下期时，即为下期的期初余额。

因此，通过会计账户记录的金额可提供期初余额、本期增加发生额、本期减少发生额、期末余额四个核算指标。上述四项指标之间的关系可以用下列等式表示：

$$期末余额＝期初余额＋本期增加发生额－本期减少发生额$$

为了在教学中说明问题，常把会计账户的典型结构简化，即形成所谓的"T"型账户或"丁"字型账户，如图 3-2 所示。

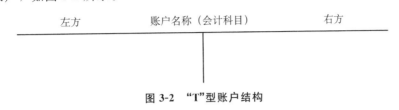

图 3-2 "T"型账户结构

第三节 复 式 记 账

一、记账方法的概念与特点

记账方法是指将经济业务引起会计要素变动的发生额登记在相关会计账户中所使用的方法。作为一种科学的记账方法，其内容一般应由记账原理、记账符号、账户设置、记账规则、账务处理、试算平衡等基本要素构成。从会计的发展历程来看，会计记账方法经历了一个由单式记账到复式记账的发展过程。单式记账与复式记账，实际上是两种不同的记账方法，两者在记账方式、记账特点和科学性等方面，均具有本质的区别。

知识链接 3-3
记账方法

▶ 1. 单式记账法及其特点

单式记账法是指对要记录的一项经济业务往往只在一个账户中记录，反映经济业务的一个方面的记账方法。单式记账法是一种简单而又不完整的记账方法。它对于发生的经济业务，在选择单方面记账时，通常只重点考虑库存现金、银行存款的收付不能出差错，人欠的债权和欠人的债务要记录清楚，一般只反映现金收付及人欠、欠人事项，而不反映现金收付及债权、债务的对象。比如，以银行存款支付有关费用，就只登记银行存款的减少，至于费用的增加则省略不记；再如，销售商品的货款尚未收到，就只登记应收账款的增加，至于销售收入的增加，则省略不记。单式记账法具有如下特点。

1）记账手续简单，易学易懂

单式记账法程序简化，容易理解，便于掌握。对那些规模小、业务量少，经济活动和经济关系简单，不可能配备专职会计人员的会计主体，如家庭、小商贩等，采用这种记账方法基本上也能达到了解经济活动及其结果的目的。

2）账户设置不完整，没有形成一套完整的账户体系

单式记账法对发生的经济业务是一种有重点的单方面记账。在通常情况下，只重视记录库存现金、银行存款的收付情况，以及债权和债务等往来账项经济业务。因此，一般只设置"库存现金""银行存款""应收账款""应付账款"等账户，而没有一套完整的账户体系，也就不可能全面、系统地反映所有的经济业务。

3）账户之间缺乏相互联系，不能反映经济业务的来龙去脉

单式记账法只是孤立地记录一项经济业务引起资金运动的某方面的变化，因而账户与账户之间缺乏有机的内在联系。当经济业务发生时，利用这些设置不全、彼此孤立的会计账户也就不可能全面、系统地反映资金运动的来踪去迹，无法反映各个会计要素具体项目的增减变化。

4）经济业务反映不完整，不能进行全部经济业务账户记录的试算平衡

单式记账法仅反映一部分经济业务，并不反映所有的经济业务，且反映的经济业务也只是该业务的某一单方面的变化。由于单式记账反映的经济业务不全面、不完整，因此，从账户记录上看不出每项经济业务的来龙去脉，也不能进行一定时期账户记录的试算平衡。

目前，在我国会计实务中，企业单位一般不采用单式记账法。

▶ 2. 复式记账法及其特点

复式记账法是指对每一项经济业务均以相等金额在两个或两个以上相互联系的账户中进行记录的记账方法。它是以会计等式为理论依据，用以全面、系统地反映每一项经济业务引起会计要素增减变化及其结果的一种记账方法。复式记账法与单式记账法相比较，具有如下特点。

1）需要设置完整的账户体系

复式记账，对于会计主体的所有经济业务都要进行全面的记录反映，因此必须设置一套完整的账户体系，以便系统、全面地反映会计主体发生的各种经济业务。建立统一完整的账户体系，是记录反映每一笔经济业务的基本前提条件。

2）记账的账户要对应，能反映经济业务的内容

运用复式记账法，对于每一项经济业务，均须在两个或两个以上相互联系的对应账户中登记，这是复式记账的基本特点。这样，记账的结果不仅能全面、系统地反映会计主体的经济活动过程和经营成果，而且能够完整、清晰地反映每一项经济业务的来龙去脉。

3）一定时期的会计记录能够试算平衡

复式记账对于每项经济业务都以相等金额在相互联系的对应账户中进行双重记录，从而使账户间形成了相互钩稽的金额平衡关系。若有差错，就会导致会计等式的不平衡。通过一定时期会计记录的试算平衡，可以检查账务处理的正确性。

二、复式记账的由来与种类

▶ 1. 复式记账法的由来

复式记账法也称借贷复式记账法，它是为了适应 12—13 世纪初意大利北方商业和金融业的振兴，特别是资本主义经济关系萌芽和发展的需要，在单式记账法的基础上逐步演变形成的。据日本会计学家黑泽清在其所著《改订簿记原理》中的考证，在人们已发现的账簿中，最早采用这种方法记账的是 1211 年意大利佛罗伦萨的银行账簿。在 13 世纪初至 15世纪中后期约 280 年的时间里，复式记账法仍然处于初期发展阶段。那时，在意大利的佛罗伦萨、热那亚和威尼斯，先后产生了三种各具特点的复式记账法。1494 年，近代会计之父、意大利数学家卢卡在其所著《算术、几何、比及比例概要》中最早对复式记账法的基本理论和方法作了系统阐述，由此也开创了近代会计史的先河。此后，这一记账方法迅速

在法、德、荷、英、美等欧美国家得到继承和发展，并逐步在世界范围内得以传播，如今它已成为举世公认的科学的记账方法。

在我国，1858年（咸丰八年）后由英国人控制的海关较早采用了借贷复式记账法。我国最早介绍借贷复式记账法的书籍是1905年由蔡锡勇所著的《连环账谱》，而这一方法在我国会计实务中的应用则始于1908年（光绪三十四年）创办大清银行。此后，我国著名会计学家潘序伦、赵锡禹、徐永祚先生等在引进借贷复式记账法及会计方法改良中做出了重要贡献。中华人民共和国成立后，由于全面学习苏联的会计理论、方法和制度，借贷复式记账法在我国得到了广泛应用。

▶ **2. 复式记账法的种类**

复式记账法按技术特点的不同，又可分为借贷记账法、增减记账法、收付记账法等。借贷记账法是世界通用的记账方法。增减记账法是20世纪60年代我国商业系统在当时的社会经济环境下提出的一种记账方法。它是以增减作为记账符号来反映资金运动增减变动的一种复式记账方法，实质上是根据复式借贷记账法改造而成的一种复式记账方法，过去被商品流通企业所采用。收付记账法是以收付作为记账符号来反映资金运动增减变动的一种复式记账方法，它实质上是在我国传统的收付记账法的基础上发展起来的。

在会计改革之前，我国企业和行政事业单位采用的记账方法虽然都是复式记账法，但是具体方法并不一样，有的是用借贷记账法，有的是用增减记账法或收付记账法。会计改革后，国家统一规定企业、行政事业单位一律采用借贷记账法（我国1993年7月1日开始实施的《企业会计准则》第八条已经明确规定我国采用借贷记账法）。之所以这样改革，是因为借贷记账法经过数百年的实践，已被全世界的会计工作者普遍接受，是一种比较成熟、完善的记账方法。另外，从实务的角度看，企业间记账方法不统一，会给企业间横向经济联系以及国际经济交往带来诸多不便。不同行业、企业记账方法不统一，也必然会加大跨行业的公司和企业集团会计工作的难度，使经济活动和经营成果不能及时准确地得到反映。因此，统一全国各个行业、企业和行政事业单位的记账方法，对会计核算工作的规范和更好地发挥会计的作用具有重要意义。

三、复式记账法的基本内容

▶ **1. 会计科目**

不同的复式记账法对会计科目的设置往往有不同的要求。为了把发生的经济业务登记到会计账户中去，采用任何记账方法都必须要科学合理地设置会计科目并据此开设账户。

▶ **2. 记账符号**

记账符号是区分各种复式记账法的重要标志，表示记账方向的记号即为记账符号，不同的账户，因采用的记账方法不同，记账符号及记账方向也就不同。

▶ **3. 记账规则**

记账规则，是指根据复式记账原理，按照记账符号所指示的方向，将经济业务记录入账时所应遵守的准则。不同的复式记账法有不同的记账规则，记账规则是通过会计分录表现出来的。会计人员按照记账规则记账才能保证记账内容的一致性。

▶ **4. 会计分录**

会计分录是标明某项经济业务应当记入的账户名称、记账方向及金额的记录。在实际工作中，会计分录是根据各项经济业务的原始凭证，通过编制记账凭证确定的。

▶ 5. 试算平衡

会计人员运用平衡公式可以对所编制的会计分录和账户记录进行试算平衡，以检查会计记录是否正确。

由于记账符号、账户设置和结构以及记账规则与试算平衡方法的不同，复式记账法有借贷复式记账法，增减复式记账法和收付复式记账法等多种。目前国际上通行的是借贷复式记账法。我国的会计准则规定，所有企、事业单位的记账方法均统一为借贷复式记账法，即借贷记账法。因此，本书只介绍借贷记账法。

第四节　借贷记账法

一、借贷记账法的概念

知识链接 3-4
借贷记账法

借贷记账法是以"借"和"贷"作为记账符号，以"有借必有贷，借贷必相等"为记账规则的一种复式记账法。其中，"借"和"贷"两个字最初是和记录的经济业务的内容相符合的，体现着现实意义的权责关系，随着经济的不断发展，"借"和"贷"逐渐失去了原有的含义，而变成纯粹的记账符号，成为会计上的专门术语。一般情况下，作为记账符号，"借"字在账户的左边，"贷"字在账户的右边。

借贷记账法是历史上最早的复式记账法，也是目前世界各国所通用的一种记账法。它起源于 13—14 世纪的意大利，最早是为了适应银行借贷资本记账的需要而产生的。随着资本主义的发展，经济活动的内容日益复杂，记录的经济业务也不再局限于货币资金的借贷业务，逐渐扩展到财产物资、经营成果的增减变动。借贷记账法也随之扩展到企业生产经营的各个方面，并成为一种国际通用的商业语言。借贷记账法是以"资产＝负债＋所有者权益"这一会计基本等式作为记账原理，以"借""贷"为记账符号，反映会计主体资产、负债及所有者权益增减变化的一种复式记账方法。

二、借贷记账法下的账户结构和数量关系

账户结构包括账户名称、记账符号、"T"型线条以及记账方向。本章第二节已经讲过，会计账户按经济内容可以分成资产类、负债类、所有者权益类、成本类和损益类账户。在借贷记账法下，账户的结构因账户类别的不同而不同。账户的数量关系指的是账户期初、期末余额与本期增加额、本期减少额之间的等式关系，当余额方向与本期增加额的方向一致时，我们称为"正常余额"。

▶ 1. 资产类、负债类、所有者权益类账户的账户结构和数量关系

我国对记账方向的一般规定如下：资产类账户在借方登记增加额，在贷方登记减少额；负债类和所有者权益类账户的记账方向与资产类账户恰好相反，在贷方登记增加额，在借方登记减少额。这一规定决定了这 3 类账户的基本结构。当然，这只是一般规定，对于个别例外的账户，我们会在随后的内容和后续课程中进行讲述。

通过之前的学习可知，对于任意一个账户都存在这样一个等式关系：

期末余额＝期初余额＋本期增加额－本期减少额

那么，在规定了资产、负债、所有者权益类账户的记账方向之后，我们便能发现：资产类账户的正常余额在借方，因为资产类账户的借方被规定登记增加额，同样的道理，负债和所有者权益类账户的正常余额应该在贷方。因此，能得出如下两个关于资产、负债、所有者权益类账户数量关系的等式关系：

资产类账户：

期末借方余额＝期初借方余额＋本期借方发生额－本期贷方发生额

负债类和所有者权益类账户：

期末贷方余额＝期初贷方余额＋本期贷方发生额－本期借方发生额

▶ **2. 损益类账户的账户结构和数量关系**

损益类账户包括收入与费用类账户。它们的记账方向是由所有者权益类账户的记账方向推导出来的。由于会计等式"收入－费用＝利润"，收入的增加必然会导致利润的增加，相应的所有者权益就会增加，所以，收入类账户的记账方向应与所有者权益类账户的记账方向一致，即贷方记录增加额，借方记录减少额；同理，费用的增加会导致利润的减少，所以费用类账户的记账方向应与所有者权益类账户的记账方向相反，即借方记录增加额，贷方记录减少额。

损益类账户的数量关系同样要区分收入类和费用类账户，其中，收入类账户的数量关系与所有者权益类账户相同，其公式如下：

期末贷方余额＝期初贷方余额＋本期贷方发生额－本期借方发生额

费用类账户的数量关系与所有者权益类账户相反，与资产类账户相同，其公式如下：

期末借方余额＝期初借方余额＋本期借方发生额－本期贷方发生额

▶ **3. 成本类账户的账户结构和数量关系**

成本类账户的方向是由资产类账户的方向推导出来的，因为成本类账户的期末余额反映的是企业期末某种资产的结余状况，所以成本类账户的记账方向与资产类账户的记账方向相同，即借方记录增加额，贷方记录减少额。其数量关系也与资产类账户的数量关系相同，其公式如下：

期末借方余额＝期初借方余额＋本期借方发生额－本期贷方发生额

需要引起注意的是，有些账户的记账方向并没有遵循上述规定，而且与所属类别的通常记账方向相反，这是由其特定的用途所决定的，这些账户要按照它们的用途来推算记账方向。比如在按用途和结构分类中的调整类账户，其中的抵减类账户，它们的记账方向就和被调整账户相反。"累计折旧"账户是"固定资产"账户的抵减账户，所以，"累计折旧"账户虽然属于资产类账户，但是其特定的用途决定了它的记账方向和"固定资产"以及其他资产类账户记账方向相反。

三、借贷记账法的记账规则

借贷记账法的记账规则是"有借必有贷，借贷必相等"。也就是说，任何一笔经济业务所涉及的全部账户，在被会计分录记录时必然有被"借"记的，同时也有被"贷"记的，而且借方发生额之和与贷方发生额之和相等，这也是编制会计分录的规则。这一记账规则具体可以表述如下：

（1）对每一项经济业务引起的会计要素的变动金额，都必须在至少两个相互联系的账户中进行记录；

（2）记录经济业务的账户可以是同一类别的账户，也可以是不同类别的账户，但必须分别记入一个账户的借方和另一个账户的贷方；

（3）记入借方的金额必须和记入贷方的金额相等。

对于比较复杂的经济业务，可能会影响两个或两个以上的账户，这时，依然遵循"有借必有贷，借贷必相等"的记账规则，即如果记入一个账户的借方，必须同时记入另外几个账户的贷方；或者，如果记入一个账户的贷方，必须同时记入另外几个账户的借方；记入借方的总金额与记入贷方的总金额必须相等。

四、借贷记账法下的会计分录

知识链接 3-5
会计分录

▶ 1. 会计分录的定义及格式

会计分录简称分录，是记录一项经济业务所使用的简明的特定形式。它规定在记录一项经济业务时，会计人员所运用的特定格式、应记录的账户名称以及应借记、贷记的方向和金额。在会计实务中，会计分录是通过填制记账凭证来完成的。会计分录是由记账符号、会计科目、金额三要素构成的。会计分录的格式如下：

借：账户名称××××　　　　　　　　　　　（经济业务的发生额）

　　贷：账户名称××××　　　　　　　　　（经济业务的发生额）

上述格式的会计分录能比较完整地记录一项经济业务的发生或完成情况，仔细观察，我们能发现该会计分录包含了一项经济业务的具体信息以及会计分录本身的特定格式要求：

（1）受到具体经济业务影响的账户名称；

（2）账户被影响的方向，即该账户金额是增加还是减少，或者说应借记还是贷记；

（3）账户受影响的程度，即增加或减少的具体金额是多少；

（4）"上借下贷、左右错开"，意思是书写会计分录时，先写被"借"记的账户名称，再写被"贷"记的账户名称，而且上下两行要左右错开一个字符的距离，以便于区分。

在登记某项经济业务(编制会计分录)时，至少会在两个账户之间发生应"借"应"贷"的相互关系，这种依存于特定经济业务而产生的账户之间的应"借"应"贷"关系，称作账户的对应关系。存在对应关系的账户叫作对应账户。需要说明的是，账户对应关系是相对于具体经济业务而言的，经济业务变化了，账户的对应关系也会发生变化，所以，不能说"某个账户与另外一个账户是固定的或永久的对应账户"，而应该说"对某项经济业务而言或在某个会计分录中，某个账户与另外一个账户是对应账户"。

▶ 2. 会计分录的种类

复式记账是指在受到某项经济业务影响的两个或两个以上相关账户记账的方法。那么，记录一项经济业务的特定格式——会计分录也会对应至少两个相关账户，于是就出现了简单会计分录与复合会计分录的分类。只出现两个账户的会计分录称为简单会计分录(简称简单分录)，出现两个以上账户的分录就叫复合会计分录(简称复合分录)。在简单分录里，一个账户被"借"记，另一个账户被"贷"记，所以简单分录也被称为"一借一贷分录"；在复合分录里，由于有至少三个账户，所以我们可以把复合分录分成"一借多贷分录""一贷多借分录"和"多借多贷分录"三种形式。不过，在会计实务中，为了使账户的对应关系较为明确，也是为了遵守会计理论的"明晰性原则"，不提倡会计人员编制多借多贷的会计分录，填制多借多贷的记账凭证(编制合并会计报表中的合并会计分录除外)。对于会计理论的初学者来讲，由于对经济业务的分析还不熟练，建议大家尽量避免编制多借多贷的会计分录。

▶ 3. 会计分录的编制

会计分录的编制就是对经济业务进行分析、分类、整理并记录的全部过程，一般可以按以下 3 个步骤进行。

(1) 分析经济业务的内容，确定其所影响到的会计要素及其具体项目——账户；

(2) 明确该账户是哪一种类型(按经济内容分类)的账户，记账方向是怎样的，该经济业务的发生使该账户的金额增加还是减少了；

(3) 根据以上分析的结果，按照不同账户的结构，确定该项经济业务应记入相关账户的借方或者贷方，以及各个账户应记的金额，形成会计分录。

最后检查会计分录是否符合记账规则，三要素是否齐全。

▶ 4. 会计分录的核算举例

【例 3-1】 大华公司 202×年 12 月初各总分类账户余额如表 3-2 所示。

表 3-2 大华公司 202×年 12 月初各总分类账户余额表

202×年 11 月 30 日 单位：元

资产类账户		负债及所有者权益类账户	
库存现金	5 000	短期借款	450 000
银行存款	45 000	应付账款	650 000
应收账款	560 000	应交税费	20 000
原材料	810 000	实收资本	9 900 000
固定资产	9 600 000		
合计	11 020 000	合计	11 020 000

大华公司 12 月发生以下经济业务，并进行了相应的会计处理。

(1) 收到投资者投入的货币资金 5 000 000 元存入银行。

　　借：银行存款　　　　　　　　　　　　　　　　　　　　　5 000 000

　　　贷：实收资本　　　　　　　　　　　　　　　　　　　　　5 000 000

(2) 用银行存款购入一台不需安装的机器设备 200 000 元。

　　借：固定资产　　　　　　　　　　　　　　　　　　　　　　200 000

　　　贷：银行存款　　　　　　　　　　　　　　　　　　　　　　200 000

(3) 向银行申请六个月期的借款 300 000 元，偿还前欠某工厂的材料款。

　　借：应付账款　　　　　　　　　　　　　　　　　　　　　　300 000

　　　贷：短期借款　　　　　　　　　　　　　　　　　　　　　　300 000

（4）企业用银行存款向国家上缴税金 20 000 元。

借：应交税费　　　　　　　　　　　　　　　　　　　20 000

　　贷：银行存款　　　　　　　　　　　　　　　　　　　　　20 000

（5）企业从乙公司购入原材料 56 000 元（假设不考虑增值税），已经验收入库，货款已用银行存款支付 50 000 元，尚欠 6 000 元。

借：原材料　　　　　　　　　　　　　　　　　　　　56 000

　　贷：银行存款　　　　　　　　　　　　　　　　　　　　　50 000

　　　　应付账款　　　　　　　　　　　　　　　　　　　　　6 000

五、借贷记账法的试算平衡

▶ **1. 试算平衡的含义**

所谓试算平衡，是指根据资产与权益的恒等关系以及借贷记账法的记账规则，检查所有账户记录是否正确的过程，包括发生额试算平衡法和余额试算平衡法两种方法。

▶ **2. 试算平衡的分类**

1）发生额试算平衡法

借贷记账法建立在"资产＝负债＋所有者权益"这一恒等式的平衡原理基础上，并采用"有借必有贷、借贷必相等"的记账规则，在有关账户中作双重记录，这就确定了每一项经济业务所编制的会计分录借方与贷方的发生额必然相等的关系。由此，在一定时期内根据会计分录登记有关账户之后，所有登记账户的借方本期发生额合计和所有登记账户的贷方发生额合计必然相等，因此，就有了发生额试算平衡法。它是根据本期所有账户借方发生额合计与贷方发生额合计的恒等关系，检验本期发生额记录是否正确的方法。其公式为

　　　　全部账户本期借方发生额合计＝全部账户本期贷方发生额合计

2）余额试算平衡法

余额试算平衡法是运用会计等式，根据本期所有账户借方余额合计等于所有账户贷方余额合计的恒等关系，检验本期账户记录是否正确的方法。

由于所有账户的期末余额又是根据一定时期的本期借、贷方发生额计算的结果，所以，所有账户的借方期末余额合计也必然和所有账户的贷方期末余额合计相等，因此就有了余额试算平衡法。根据余额时间的不同又分为期初余额平衡与期末余额平衡两类，其公式为

　　　　全部账户的借方期初余额合计＝全部账户的贷方期初余额合计

　　　　全部账户的借方期末余额合计＝全部账户的贷方期末余额合计

▶ **3. 试算平衡表**

在实际工作中，是通过编制"试算平衡表"的方法来完成会计核算的。编制试算平衡表时需要注意的以下几个问题：

（1）必须保证所有账户的余额均已计入试算平衡表，否则可能会导致余额平衡的等式不成立；

（2）试算不平衡，表明账户记录肯定有错误，应认真查找，直到平衡为止；

（3）试算平衡了，不一定说明账户记录绝对正确，因为有些错误不会影响借贷双方的平衡关系。如：漏记某项经济业务；重复记录某项经济业务；某项经济业务记错有关账

户，借贷仍然平衡；某项经济业务在账户记录中，颠倒了记账方向，借贷仍然平衡；借方或贷方发生额中，偶然发生多记或少记并且相互抵消，借贷仍然平衡，等等。

例如，根据表 3-2 所反映的大华公司 202×年 12 月初各总账余额以及例 3-1 所列举的 5 笔经济业务编制的会计分录，可以编制总分类账户发生额及余额试算平衡表，如表 3-3 所示。

表 3-3　总分类账户发生额及余额试算平衡表
202×年 12 月 31 日　　　　　　　　　　　单位：元

会计科目	期初余额		本期发生额		期末余额	
	借　方	贷　方	借　方	贷　方	借　方	贷　方
库存现金	5 000				5 000	
银行存款	45 000		5 000 000	270 000	4 775 000	
应收账款	560 000				560 000	
原材料	810 000		56 000		866 000	
固定资产	9 600 000		200 000		9 800 000	
短期借款		450 000		300 000		750 000
应付账款		650 000	300 000	6 000		356 000
应交税费		20 000	20 000			
实收资本		9 900 000		5 000 000		14 900 000
合计	11 020 000	11 020 000	5 576 000	5 576 000	16 006 000	16 006 000

从表 3-3 可以看到，该会计主体全部账户期初（即上期期末）借方余额之和等于全部账户期初贷方余额之和；全部账户本期借方发生额之和等于全部账户本期贷方发生额之和；全部账户期末借方余额之和等于全部账户期末贷方余额之和。这说明账户记录基本正确。

总之，借贷记账法具有记账规则、试算方法简便、账户对应关系清楚、账户设置灵活等特点，是一种比较完善、比较科学的记账方法。

本章小结

本章主要介绍了设置账户和复式记账法两种会计核算专门方法的基本原理。首先，阐述了会计科目的含义和分类，为后面内容奠定理论基础；其次，主要说明了会计账户的结构、内容以及会计科目与会计账户的关系；最后，着重介绍了复式记账法中的借贷记账法的基本原理、记账规则、编制会计分录等内容。

会计科目指按照经济内容对各个会计要素进行分类所形成的类目。会计要素是对会计对象的基本分类。会计科目的设置必须结合会计对象的特点、符合经济管理的要求，遵循统一性、灵活性、稳定性和完整性等原则。会计科目按所反映的经济内容不同，通常分为资产类、负债类、所有者权益类、成本类和损益类五类；会计科目按所提供指标的详细程度不同，分为总分类科目和明细分类科目两类。

会计账户是根据会计科目设置的，具有一定的结构，用于分类反映会计要素增减变动情况及其结果的一种手段。设置账户是会计核算的重要方法之一。会计账户与会计科目之间，既有区别又有联系。

借贷记账法是一种以"借""贷"作为记账符号，以"有借必有贷、借贷必相等"为记账规则，反映经济业务引起各会计要素增减变动及结果情况的一种复式记账方法。在借贷记账法下，账户的基本结构是将每一个账户分为"借方"和"贷方"，按照会计惯例，账户的左方为"借方"，账户的右方为"贷方"。"借"和"贷"何时为增加、何时为减少，必须结合账户的具体性质才能准确说明。资产类、成本类和费用类账户是"借"增"贷"减，负债类、所有者权益类和收入类账户是"借"减"贷"增。

思考与实践

简答题

1. 简述会计科目和会计账户的区别。
2. 什么是复式记账法？它有哪些特点？其优点何在？
3. 会计分录的构成要素有哪些？
4. 借贷记账法的记账规则有哪些？

在线自测

扫描封底二维码　　测试　　获取答题权限

第四章 制造企业主要经济业务核算

学习目标

1. 了解制造企业主要经济业务流程；
2. 熟悉主要会计账户的设置和核算方法；
3. 熟练掌握企业资金筹集业务的核算，包括投入资本和借入资本的核算，尤其是利息的核算；
4. 熟练掌握企业生产准备业务的核算内容，包括固定资产购建业务的核算、材料采购业务的核算；
5. 熟练掌握企业产品生产业务的核算，包括直接材料、直接人工、固定资产折旧、其他费用、制造费用的分配与结转，完工产品成本的计算与结转等；
6. 熟练掌握企业产品销售业务的核算，包括营业收入、营业成本、营业税金及附加以及销售费用的核算；
7. 熟练掌握企业财务成果形成与分配的核算，包括营业外收支(利得与损失)、月末结转、所得税费用的计算与结转、利润分配的核算及年末结转等。

导入案例

作为一名会计专业大一的学生，小刘暑假时在一家公司实习。在实习的过程中，他遇到了几个疑惑：

(1) 企业的发展离不开资金的筹备，那么，企业可以通过哪几种方式筹集资金？这些不同的资金筹集方式在进行账务处理时又有哪些不同呢？

(2) 企业将筹集到的资金准备投入生产时，应该如何通过账务处理记录资金的运动呢？

(3) 企业进行生产的目的就是为了制造出产品，那么，企业在核算本企业产品成本的时候，除了发生计入产品生产成本的费用外，还会发生一些与生产产品无关的经济利益的流出。企业应该如何区分它们，并且如何进行账务处理呢？

(4) 对企业而言，销售环节是将转移到产品里的资金变现的环节。那么，企业应当如何记录账务，从而使管理者能够清晰地看出产品的销售收入与成本之间的关系呢？

(5) **案例思考：** 企业应该如何计算并通过账簿将企业的经营成果记录下来呢？

同学们，看到这个案例，你们的心中是否也存在着类似的疑惑：复式记账在会计实务工作中是如何运用的？希望通过本章的学习，能够解开大家心中的疑惑。

第一节　制造企业经济业务概述

一、制造企业经营活动过程概述

制造企业是按照市场经济体制的要求面向市场、独立核算、自负盈亏、自我积累、自我发展、制造产品的盈利性企业。它的基本任务是努力增加产品产量，注重品质提升，满足市场需求，加强企业管理，不断技术创新，降低成本，增加盈利，提高经济效益，为市场经济积累更多资金。

二、制造企业生产经营过程核算的内容

制造企业为了进行生产经营活动，必须拥有一定数量的财产、物资，这些生产过程中财产、物资的货币表现就是资金。随着生产经营活动的进行，资金以货币资金、储备资金、生产资金、成品资金、货币资金的形式不断运动。资金投入企业以后，依次经过采购、生产、销售三个环节。采购环节是企业通过购买原材料业务的发生，并按照等价交换的原则支付货款及采购费用，结转材料采购成本，为生产产品做准备，这时资金从货币资金形态转化为储备资金形态；生产环节是企业的生产工人运用劳动手段和生产技术，对劳动对象进行加工，生产出工业产品的过程，随着生产费用的支出，资金就从储备资金形态转化为生产资金形态；销售环节是企业运用各种销售渠道和方式，将产品销售给消费者并取得销售收入的过程，这时资金又从成品资金形态转化为货币资金形态。随着企业生产经营活动的不断进行，企业的经营资金也依次经过这三个环节，不断进行循环和周转。

三、制造企业进行成本计算的要求

成本计算是会计核算的一种专门方法，也是生产过程中的一项主要内容。企业要盈利，成本控制就无处不在。进行生产活动必然发生经济资源的耗费，如各种人力、物力和财力的消耗是否最优，我们只有通过了解企业成本产生的过程、进行成本计算、取得成本资料才能分析成本增减原因，才能有效控制成本支出，提高企业经济效益。一般要求做到以下三点。

▶ **1. 按规定的成本内容进行确认和计量**

《企业会计准则》规定，企业提供的会计信息必须符合会计信息质量要求，做到真实、可靠、可比，这就要求企业对成本计算应根据成本内容和费用开支的范围进行确认和计量，不得随意改变费用、成本的确认标准或者计算方法，不得虚列、多列、不列或者少列费用、成本，以保持成本的真实性和计算口径的一致性。

▶ **2. 划清支出与费用、费用与成本的界限**

支出范围广泛，一般是指企业日常活动中发生的经济效益的总流出。

费用是指企业为了销售商品、提供劳务等日常活动所发生的经济效益流出。

成本一般是指企业为生产产品、提供劳务而发生的各种耗费。

▶ **3. 按权责发生制原则计算成本**

权责发生制是按实际发生的和影响的期限来确认企业的收入和费用。按权责发生制原

则，计算成本时应由各期成本负担的费用，不论是否支付，都应全部计入当期成本；而不应由当期成本负担的费用，即便已经支付，也不应计入当期成本。

第二节　筹资过程核算

一、筹资业务的内容

制造企业的资金包括所有者权益资金和负债资金，其来源主要有两种：一是投资者投入，即所有者权益筹资；二是向银行及其他金融机构借入，即负债筹资。

▶ 1. 所有者权益筹资

企业通过接受所有者投入资本形成企业的法定资本金。所有者向企业投入的资本，在一般情况下无须偿还，可供企业长期周转使用。所有者投入的资本是企业重要的长期资金来源之一，其变化会引起企业所有者权益的增减变动。按照投资方式的不同，可以分为货币投资，实物投资、知识产权、土地使用权等；按照投资主体的不同，所有者投入的资本可分为国家投入资本、法人投入资本、个人投入资本和外商投入资本等。所有者投资应按实际投资额入账。

▶ 2. 负债筹资

企业也可以向银行及其他金融机构等债权人借款筹集资金，以弥补自有资金的不足。借入的资金必须按预定的借款用途使用，定期支付利息并到期归还本金。借入的资金按归还期限长短可以分短期借款和长期借款。偿还期限在 1 年以内的，为短期借款；偿还期限在 1 年以上的为长期借款。结算形成的负债主要有应付账款、应付职工薪酬、应交税费等。

二、筹资业务核算应设置的账户

根据筹资业务的内容，为了反映投资者投入企业的资本金，以及债务的借入及偿还情况，企业一般需要设置"实收资本""资本公积""短期借款""长期借款""应付债券""财务费用"等账户进行核算。

▶ 1. 投入资金的账户设置

1）"实收资本"账户

实收资本（或股本）是指企业的投资者按照章程规定或合同、协议约定，实际投入企业的资本金，不同于但最终应当等于注册资本总额。股份责任公司、企业投入的资本计入股本；有限责任公司、合伙企业、个人独资企业投入的资本计入实收资本。我国目前实行的是注册资本制度，要求企业的实收资本与其注册资本相一致。根据投资方式的不同，投资者可以用货币资金，也可以用货币资金以外的固定资产、存货等实物资产进行投资；符合国家规定比例的，还可以用专利权、商标权、土地使用权等无形资产投资。按照投资主体的不同，所有者投入的资本可分为国家投入资本、法人投入资本、个人投入资本和外商投入资本等。所有者投资应按实际投资额入账。

为了反映和监督企业接受投资者投入资本情况，需要设置"实收资

知识链接 4-1
实收资本的核算

本"账户。如果企业是股份有限公司，则应将该账户改为"股本"账户。"实收资本"账户属于所有者权益类账户，一般按投资者设置明细账。"实收资本"账户贷方登记企业接受投资者投入的注册资本或股本，以及以资本公积或盈余公积转增资本的金额；借方登记按法定程序报经批准减少的注册资本的金额；期末余额在贷方，反映企业实收资本或股本总额。本账户应当按投资者进行明细核算。"实收资本"账户的结构如图4-1所示。

借方	实收资本	贷方
按法定程序报经批准减少的注册资本（股本）金额	投资者投入的注册资本（股本）增加额 以资本公积或盈余公积转增资本的金额	
	期末企业实收资本或股本总额	

图4-1 "实收资本"账户的结构

2）"资本公积"账户

资本公积是指全体投资者实际认缴的出资额超过其在注册资本中所享有份额的资本溢价，或因发行股票实际收到的超过股票面值的股本溢价。为了反映和监督企业收到投资者出资额超出其在注册资本或股本中所占份额的部分，需要设置"资本公积"账户。该账户属于所有者权益账户，核算企业收到投资者出资超过其注册资本或股本中所占的份额以及直接计入所有者权益的利得和损失等。其贷方登记企业取得的资本公积；借方登记由于其转增资本、弥补亏损等原因而引起的资本公积减少数；期末余额在贷方，反映企业资本公积的余额。本账户应按"资本溢价"或"股本溢价""其他资本公积"设置明细分类账户进行明细核算。"资本公积"账户的结构如图4-2所示。

借方	资本公积	贷方
以资本公积转增资本的金额	出资额中资本溢价或股本溢价金额 增加的其他资本公积	
	期末企业的资本公积	

图4-2 "资本公积"账户的结构

▶ **2. 借入资金的账户设置**

借入资金是指通过银行或其他金融机构等渠道，采用银行借款、发行债券、商业信用融资等方式筹措获得的债务资本。其中，采用银行借款、发行债券等方式筹措获得的债务资本称为直接借入资本；商业信用融资主要指企业在经营过程中，通过赊购货物、预收货款等方式借入的资本，又称为间接借入资本。本书主要介绍银行借款借入资本的核算，其核算内容主要包括三项：取得借款、持有期内应支付的借款利息、到期归还借款本金和利息。

知识链接4-2
借入资金的核算

1）"短期借款"账户

为了反映和监督企业向银行或其他金融机构等借入的期限在1年以内（含1年）的各种借款，需要设置"短期借款"账户。该账户属于负债类账户，一般按借款种类、贷款人和币种设置明细账。"短期借款"账户贷方登记企业借入的各种短期借款；借方登记企业归还短期借款的本金额；期末余额在贷方，反映企业尚未偿还的短期借款。"短期借款"账户的结构如图 4-3 所示。

借方	短期借款	贷方
企业归还的短期借款的本金额	企业借入的各种短期借款	
	期末企业尚末偿还的短期借款	

图 4-3　"短期借款"账户的结构

2）"长期借款"账户

该账户属于负债类账户，核算企业向银行或其他金融机构借入的期限在 1 年以上的各种借款。其贷方登记借入长期借款的本金额及利息；借方登记偿还的本金额；期末贷方余额，反映企业尚未偿还的长期借款。本账户应按贷款单位和贷款种类设置明细账，并按贷款种类进行明细核算。"长期借款"账户的结构如图 4-4 所示。

借方	长期借款	贷方
企业归还的长期借款的本金额	企业借入的长期借款的本金额 应付而未付的利息	
	期末企业尚末偿还的长期借款	

图 4-4　"短期借款"账户的结构

3）"应付债券"账户

发行债券筹集资金属于企业举债筹资的又一种形式，它是现代企业筹集资金的一种重要方式，一般属于筹集长期资金。企业发行债券，一般是通过银行、投资公司或其他金融机构办理，由它们包销或者代销全部债券，企业要根据市场供求关系等综合因素确定债券发行价格。以低于债券票面价值出售，为债券的折价发行；以高于债券票面价值的价格出售，为债券的溢价发行；以债券票面价值出售，为债券的平价发行。

为了反映和监督债券的发行、结息、溢价或折价的摊销以及债券的还本付息情况，企业应设置"应付债券"账户。该账户属于负债类账户，贷方登记发行债券实际收到的款项及按期计提的债券利息；借方登记债券到期企业支付的本息；期末余额在贷方，表示企业尚未偿还的债券本息额。"应付债券"账户应设置"面值""利息调整""应计利息"等明细分类账户进行核算。"应付债券"账户的结构如图 4-5 所示。

借方	应付债券	贷方
债券到期企业支付的本息	发行债券实际收到的款项 按期计提的债券利息	
	企业尚未偿还的债券本息额	

图 4-5　"应付债券"账户的结构

4）"财务费用"账户

财务费用是指企业为筹集生产经营所需资金等而发生的筹资费用，包括利息支出（减利息收入）、汇兑损益以及相关的手续费等。为了反映和监督企业为筹集生产经营所需资金等而发生的筹资费用，需要设置"财务费用"账户。本账户属于损益类账户，核算企业为筹集生产经营资金等而发生的费用，包括利息支出（减利息收入）、汇兑损失（减汇兑收益）

以及相关的手续费等。其借方登记企业发生的财务费用；贷方登记发生的应冲减财务费用的利息收入、汇兑收益；期末，应将本账户的余额转入"本年利润"账户，结转后本账户无余额。

该账户应按费用项目设置明细账，进行明细核算。"财务费用"账户的结构如图 4-6 所示。

借方	财务费用	贷方
企业发生的各种财务费用	发生的应冲减财务费用的利息收入、汇总收益	
	期末结转到"本年利润"账户的余额	

图 4-6 "财务费用"账户的结构

三、筹资业务的主要经济业务核算

▶ 1. 投入资金的核算

【例 4-1】 202×年 8 月 1 日，A 公司收到 B 公司的投资 400 000 元，存入银行。

此项经济业务一方面使 A 公司银行存款增加，应借记"银行存款"科目；另一方面，A 公司因收到了 B 公司投入的货币资金，投资者投入的实收资本增加，应贷记"实收资本"科目。因此，编制会计分录如下：

借：银行存款　　　　　　　　　　　　　　　　　　400 000
　　贷：实收资本　　　　　　　　　　　　　　　　　　400 000

【例 4-2】 202×年 8 月 5 日，A 公司收到 B 公司投入机器设备一台，原值 400 000 元，已提折旧 100 000 元，投资协议作价 250 000 元。

此项经济业务一方面使得 A 公司固定资产增加，应按固定资产的成本借记"固定资产"科目；另一方面，A 公司因收到 B 公司投入的实物资产，投资者投入的实收资本增加，应贷记"实收资本"科目。而投资者投入的固定资产的成本，应当按照投资合同或协议约定的价值确定，因此，编制会计分录如下：

借：固定资产　　　　　　　　　　　　　　　　　　250 000
　　贷：实收资本　　　　　　　　　　　　　　　　　　250 000

【例 4-3】 202×年 8 月 6 日，A 公司收到 C 公司投入的专利权一项，投资协议作价 50 000 元。

此项经济业务一方面使得 A 公司无形资产增加，应按无形资产的成本借记"无形资产"科目；另一方面，A 公司因收到 C 公司投入的无形资产，投资者投入的实收资本增加，应贷记"实收资本"科目。投资者投入的无形资产的成本，应当按照投资合同或协议约定的价值确定，因此，编制会计分录如下：

借：无形资产　　　　　　　　　　　　　　　　　　50 000
　　贷：实收资本　　　　　　　　　　　　　　　　　　50 000

【例 4-4】 202×年 12 月 6 日，A 公司收到 D 公司投入的商标权一项，双方约定按 600 000 元入账，增值税税率为 6%，增值税税额 36 000 元，D 企业换取 A 公司面值为 1 元的股票 60 万股。

此项经济业务的发生，一方面使 A 公司的无形资产增加，应记入"无形资产——商标权"账户借方；另一方面使 A 公司的股本增加，应记入"股本"账户贷方。编制会计分录如下：

借：无形资产——商标权　　　　　　　　　　　　　　　　　　600 000
　　应交税费——应交增值税(进项税额)　　　　　　　　　　　36 000
　　贷：股本　　　　　　　　　　　　　　　　　　　　　　　600 000
　　　　资本公积——股本溢价　　　　　　　　　　　　　　　　36 000

【例 4-5】　202×年 12 月 8 日，A 公司向社会公众发行普通股 400 万股，每股面值 1元，发行价 10 元，所筹集资金已存入银行。

此项经济业务的发生，一方面使 A 公司的银行存款增加，应记入"银行存款"账户借方；另一方面使公司的股本和资本公积增加，应记入"资本公积"账户和"股本"账户贷方。编制会计分录如下：

借：银行存款　　　　　　　　　　　　　　　　　　　　　40 000 000
　　贷：股本——普通股　　　　　　　　　　　　　　　　　4 000 000
　　　　资本公积——股本溢价　　　　　　　　　　　　　　36 000 000

▶ **2. 借入资金的核算**

1) 短期借款核算

【例 4-6】　2020 年 12 月 1 日，由于生产经营需要，A 公司向银行借款 240 万元，期限为 6 个月，年利率 4.5%，双方合约规定利息在借款到期时支付，A 公司将所得借款存入银行。

此项经济业务的发生，一方面使 A 公司资产中的银行存款增加 240 万元，应记入"银行存款"账户借方；另一方面使 A 公司负债中的短期借款增加 240 万元，应记入"短期借款"账户贷方。编制会计分录如下：

借：银行存款　　　　　　　　　　　　　　　　　　　　　2 400 000
　　贷：短期借款　　　　　　　　　　　　　　　　　　　　2 400 000

【例 4-7】　2020 年 12 月 31 日，A 公司计提本月银行短期借款利息 9 000 元。企业向银行或其他金融机构借入的短期借款所应支付的利息，应按有关规定处理。

此项经济业务的发生，一方面按照权责发生制，A 公司本月应负担借款利息 9 000 元(2 400 000×4.5%÷12)，应记入"财务费用——利息费用"账户借方；另一方面，本月负担的借款利息记入"应付利息"账户贷方。编制会计分录如下：

借：财务费用——利息费用　　　　　　　　　　　　　　　　　9 000
　　贷：应付利息　　　　　　　　　　　　　　　　　　　　　　9 000

其余 5 个月的月末支付借款利息，会计分录同上。

【例 4-8】　2021 年 6 月 1 日，A 公司以银行存款归还到期的 6 个月借款本金 2 400 000元和利息费用 54 000 元。

此项经济业务的发生，一方面使 A 公司负债中的短期借款减少，应记入"短期借款"账户借方；应负担的借款利息 54 000 元(9 000×6)，应计入"应付利息"借方；另一方面使 A公司资产中的银行存款减少，应记入"银行存款"账户贷方。编制会计分录如下：

借：短期借款　　　　　　　　　　　　　　　　　　　　　2 400 000

应付利息	54 000
贷：银行存款	2 454 000

2）长期借款核算

【例 4-9】 2018 年 12 月 31 日，A 公司为了购买一条生产流水线向银行借入 3 年期的借款 24 000 000 元，年利率 6%，按照约定到期一次还本付息，此项借款已存入 A 公司在银行开设的账户中。

此项经济业务的发生，一方面使 A 公司资产中的银行存款增加，应记入"银行存款"账户借方；另一方面使 A 公司负债中的长期借款增加，应记入"长期借款——本金"账户贷方。编制会计分录如下：

借：银行存款	24 000 000
贷：长期借款——本金	24 000 000

【例 4-10】 承例 4-9，2019 年 1 月 31 日，A 公司计提本月利息 120 000 元(24 000 000×6%÷12)。

按照《企业会计准则》规定，为购建固定资产的专门借款所发生的借款费用，符合条件的情况下资本化，计入资产的资本，其他借款费用均应于发生当期确认为费用，直接计入当期财务费用。在此例中为了简化核算，假设其借款费用均计入财务费用。因此，这项经济业务的发生，一方面使 A 公司当期费用中的财务费用增加，应记入"财务费用——利息费用"账户借方；另一方面使 A 公司长期借款中的应计利息增加，应记入"长期借款——应计利息"账户贷方。编制会计分录如下：

借：财务费用——利息费用	120 000
贷：长期借款——应计利息	120 000

上述会计分录还要连续做 35 个月。

【例 4-11】 承例 4-9，2022 年 1 月 1 日，A 公司归还所借本金 24 000 000 元及利息 4 320 000 元。

此项经济业务的发生，一方面使 A 公司银行借款本金减少，应记入"长期借款——本金"账户借方；同时长期借款中的应计利息 4 320 000 元(24 000 000×6%×3)减少，应记入"长期借款——应计利息"账户借方；另一方面银行存款减少，应记入"银行存款"账户贷方。归还时的编制会计分录如下：

借：长期借款——本金	24 000 000
——应计利息	4 320 000
贷：银行存款	28 320 000

【例 4-12】 2020 年 12 月 1 日，A 公司按照约定归还以前所借长期借款一年期利息 1 440 000 元。

此项经济业务的发生，一方面使 A 公司负债中的应付利息减少，应记入"应付利息"账户借方；另一方面使 A 公司资产中的银行存款减少，应记入"银行存款"账户贷方。编制会计分录如下：

借：应付利息	1 440 000
贷：银行存款	1 440 000

以后每年借款利息处理同上。

【例 4-13】　2020 年 12 月 8 日，A 公司以存款归还三年前借入的到期的借款本金 8 000 000 元。

此项经济业务的发生，一方面使 A 公司负债中的长期借款减少，应记入"长期借款——本金"账户借方；另一方面使 A 公司资产中的银行存款减少，应记入"银行存款"账户贷方。编制会计分录如下：

借：长期借款——本金 8 000 000
　　贷：银行存款 8 000 000

第三节　采购过程核算

一、采购过程的业务内容

采购过程是制造企业经营过程的第一个阶段。为了进行生产经营，企业必须具备所需的厂房、建筑物、机器设备以及运输设备等固定资产（劳动手段）和原材料等流动资产（劳动对象），这些生产的物化要素统称为生产资料。企业除了通过接受投资和捐赠等途径取得生产资料以外，主要是通过自行购建获取。因此，固定资产购建业务和原材料等采购业务构成了购买过程业务的主要内容。

知识链接 4-3
材料采购过程
的核算

原材料和周转材料等存货物资是企业生产经营必不可少的生产要素之一。由于低值易耗品和包装物等周转材料采购业务的核算与原材料的采购核算大体一致，此处不再重复讲述。

▶ 1. 材料采购成本的计算

1）材料采购成本的构成

制造企业在材料采购过程中，一方面要从供货单位购进各种材料物资，另一方面要支付材料的采购成本。采购成本的价值构成包括买价和各种采购费用，具体如下。

（1）买价。指购进材料发票所示的货款金额。

（2）运杂费。包括运输费、装卸费、包装费、保险费、仓储费等。

（3）运费中的合理损耗。指企业与供应部门或者运输部门所签订的合同中规定的合理损耗或必要的自然损耗。

（4）入库前的挑选整理费用。指购入的材料在验收入库前进行挑选整理发生的费用，包括挑选整理过程中发生的工资薪酬和必要的损耗，扣除下脚料、残料的价值。

（5）购入材料负担的税费（如进口关税等）和其他费用等。

以上 5 项中第（1）、（5）项应直接计入各种材料的采购成本。（2）（3）（4）项在采购过程中能分清某种材料负担的，应直接计入该种材料的采购成本；不能分清某种材料负担的，应按一定的标准（比如材料的重量、买价等）采用一定的方法，分配计入各种材料的采购成本。实际工作中，材料等存货物资的核算通常可采用两种方法进行，即计划成本法和实际成本法。

计划成本法是指材料的收入、发出和结存均采用计划成本核算，实际成本与计划成本的差额另在"材料成本差异"账户单独核算。期末通过材料成本差异的分配，将发出材料的计划成本调整为实际成本。

实际成本法是指材料的收入、发出和结存均采用实际成本核算，不存在材料成本差异的核算。本节仅介绍实际成本法。

2）材料采购费用的分配

在计算材料采购成本时，凡是能直接计入各种材料的直接费用，应直接计入各种材料的采购成本；不能直接计入的各种间接费用，应该按照一定的分配标准，如材料的数量、重量、体积、买价等标准在有关材料之间进行分配，分别计入各种材料的采购成本。

【例4-14】 202×年12月10日某工业企业购入甲材料3 600千克，每千克40元；购入乙材料6 400千克，每千克25元。购入两种材料共支付运杂费2 890元。

此笔采购业务中，甲材料、乙材料的买价均可直接记入甲材料的采购成本和乙材料的采购成本，而运杂费是为采购两种材料发生，需采用合理的标准进行分配，此处选择按采购材料的重量进行分配，具体计算如下：

每单位材料应分配的运杂费＝2 890÷（3 600＋6 400）＝0.289（元/千克）

甲材料负担的运杂费＝0.289×3 600＝1 040.40（元）

乙材料负担的运杂费＝0.289×6 400＝1 849.60（元）

甲材料的采购总成本＝3 600×40＋1 040.40＝145 040.40（元）

甲材料的单位成本＝145 040.40÷3 600＝40.289（元/千克）

乙材料的采购总成本＝6 400×25＋1 849.60＝161 849.60（元）

乙材料的单位成本＝161 849.60÷6 400＝25.289（元/千克）

▶ 2. 固定资产采购成本的计算

固定资产的购建包括固定资产的购买和建造，它是货币资金转化为非货币资金的过程。企业固定资产的取得，包括企业购建、接受投资者投入、融资租入和接受捐赠等，但是购建是企业取得固定资产最主要的方式。固定资产是指使用期限超过一年的房屋、建筑物、机器、机械、运输工具以及其他与生产、经营有关的设备、器具、工具等。它是一种有形资产，应该同时具有下列两个特征：①企业为生产商品、提供劳务、出租或经营管理而持有；②使用寿命超过一个会计期间。

固定资产购建过程中的关键环节是价值的确认。按照企业会计准则的规定，应当按成本进行初始计量，即购建的固定资产应按原价入账。从理论上讲，固定资产原价应包括企业为购建某项固定资产达到预定可使用状态前发生的一切合理的、必要的支出。其中外购固定资产的成本，包括购买价款、进口关税和其他税费，以及使固定资产达到预定可使用状态前所发生的可归属于该项资产的场地整理费、运输费、装卸费、安装费和专业人员服务费等。企业购买或建造固定资产中的进项税额按照规定是可以抵扣的；但建造不动产涉及的增值税进项税额应分两次抵扣，增加时抵扣60%，40%计入待抵扣进项税额，留待第2年继续抵扣。也就是说，增值税进项税额不计入固定资产成本。

二、采购过程业务核算应设置的账户

为了反映和监督实际采购成本，库存材料的增加、减少和结存以及因采购而发生的与供货单位之间的债权、债务结算情况，企业应设置以下账户。

1）"固定资产"账户

为了反映和监督企业持有的固定资产原价，需要设置"固定资产"账户。该账户属于资产类账户，一般按照固定资产类别和项目设置明细账。"固定资产"账户借方登记企业增加的固定资产的原价；贷方登记企业因处置固定资产而减少的账面原价；期末余额在借方，反映企业期末结存的固定资产的账面原价。"固定资产"账户的结构如图 4-7 所示。

借方	固定资产	贷方
企业增加的固定资产的原价	企业因处置固定资产而减少的账面原价	
期末结存的固定资产的账面原价		

图 4-7 "固定资产"账户的结构

2）"原材料"账户

为了反映和监督企业库存的各种材料，包括原料及主要材料、辅助材料、外购半成品（外购件）、修理用备件（备品、备件）、包装材料、燃料等的成本，需要设置"原材料"账户。该账户属于资产类账户，一般按照材料的保管地点（仓库），材料的类别、品种和规格等设置明细账。"原材料"借方登记企业购入并已验收入库的材料成本；贷方登记生产经营领用的材料成本；期末余额在借方，反映企业库存材料的成本。"原材料"账户的结构如图 4-8 所示。

借方	原材料	贷方
企业购入并已验收入库的材料成本	生产经营领用的材料成本	
期末库存材料的成本		

图 4-8 "原材料"账户的结构

3）"在途物资"账户

为了反映和监督企业采用实际成本进行材料、商品等物资的日常核算而货款已付尚未验收入库的在途物资的采购成本，需要设置"在途物资"账户。该账户属于资产类账户，一般按照供应单位和物资品种设置明细账。"在途物资"账户借方登记企业购入材料的实际采购成本；贷方登记验收入库材料的实际采购成本；期末余额在借方，反映企业期末尚未验收入库的在途材料的实际采购成本。"在途物资"账户的结构如图 4-9 所示。

借方	在途物资	贷方
企业购入材料的实际采购成本	验收入库材料的实际采购成本	
期末尚未验收入库的在途材料的实际采购成本		

图 4-9 "在途物资"账户的结构

4）"应付账款"账户

为了反映和监督企业因购买材料、商品和接受劳务等经营活动应支付的款项，需要设置"应付账款"账户。该账户属于负债类账户，一般按照债权人设置明细账。"应付账款"账户贷方登记因购买材料、商品而应付供应单位的款项；借方登记实际归还供应单位的款项；期末余额在贷方，反映企业尚未支付的应付账款余额。"应付账款"账户的结构如图

4-10所示。

借方	应付账款	贷方
实际归还供应单位的款项	因购买材料、商品而应付供应单位的款项	
	期末企业尚未支付的应付账款余额	

图 4-10 "应付账款"账户的结构

5)"应付票据"账户

为了反映与监督企业购买材料、商品、物资和接受劳务供应等开出，承兑的商业汇票（包括银行承兑汇票和商业承兑汇票），需要设置"应付票据"账户。该账户属于负债类账户，"应付票据"贷方反映企业开出的承兑商业汇票或以承兑商业汇票抵付货款、应付账款的票面金额；借方登记按票面金额支付的到期商业汇票款项；该账户的期末余额在贷方，反映企业尚未到期的商业汇票的票面金额。"应付账款"账户的结构如图 4-11 所示。

借方	应付票据	贷方
商业汇票到期支付的金额	开出承兑商业汇票的金额 或以承兑商业汇票抵付货款、应付账款的 票面金额	
	尚未到期的商业汇票的票面金额	

图 4-11 "应付票据"账户的结构

6)"预付账款"账户

为了反映和监督企业按照合同规定预付的款项，需要设置"预付账款"账户。该账户属于资产类账户，一般按照供货单位设置明细账。"预付账款"账户借方登记企业因购货而预付的款项；贷方登记在收到所购货物时应支付的金额。如果预付款项小于应支付的金额，则将补付的款项记入该账户借方；反之，如果预付款项大于应支付的金额，则将退回多付的款项记入该账户贷方。该账户的期末余额在借方，反映企业预付的款项；期末如果出现贷方余额，反映企业尚未补付的款项。"应付账款"账户的结构如图 4-12 所示。

借方	预付账款	贷方
企业因购货而预付的款项、 补付少付的款项	收到所购货物时应支付的金额、 退回多付的款项	
期末企业预付的款项		

图 4-12 "预付账款"账户的结构

7)"应交税费"账户

为了反映和监督企业按照税法等规定应缴纳的各种税费，包括增值税、消费税、营业税、所得税、资源税、土地增值税、城市维护建设税、房产税、土地使用税、车船使用税、教育费附加、矿产资源补偿费等。此外，企业代扣代缴的个人所得税，也通过本科目核算。企业不需要预先计算应交数额的所缴纳的税金，如印花税、耕地占用税等，不在本科目核算。该账户属负债类，贷方登记企业按规定计算应缴纳的各种

知识链接 4-4
"应交税费"账户

税费；借方登记实际缴纳的各种税费；期末贷方余额，反映企业尚未缴纳的各种税费。本账户应按税费种类设置明细账，进行明细分类核算。

本账户共设置 10 个二级科目，其中，本书只对两个重要的二级科目进行概述，其中"应交税费——应交增值税"账户是用来反映和监督企业应缴和实缴增值税结算情况的账户，企业购买材料物资时缴纳的增值税进项税额记入该账户的借方，企业销售货物时向购买单位收取的销项税额记入该账户的贷方。"应交税费——待抵扣进项税额"是一般纳税人在"应交税费"科目下增设的"待抵扣进项税额"的明细科目，该明细科目用于核算辅导期一般纳税人取得尚未进行交叉稽核比对的已认证专用发票抵扣联、海关进口增值税专用缴款书以及运输费用结算单据(以下简称增值税抵扣凭证)注明或者计算的进项税额。其账户的结构如图 4-13 所示。

知识链接 4-5
应交增值税

借方	应交税费	贷方
实际缴纳的各种税费	企业按规定计算应缴纳的各种税费	
	期末企业尚未缴纳的各种税费	

图 4-13 "应交税费"账户的结构

增值税是对在我国境内销售、进口货物，或者提供加工、修理修配劳务的增值额征收的一种流转税。按税法的规定，凡在我国境内销售、进口货物，或提供加工、修理修配劳务的单位和个人为增值税的纳税义务人，应依法交纳增值税。按照纳税人的经营规模及会计核算的健全程度，增值税纳税人分为一般纳税人和小规模纳税人。一般纳税人应纳增值税额，根据当期销项税额抵扣当期进项税额后的差额确定；小规模纳税人应纳增值税额，根据销售额和规定的征收率经计算确定。本书后文均以一般纳税人为例，说明应交增值税的核算方法。

根据税法的规定，一般纳税人应纳增值税额的计算公式为

$$应纳增值税额＝销项税额－进项税额$$

销项税额是指纳税人在销售货物或提供应税劳务时，应按销售额和规定的税率计算并向购买方收取的增值税额。

纳税人在购进货物或接受劳务时，所支付的增值税额为进项税额。准予从销项税额中抵扣的进项税额通常包括：①从销售方取得的增值税专用发票上注明的增值税额；②从海关取得的完税凭证上注明的增值税额。当期的进项税额若抵扣不完，可以留待下期继续抵扣。

为了核算企业应交增值税的发生、抵扣、交纳等情况，应设置"应交税费——应交增值税"明细账，一般纳税人在"应交税费——应交增值税"明细账的借、贷方设置分析项目，在借方分析栏内设"进项税额""已交税金""减免税款""出口抵减内销产品应纳税额"和"转出未交增值税"项目；在贷方分析栏内设"销项税额""出口退税""进项税额转出""转出多交增值税"项目。企业采购物资等，按可抵扣的增值税额，记入该账户的借方"应交税费——应交增值税(进项税额)"；销售货物或提供应税劳务时，按应收取的增值税额，记入该账户的贷方"应交税费——应交增值税(销项税额)"；企业缴纳的增值税，按实际上交税额记入该账户的借方"应交税费－应交增值税(已交税金)"。该账户的期末余额若在贷方，反映

企业应缴纳的增值税；期末余额若在借方，反映企业尚未抵扣的进项税额。

三、采购过程主要经济业务的核算

【例4-15】 202×年7月12日企业A向企业B购入不需安装的设备一台，价款 200 000元，增值税专用发票上注明的增值税额为26 000元，设备已运至企业B并交付使用，款项尚未支付。

此项经济业务一方面使企业A固定资产增加，应按其成本借记"固定资产"科目，购入生产用固定资产所支付的进项税额，按规定可以从销项税额中进行抵扣；另一方面，由于企业A尚未支付采购账款，使得应付账款这项负债增加，应贷记"应付账款"科目。因此，编制会计分录如下：

```
借：固定资产                                          200 000
    应交税费——应交增值税（进项税额）                      26 000
    贷：应付账款                                          226 000
```

【例4-16】 202×年7月13日购入甲材料1 000千克，单价200元/千克，增值税专用发票上注明的增值税税额为26 000元；乙材料3 000千克，单价20元/千克，增值税专用发票上注明的增值税税额为7 800元。材料未验收入库，款项以商业汇票支付。

此项采购业务一方面发生了采购价款，应记入材料的采购成本，借记"原材料"科目；同时，增值税专用发票上注明的因采购材料而支付的增值税进项税额，可以在销项税额中进行抵扣，借记"应交税费——应交增值税（进项税额）"科目；另一方面，企业以商业汇票支付了账款，使得应付票据这项负债增加，应贷记"应付票据"科目。因此，编制会计分录如下：

```
借：在途物资——甲材料                                  200 000
          ——乙材料                                   60 000
    应交税费——应交增值税（进项税额）                      33 800
    贷：应付票据                                          293 800
```

【例4-17】 承例4-15 202×年7月14日购入的甲、乙材料未验收入库，以银行存款支付运杂费4 000元（不考虑增值税的进项税额）。

此项经济业务一方面发生了记入材料采购成本的运杂费，应借记"在途物资"科目；另一方面使得企业的银行存款减少，应贷记"银行存款"科目。

由于材料采购需按材料的供应单位和品种进行明细核算，因此对于由甲、乙材料共同负担的采购费用需采用一定的标准进行分配后，分别记入甲、乙材料的采购成本。若选择材料重量为分配标准，则具体计算如下：

运杂费分配率＝4 000÷（1 000＋3 000）＝1元/千克

甲材料负担的运杂费＝1 000×1＝1 000（元）

乙材料负担的运杂费＝3 000×1＝3 000（元）

因此，编制会计分录如下：

```
借：在途物资——甲材料                                    1 000
          ——乙材料                                     3 000
    贷：银行存款                                            4 000
```

【例 4-18】 202×年 7 月 22 日，企业 A 收到运来的丙材料，增值税专用发票载明乙材料 180 000 千克，单价 5.7 元/千克，价款 1 026 000 元，增值税额 133 380 元。公司尚未支付货款，材料尚未入库。

此项经济业务的发生，一方面发生材料买价 1 026 000 元，应记入"在途物资"账户借方，同时，用购买材料发生的进项税额记入"应交税费"账户借方；另一方面由于赊购丙材料，记入"应付账款"账户贷方。编制会计分录如下：

借：在途物资——丙材料   1 026 000

  应交税费——应交增值税(进项税额)   133 380

  贷：应付账款——泰安公司   11 159 380

【例 4-19】 202×年 7 月 23 日上述从泰安公司购入的乙材料运达企业并验收入库。

此项经济业务的发生，一方面，在材料验收入库后库存材料增加，应根据收料单，将确定的材料采购成本 63 000 元，记入"原材料"账户的借方；另一方面，在途物资减少了 63 000 元，应记入"在途物资"账户的贷方。这项经济业务编制的会计分录如下：

借：原材料——乙材料   63 000

  贷：在途物资   63 000

【例 4-20】 202×年 7 月 28 日企业 A 以银行存款支付前欠采购设备账款 226 000。

此项经济业务一方面偿还了前欠账款使得负债减少，应借记"应付账款"科目；另一方面企业的银行存款减少，应贷记"银行存款"科目。因此，编制会计分录如下：

借：应付账款   226 000

  贷：银行存款   226 000

【例 4-21】 202×年 7 月 29 日根据合同规定，企业 A 预付采购丙材料的货款 15 000 元，并已通过银行电汇支付。

此项经济业务的发生，一方面使预付款项增加了 15 000 元，应记入"预付账款"账户的借方；另一方面使银行存款减少 15 000 元，应记入"银行存款"账户的贷方。这项经济业务编制会计分录如下：

借：预付账款   15 000

  贷：银行存款   15 000

第四节 生产过程核算

一、生产过程的业务内容

生产过程是制造企业资金循环的第二阶段，是制造企业经营的核心。这一阶段的主要任务是企业利用劳动资料对劳动对象进行加工，将劳动对象制造成劳动产品。

在生产过程中发生的劳动耗费，包括劳动对象与劳动资料等物化劳动的耗费和活劳动的耗费两大部分。其中，原材料等劳动对象，在生产过程中或者被消耗掉，或者改变其原有的实物形态，其价值也随之一次全部地转移到产品中去，构成产品生产成本的一部分。作为固定资产的劳动资料，如房屋、机器设备等，是生产过程中所不可缺少的，在生产过程中长期发挥作用并保持其原有的实物形态，但其价值则随着固定资产的磨损，通过计提折旧的方式，逐渐地转移到所生产的产品中去，也构成产品生产成本的一部分。生产过程是劳动者借助于劳动工具对劳动对象进行加工、制造出产品的过程，其中劳动者为自己劳动所创造的那部分价值，以工资等各种薪酬形式支付给劳动者，这部分薪酬也构成产品生产成本的一部分。企业在产品的生产过程中发生的各种生产耗费，用货币表现就构成了企业的生产费用。企业为生产一定种类、一定数量的产品所发生的各种生产费用之和就构成了产品生产成本，也称产品制造成本，简称产品成本。

在企业的生产过程中，行政管理部门为组织和管理生产经营活动，也会发生各种各样的耗费，如行政管理人员的工资等各种薪酬，行政管理部门领用的材料、行政管理部门固定资产折旧、办公费、水电费、业务招待费等，这些费用称为管理费用。管理费用也是企业在生产过程中发生的一项重要费用。

当企业制造的产品完工并验收入库后，为制造产品发生的生产成本也随之结转，构成产品成本。为组织和管理生产活动发生的管理费用则与产品生产没有直接关系，不能计入产品生产成本，而是作为期间费用直接计入当期损益。

综上所述，制造企业生产过程的主要经济业务是：按照一定的成本计算对象归集和分配生产过程中已发生的各种耗费，以确定完工产品的生产成本；对已确认为管理费用的各种耗费，将其作为与某一期间收入相关的期间费用，直接抵减当期收入。

▶ 1. 产品生产成本核算的内容和要求

产品是指企业日常生产经营活动中持有以备出售的产成品、商品、提供的劳务或服务。产品生产业务是指产品在生产过程中所发生的业务。生产过程是产品制造企业经营活动的主要过程，是连接供应过程和销售过程的中心环节。企业应当根据所发生的有关费用能否归属于使产品达到目前场所和状态的原则，正确区分产品成本和期间费用。

1）产品生产成本的构成

生产成本又称制造成本，指企业为生产一定种类和数量的产品所发生的各种经济资源的耗费。一般包括直接材料、直接人工和制造费用等成本构成项目。

（1）直接材料。

直接材料是指企业在生产产品的过程中消耗的、直接用于产品生产、构成产品实体的原料及主要材料、辅助材料和其他直接材料。

（2）直接人工。

直接人工是指企业直接从事产品生产的工人的工资薪酬。包括工资、奖金、津贴、补贴、住房公积金、职工福利费、社会保险费、工会经费、职工教育经费、医疗保险费等。

（3）制造费用。

制造费用是指企业为生产产品而发生的各种间接费用，包括车间管理和技术人员的各种薪酬，车间使用固定资产的折旧，车间的办公费、水电费、机物料消耗、劳动保护费等。制造费用属于间接生产费用，不能直接计入成本计算对象，应先进行归集，然后按照一定的分配标准分配计入有关的成本计算对象。

企业在生产过程中发生的各种资源耗费，最终转化成企业产品，在企业内部表现为一种资产转变为另一种资产，是企业资产形式的内部转换，因此，当期发生的生产成本不能直接计入当期损益，而需根据企业自身产品生产特点，选择适当的成本计算方法，按照成本核算对象进行归集和分配，计算出各产品的总成本和单位成本，并在产品完工后结转为库存商品。在产品实际销售并确认销售收入时，再将已销售产品的生产成本计入该期损益。

制造企业一般按照产品品种、批次订单或生产步骤等确定产品成本核算对象，并根据生产经营特点和管理要求，确定成本核算对象，归集成本费用，计算产品的生产成本。本书按产品品种确定产品成本核算对象。

由此可见，产品生产业务核算的主要内容包括生产过程中费用的发生、归集、分配和产品成本的核算。

2）产品生产成本核算应遵循的要求

制造企业核算产品生产成本必须遵循以下要求。

（1）明确成本计算对象

成本计算对象是指为计算成本而确定的归集生产费用的各个对象，也就是成本的承担者。制造企业的成本计算对象通常是指企业所生产的承担成本的各种产品。

（2）区分生产费用和期间费用

企业在生产经营活动中，除了为生产产品而发生各种生产费用外，还会发生一定的期间费用。期间费用是指在生产过程中发生的，与制造产品没有直接关系的费用，它直接计入当期损益，不计入产品制造成本。期间费用分管理费用、财务费用和销售费用。

1）管理费用是指企业为组织和管理企业生产经营所发生的各项费用。包括企业的董事会和行政管理部门在企业的经营管理中发生的或者应由企业统一负担的公司经费（包括行政管理部门职工薪酬、修理费、物料消耗、低值易耗品摊销、办公费和差旅费）、工会经费、董事会费（包括董事会成员津贴、会议费和差旅费等），以及聘请中介机构费、咨询费（含顾问费）、诉讼费、业务招待费、房产税、车船税、城镇土地使用税、印花税、技术转让费、矿产资源补偿费、研究费用、排污费等。

2）财务费用是指企业在筹集生产经营资金过程中所发生的费用。

3）销售费用是指企业在销售商品过程中发生的费用，包括广告费、运输费、装卸费、包装费、展览费、保险费、销售佣金、代销手续费、经营性租赁费以及销售部门发生的差旅费、工资、福利费等费用。

（3）区分归属于不同成本计算对象的生产费用。

如果企业只生产一种产品，就只有一个成本计算对象，那么所发生的各项生产费用都归属于该种产品。如果企业生产多种产品，就会有多个成本计算对象，则产品成本的计算应当遵循以下规则：直接材料成本、直接人工成本等能分清应归属于哪种产品负担的生产费用，应直接计入该产品的生产成本中；不能分清归属于哪种产品负担的间接制造费用，应采用一定的分配方法，在各种产品之间进行分配。

（4）区分完工产品成本和期末在产品成本。

如果企业月末没有未完工的在产品，则归集的全部生产费用就是完工产品的总成本，用完工产品的总成本除以本月完工产品的数量，就是完工产品的单位成本。如果企业月末全部产品均未完工，则无须计算产品的生产总成本和单位成本。如果企业月末既有完工产品又有未完工的在产品，在这种情况下，就需要按照一定的方法将生产费用在完工产品和月末在产品之间进行分配，计算完工产品的总成本和单位成本。

▶ 2. 制造费用的分配

在只生产一种产品的车间中，制造费用可直接计入该种产品成本。在生产多种产品的车间中，需采用合理的分配方法，将制造费用分配计入各种产品成本。

制造费用的分配方法主要有以下几种：

（1）按生产工人工资比例分配；

（2）按生产工人工时比例分配；

（3）按机器工时比例分配；

（4）按耗用原材料的数量和成本比例分配；

（5）按直接成本（原材料、燃料、动力、生产工人工薪费用）比例分配；

（6）按产品产量比例分配。

制造费用分配的计算公式如下：

$$制造费用分配率＝当期所耗制造费用实际总额／待分配产品标准之和$$
$$某产品分摊的制造费用＝分配率×该种产品的分配标准$$

企业应当根据制造费用的性质、产品的性质以及生产方式，并结合自身的实际情况，合理选择分配方法。所谓的合理，是指所选择的制造费用分配方法，与制造费用的发生具有较密切的相关性，采用该方法分配到各种产品中的制造费用金额基本合理，同时还应适当考虑计算手续的简便。制造费用的分配方法一经确定，不得随意变更。如需变更，则需在财务会计报告的附注中予以说明。

例如，企业生产车间生产 A、B 两种产品，本月归集的成本费用如下：

A 产品：直接材料 210 000 元，直接人工 50 000 元；

B 产品：直接材料 120 000 元，直接人工 30 000 元；

制造费用：150 000 元。

若企业的制造费用按产品的机器工时比例进行分配，根据生产记录，A 产品耗用的机器工时为 6 000 小时，B 产品耗用的机器工时为 4 000 小时，则：

每机器工时应分摊的制造费用＝150 000÷（6 000＋4 000）＝15（元/小时）

A 产品分摊的制造费用＝6 000×15＝90 000（元）

B 产品分摊的制造费用＝4 000×15＝60 000（元）

A 产品生产成本＝210 000＋50 000＋90 000＝350 000（元）

B 产品生产成本＝120 000＋30 000＋60 000＝210 000（元）

二、生产过程业务核算应设置的账户

为完成生产成本的核算和期间费用的归集任务，需设置以下账户。

1）"生产成本"账户

为了反映和监督企业进行产品生产发生的各项生产成本，需要设置"生产成本"账户。该账户属于成本类账户，一般按照基本生产成本和辅助生产成本设置明细账。基本生产，是指企业为生产主要产品而进行的生产；辅助生产，是指为基本生产提供服务而进行的生产。基本生产成本还应当分别按照基本生产车间和成本计算对象（如产品的品种、类别等）设置明细账（也称产品成本计算单），并按照规定的成本项目设置

知识链接 4-6
"生产成本"账户

专栏。

"生产成本"账户借方登记企业为制造产品发生的直接费用(如直接材料、直接人工)以及应由产品成本负担的间接费用分配数;贷方登记已经生产完成并验收入库产成品应结转的生产成本制半成品等实际成本;期末借方余额,反映企业尚未加工完成的各项在产品的成本。本账户应按生产产品的种类设置明细账,进行明细分类核算"生产成本"账户的结构如图 4-14 所示。

借方	生产成本	贷方
生产过程中发生的直接材料成本、直接人工成本和分配计入有关成本计算对象的制造费用	已经完成生产并已验收入库的产成品的生产成本	
期末尚未加工完成的各项在产品的成本		

图 4-14 "生产成本"账户的结构

2)"制造费用"账户

为了反映和监督企业生产车间为生产产品所发生的各项间接费用,需要设置"制造费用"账户。包括工资和福利费、折旧费、修理费、办公费、水电费、机物料消耗、劳动保护费、季节性和修理期间的停工损失等。该账户属于成本类账户,一般按照不同的生产车间、部门和费用项目设置明细账。"制造费用"账户借方登记企业为生产产品而发生的各项间接费用;贷方登记分配转出计入有关成本计算对象的制造费用;该账户期末一般应无余额。"制造费用"账户结构如图 4-15 所示。

借方	制造费用	贷方
企业为生产产品而发生的各项间接费用	分配转出计入有关成本计算对象的制造费用	

图 4-15 "制造费用"账户的结构

3)"库存商品"账户

为了反映和监督企业库存的各种商品的成本,包括库存产成品、外购商品、存放在门市部准备出售的商品、发出展览的商品以及寄存在外的商品等,需要设置"库存商品"账户。该账户属于资产类账户,一般按照库存商品的种类、品种和规格等设置明细账。对制造企业来说,"库存商品"账户借方登记验收入库的库存商品成本;贷方登记验收入库的库存商品成本;期末余额在借方,反映企业库存商品的实际成本(或进价)或计划成本(或售价)。该账户应按库存商品的种类、品种和规格设置明细账,进行明细分类核算。"库存商品"账户的结构如图 4-16 所示。

借方	库存商品	贷方
验收入库的商品实际成本	出库的库存商品实际成本	
出库的库存商品实际成本		

图 4-16 "库存商品"账户的结构

4)"管理费用"账户

管理费用是指用以核算企业为组织和管理生产经营所发生的管理费用,包括企业在筹建期间发生的开办费、董事会和行政管理部门在企业经营管理中发生的或者应由企业统一负担的公司经费(包括行政管理部门职工薪酬、固定资产折旧及修理费、物料消耗、低值易耗品摊销、办公费和差旅费等)、工会经费、董事会费(包括董事会成员津贴、会议费和差旅费等)、聘请中介机构费、咨询费、诉讼费、业务招待费、技术转让费、研究费用、排污费用等。

为了反映和监督企业为组织和管理生产经营所发生的管理费用,需要设置"管理费用"账户。该账户属于损益类账户,一般按照费用项目设置明细账。"管理费用"账户借方登记企业为组织和管理生产经营所发生的各种管理费用;贷方登记期末结转到"本年利润"账户的余额。该账户期末结转后应无余额。"管理费用"账户的结构如图 4-17 所示。

借方	管理费用	贷方
企业为组织和管理生产经营所发生的各种管理费用	期末结转到"本年利润"账户的余额	

图 4-17 "管理费用"账户的结构

5)"应付职工薪酬"账户

该账户属于负债类账户,用以核算企业应付给职工的各种薪酬。职工薪酬包括短期薪酬、离职后福利、辞退福利和其他长期职工福利。短期薪酬具体包括职工工资、奖金、津贴和补贴,职工福利费,养老保险、医疗保险、失业保险、工伤保险和生育保险等社会保险费,住房公积金,工会经费和职工教育经费,短期带薪缺勤,短期利润分配计划,非货币性福利以及其他短期薪酬。

离职后福利,是指企业为获得职工提供的服务而在职工退休或与企业解除劳动关系后,提供的各种形式的报酬和福利,短期薪酬和辞退福利除外。辞退福利,是指企业在职工劳动合同到期之前解除与职工的劳动关系,或者为鼓励职工自愿接受裁减而给予职工的补偿。

其他长期职工福利,是指除短期薪酬、离职后福利、辞退福利之外所有的职工薪酬,包括长期带薪缺勤、长期残疾福利、长期利润分享计划等。

该账户可以按照具体应付职工薪酬的项目分设二级、三级科目进行明细核算。

为了反映和监督企业根据有关规定应付给职工的各种薪酬,需要设置"应付职工薪酬"账户。该账户一般按照上述各种薪酬项目设置明细账。"应付职工薪酬"账户贷方登记企业应支付给职工的各种职工薪酬;借方登记企业实际支付的各种职工薪酬;期末余额在贷方,反映企业应付未付的职工薪酬。"应付职工薪酬"账户的结构如图 4-18 所示。

借方	应付职工薪酬	贷方
企业实际支付的各种职工薪酬	企业应支付给职工的各种职工薪酬	
	期末企业应付未付的职工薪酬	

图 4-18 "应付职工薪酬"账户的结构

6)"累计折旧"账户

为了反映和监督企业固定资产在使用过程中因损耗而减少的价值,需要设置"累计折旧"账户。该账户属于资产类账户，而且是"固定资产"账户的备抵账户，一般按照固定资产的类别或项目设置明细账。"累计折旧"账户贷方登记企业按期计提的固定资产折旧额；借方登记处置固定资产时结转的累计折旧额；期末余额在贷方，反映企业固定资产的累计折旧额。"累计折旧"账户的结构如图4-19所示。

借方	累计折旧	贷方
处置固定资产时结转的累计折旧额	企业按期计提的固定资产折旧额	
	期末企业固定资产的累计折旧额	

图4-19 "累计折旧"账户的结构

另外，在对生产成本和期间费用进行归集时，还会涉及其他相关账户，如"长期待摊费用""销售费用""财务费用""应付利息"等，下面将结合相关经济业务对其进行说明。

三、生产过程主要经济业务的核算

▶ 1. 材料费用的核算

【例4-22】 202×年12月末，根据本月领料凭证进行汇总，编制材料发出汇总表，如表4-1所示。

表4-1 材料发出汇总表

项 目	甲材料		乙材料		合 计
	数量（千克）	金额（元）	数量（千克）	金额（元）	
生产车间领用					
A产品耗用	5 000	50 400	1 500	31 200	81 600
B产品耗用	600	60 480	400	8 320	68 800
车间一般耗用	800	80 640	600	12 480	93 120
小计	1 900	191 520	2 500	52 000	243 520
销售部门领用	20	2 016			2 016
行政管理部门领用			10	208	208
合计	1 920	193 536	2 510	52 208	245 744

根据本月材料发出汇总表中资料，本月发出材料费用包括：

（1）A产品耗用：为A产品生产耗费的直接材料，应直接计入A产品生产成本，借记"生产成本——A产品"科目；

（2）B产品耗用：为B产品生产耗费的直接材料，应直接计入B产品生产成本，借记"生产成本——B产品"科目；

（3）生产车间一般耗用：为生产A、B两种产品共同耗费的间接材料，应先归集在制造费用中，待期末采用一定的方法在A、B两种产品间进行分配，借记"制造费用"科目；

（4）销售部门领用：为销售部门发生的物料消耗，应计入当期销售费用，借记"销售费用"科目；

（5）行政管理部门领用：为行政管理部门发生的物料消耗，应计入当期的管理费用，借记"管理费用"科目。

另外，由于各部门领用了原材料，使得仓库中库存的原材料减少，应贷记"原材料"科目。因此，编制会计分录如下：

借：生产成本——A 产品　　　　　　　　　　　　　　　　　81 600
　　　　　　——B 产品　　　　　　　　　　　　　　　　　68 800
　　制造费用　　　　　　　　　　　　　　　　　　　　　　93 120
　　销售费用　　　　　　　　　　　　　　　　　　　　　　2 016
　　管理费用　　　　　　　　　　　　　　　　　　　　　　208
　贷：原材料——甲材料　　　　　　　　　　　　　　　　　193 536
　　　　　　——乙材料　　　　　　　　　　　　　　　　　52 208

▶ **2. 职工薪酬的核算**

【例 4-23】 202×年 12 月 25 日结算本月应付职工工资 103 000 元，其中 A 产品生产工人 25 人，工资 40 000 元；B 产品生产工人 10 人，工资 15 000 元；车间管理人员 5 人，工资 20 000 元；销售部门人员 2 人，工资 10 000 元；行政管理部门 4 人，工资 18 000 元。

企业结算出的职工工资，应在职工为其服务的当月，一方面将其确认为"应付职工薪酬"这项负债，贷记"应付职工薪酬——工资"科目；另一方面，根据职工提供服务的受益对象，分别计入产品生产成本或当期损益，其中从事产品生产的直接生产工人工资借记"生产成本"科目，车间管理人员工资借记"制造费用"科目，销售部门人员工资借记"销售费用"科目，行政管理部门人员工资借记"管理费用"科目。因此，编制会计分录如下：

借：生产成本——A 产品　　　　　　　　　　　　　　　　　40 000
　　　　　　——B 产品　　　　　　　　　　　　　　　　　15 000
　　制造费用　　　　　　　　　　　　　　　　　　　　　　20 000
　　销售费用　　　　　　　　　　　　　　　　　　　　　　10 000
　　管理费用　　　　　　　　　　　　　　　　　　　　　　18 000
　贷：应付职工薪酬——工资　　　　　　　　　　　　　　　103 000

【例 4-24】 202×年 12 月 26 日根据国家规定的计提标准，分别按职工工资总额的9%、7%计提本月应向社会保险经办机构缴纳的职工社会医疗保险和社会养老保险。

根据国家规定的计提基础和计提标准，本月应计提的社会保险费为：

A 产品生产工人社会保险费：40 000×（9%＋7%）＝6 400（元）

B 产品生产工人社会保险费：15 000×（9%＋7%）＝2 400（元）

车间管理人员社会保险费：20 000×（9%＋7%）＝3 200（元）

销售部门人员社会保险费：10 000×（9%＋7%）＝1 600（元）

行政管理部门人员社会保险费：18 000×（9%＋7%）＝2 880（元）

合计：16 480（元）

企业计提的社会保险费，一方面作为应付职工薪酬的构成部分，贷记"应付职工薪酬"科目；另一方面根据职工提供服务的受益对象，分别计入产品生产成本或当期损益，其中从事产品生产的直接生产工人社会保险费借记"生产成本"科目，车间管理人员社会保险费借记"制造费用"科目，销售部门人员社会保险费借记"销售费用"科目，行政管理部门人员社会保险费借记"管理费用"科目。因此，编制会计分录如下：

借：生产成本——A产品	6 400
——B产品	2 400
制造费用	3 200
销售费用	1 600
管理费用	2 880
贷：应付职工薪酬——社会保险费	16 480

【例4-25】 202×年12月26日企业下设一所职工食堂，按在岗职工人数每人每月补贴食堂300元。

对职工的伙食补贴，国家并无规定的计提基础和计提标准，企业每月应根据在岗职工数量及岗位分布情况、相关历史经验数据等计算需要补贴食堂的金额，确定本月因职工食堂而需要承担的福利费金额。

A产品生产工人福利费：$25 \times 300 = 7\,500$（元）

B产品生产工人福利费：$10 \times 300 = 3\,000$（元）

车间管理人员福利费：$5 \times 300 = 1\,500$（元）

销售部门人员福利费：$2 \times 300 = 600$（元）

行政管理部门人员福利费：$4 \times 300 = 1\,200$（元）

合计：13 800（元）

企业计提的福利费，一方面作为应付职工薪酬的构成部分，贷记"应付职工薪酬"科目；另一方面根据职工提供服务的受益对象，分别计入产品生产成本或当期损益，其中从事产品生产的直接生产工人福利费借记"生产成本"科目，车间管理人员福利费借记"制造费用"科目，销售部门人员福利费借记"销售费用"科目，行政管理部门人员福利费借记"管理费用"科目。因此，编制会计分录如下：

借：生产成本——A产品	7 500
——B产品	3 000
制造费用	1 500
销售费用	600
管理费用	1 200
贷：应付职工薪酬——职工福利	13 800

【例4-26】 202×年12月28日委托银行代发工资103 000元。

此项经济业务为企业用银行存款发放了职工工资，一方面使得应付职工薪酬这项负债减少，应借记"应付职工薪酬"科目；另一方面，企业银行存款减少，应贷记"银行存款"科目。因此，编制会计分录如下：

借：应付职工薪酬——工资	103 000
贷：银行存款	103 000

【例4-27】 202×年12月29日以银行存款向社保局缴纳职工社会保险费16 480元。

此项经济业务一方面使得应付职工薪酬这项负债减少，应借记"应付职工薪酬"科目；另一方面，企业银行存款减少，应贷记"银行存款"科目。因此，编制会计分录如下：

借：应付职工薪酬——社会保险费	16 480

贷：银行存款 16 480

【例 4-28】 202×年 12 月 29 日以现金支付职工王林生活困难补助 2 000 元。

此项经济业务一方面实际支付了职工福利，使得应付职工薪酬这项负债减少，应借记"应付职工薪酬"科目；另一方面企业现金减少，应贷记"库存现金"科目。因此，编制会计分录如下：

借：应付职工薪酬——职工福利 2 000

贷：库存现金 2 000

▶ 3. 累计折旧的核算

固定资产的费用包括固定资产折旧费用，以及固定资产在使用过程中发生的更新改造、修理费用等后继支出。

固定资产在其使用寿命内，虽然能够保持其原有的实物形态，但其价值却在使用中逐渐损耗，这部分损耗的价值称为折旧。

企业对每项固定资产，应在其使用寿命内，根据确定的折旧方法，计算该项固定资产本月折旧额，一方面减少固定资产账面价值，贷记"累计折旧"科目；另一方面根据固定资产的用途，分别计入产品成本和期间费用，借记相关成本费用科目。生产车间使用的固定资产，计提的折旧应计入制造费用，借记"制造费用"科目；行政管理部门使用的固定资产，计提的折旧应计入管理费用，借记"管理费用"科目；销售部门使用的固定资产，计提的折旧应计入销售费用，借记"销售费用"科目；经营租出的固定资产，计提的折旧应计入其他业务成本，借记"其他业务成本"科目；企业生产车间和行政管理部门发生的固定资产修理费用，计入管理费用，销售机构发生的固定资产修理费用，计入销售费用。

【例 4-29】 202×年 12 月 29 日按确定的方法计提本月固定资产折旧 18 000 元，其中生产车间使用固定资产折旧 8 000 元，行政管理部门使用固定资产折旧 6 000 元，销售机构使用的固定资产折旧 4 000 元。

企业按月计提的折旧，一方面根据固定资产的用途计入相关的成本费用，其中生产车间的固定资产折旧借记"制造费用"科目，行政管理部门的固定资产折旧借记"管理费用"科目，销售机构的固定资产折旧借记"销售费用"科目；另一方面，固定资产因使用而损耗的价值应贷记"累计折旧"科目。因此，编制会计分录如下：

借：制造费用 8 000

管理费用 6 000

销售费用 4 000

贷：累计折旧 18 000

【例 4-30】 202×年 12 月 28 日对生产车间的一台生产机器进行日常修理，以银行存款支付修理费 1 600 元。

此项经济业务一方面发生了生产车间的固定资产修理费，应计入本期管理费用，借记"管理费用"科目；另一方面企业的银行存款减少，应贷记"银行存款"科目。因此，编制会计分录如下：

借：管理费用 1 600

贷：银行存款 1 600

▶ **4. 其他费用的核算**

企业在生产过程中除发生以上费用外，还发生其他的一些费用。如耗用水电费、机器设备的维修费、财产物资保险费、办公费和差旅费等。

【例 4-31】 202×年 12 月 30 日，以银行存款支付本月的水电费 61 650 元。其中生产车间耗用 8 180 元、行政管理部门用电 53 470 元。

此项经济业务的发生，一方面使公司本月成本费用增加，应记入借方"制造费用""管理费用"账户；另一方面使公司资产中的银行存款减少，应记入贷方"银行存款"账户。编制会计分录如下：

借：制造费用　　　　　　　　　　　　　　　　　　　　　　8 180
　　管理费用　　　　　　　　　　　　　　　　　　　　　　53 470
　　贷：银行存款　　　　　　　　　　　　　　　　　　　　　　61 650

【例 4-32】 202×年 12 月 30 日，以银行存款支付职工困难补助 3 000 元。

此项经济业务的发生，必须通过应付职工薪酬处理，因为所有用于职工个人的开支按职工薪酬准则的规定均应归属于职工薪酬范畴，所以要做两笔分录：即一方面使公司本月费用增加，应记入"管理费用"账户借方，同时应增加公司负债"应付职工薪酬——福利费"，记入其贷方；另一方面又减少公司负债"应付职工薪酬——福利费"，记入其借方，并使公司资产中的银行存款减少，应记入"银行存款"账户贷方。编制会计分录如下：

(1) 借：管理费用　　　　　　　　　　　　　　　　　　　　　3 000
　　　　贷：应付职工薪酬——福利费　　　　　　　　　　　　　3 000
(2) 借：应付职工薪酬——福利费　　　　　　　　　　　　　　3 000
　　　　贷：银行存款　　　　　　　　　　　　　　　　　　　　3 000

【例 4-33】 202×年 12 月 30 日以银行存款支付预订下一年度报纸杂志费 4 800 元。

预订下一年度的报纸杂志，虽然款项在本月实际支付，但其受益期为下一年度各月份，此时，企业应设置"长期待摊费用"账户，该账户根据资产类"长期待摊费用"科目设置，用以核算已经支付但应由本期和以后各期负担的分摊期限在一年以上的各项费用，如以经营租赁方式租入的固定资产发生的改良支出等。企业发生的长期待摊费用，记入该账户的借方；在受益期内摊销时，记入该账户的贷方。该账户的期末余额在借方，反映企业尚未摊销完毕的长期待摊费用。该账户可按费用项目设置明细账进行明细核算。

因此，上项经济业务一方面使企业长期待摊费用增加，借记"长期待摊费用"科目；另一方面，企业银行存款减少，贷记"银行存款"科目。编制会计分录如下：

借：长期待摊费用　　　　　　　　　　　　　　　　　　　　4 800
　　贷：银行存款　　　　　　　　　　　　　　　　　　　　　4 800

在下一年度，对此项长期待费用应按月摊销计入各月的损益。

【例 4-34】 202×年 12 月 30 日摊销应由本月负担的租入行政办公用房装修费 2 500 元。

租入行政办公用房屋装修费属于经营租入固定资产的改良支出，在发生时计入"长期待摊费用"账户，在房屋的租赁期内按月摊销计入各月损益。摊销时一方面本期的相关成本费用增加，借记"相关成本费用"科目，另一方面长期待摊费用减少，贷记"长期待摊费用"科目。行政办公用房的费用应计入管理费用，因此，编制会计分录如下：

借：管理费用 2 500

    贷：长期待摊费用 2 500

【例 4-35】 202×年 12 月 30 日，公司夏帆出差预借差旅费 7 000 元，公司开出一张现金支票。

此项经济业务的发生，一方面使公司资产中的债权增加，应记入"其他应收款"账户借方；另一方面使公司资产中的银行存款减少，应记入"银行存款"账户贷方。编制会计分录如下：

借：其他应收款——夏帆 7 000

    贷：银行存款 7 000

【例 4-36】 202×年 12 月 30 日，公司夏帆出差回公司报销差旅费 6 500 元，原预借 7 000 元，余款 500 元以现金形式交回。

此项经济业务的发生，一方面使公司的管理费用和库存现金增加，应记入"管理费用""库存现金"账户借方；另一方面使公司的债权减少，应记入"其他应收款"账户贷方。编制会计分录如下：

借：管理费用 6 500

   库存现金 500

    贷：其他应收款——夏帆 7 000

▶ 5. 制造费用的分配

【例 4-37】 202×年 12 月 30 日将本月制造费用按机器工时比例在 A、B 产品之间进行分配。

根据生产车间工时记录，本月 A 产品机器工时为 7 000 工时，B 产品机器工时为 3 000 工时。

根据"制造费用"账户记录，本月共发生制造费用 134 000 元，按 A、B 两种产品的机器工时比例进行分配，则：

每机器工时分摊的制造费用＝134 000÷(7 000＋3 000)＝13.4(元/小时)

A 产品分摊的制造费用＝7 000×13.4＝93 800 (元)

B 产品分摊的制造费用＝3 000×13.4＝40 200 (元)

"制造费用"账户中归集的是 A、B 两种产品的间接成本，也属于产品成本的重要构成部分，因此，计算出 A、B 两种产品应负担的制造费用后，应将其从"制造费用"账户贷方结转到 A、B 两种产品的"生产成本"账户借方，结转后"制造费用"账户应无余额。这样，A、B 两种产品"生产成本"账户中才能反映其直接材料、直接人工及制造费用等全部成本构成项目，从而进一步计算出产品的实际生产成本。编制会计分录如下：

借：生产成本——A 产品 93 800

      ——B 产品 40 200

    贷：制造费用 134 000

▶ 6. 计算并结转完工产品成本

每月末，将制造费用分配到各种产品负担后，"生产成本"账户的借方归集了各种产品所发生的直接材料、直接人工以及制造费用等生产费用，如有产品完工，企业应该据此进行完工产品成本的计算。

成本计算是会计核算方法之一，产品成本的计算就是将企业生产过程中为生产产品所发生的各种费用按照所生产产品的品种、类别等进行归集和分配，以计算各种产品的总成本和单位成本。会计期末，应对"生产成本"账户进行结转，计算出本月完工产品成本，并将其从"生产成本"账户贷方转入"库存商品"账户借方，"生产成本"账户的期末借方余额为本月未完工产品成本。从"生产成本"账户内容中得到如下等式：

期初在产品成本＋本期发生的生产费用＝本期完工产品成本＋期末在产品成本

【例4-38】 A产品本月初在产品1000件，成本80 700元，其中直接材料51 700元，直接人工13 000元，制造费用16 000元，月末全部完工验收入库。B产品无期初在产品，本月投产800件，月末尚未完工。

根据A产品的"生产成本"账户记录，至本月末共归集了A产品的生产成本310 000元，其中直接材料133 300元，直接人工66 900元，制造费用109 800元。由于A产品1 000件期末全部完工，因此，这1 000件A产品的总成本为310 000元，单位成本为310元。A产品完成了加工过程并验收入库，在计算出实际成本后，应将其从"生产成本"账户的贷方结转到"库存商品"账户的借方，按A产品的实际生产成本反映库存商品的增加。

根据B产品的"生产成本"账户记录，至本月末共归集了B产品的生产成本129 400元，其中直接材料68 800元，直接人工20 400元，制造费用40 200元。由于B产品800件全部未完工，因此，其"生产成本"账户中归集的为B产品期末在产品的成本，保留在B产品"生产成本"账户的借方，待下期继续归集B产品的生产成本。

编制会计分录如下：

借：库存商品——A产品 310 000

　贷：生产成本——A产品 310 000

根据以上会计分录登记的生产成本——A产品相关记录"T"型账如图4-20所示。

借方	生产成本——A产品	贷方
期初余额80 700 （22）81 600 （23）40 000 （24）6 400 （25）7 500 （37）93 800		（38）310 000
本期发生额229 300		本期发生额310 000

图4-20 生产成本——A产品"T"型账

第五节　销售过程核算

一、销售业务的内容

销售是企业生产经营活动的最后阶段，是企业产品价值的实现过程。产品销售业务包括产品销售收入的确认、相关费用的计算和确认以及销售款项的结算等业务。制造企业通过产品销售，收回货币资金，实现营业收入，以保证企业再生产的进行。同时，企业应反映已销产品的实际生产成本、销售产品应承担的税金以及在销售过程中发生的销售费用等。销售费用作为期间费用直接计入当期损益。

另外，企业在销售过程中还会获得除主营业务以外的其他销售或其他业务的收入，即其他业务收入。销售业务核算的主要内容包括销售收入、销售成本、销售税金及附加、销售费用的核算，以确定企业在一定期间的经营成果。

▶ 1. 销售收入的含义

销售收入是指企业销售商品或提供劳务等日常经营活动中形成的，会导致所有者权益增加的、与所有者投入资本无关的经济利益的总流入。制造企业一般分为主营业务收入和其他业务收入。

企业应当在履行了合同中的履约义务，即在客户取得相关商品控制权时确认收入。取得相关商品控制权，是指能够主导该商品的使用并从中获得几乎全部的经济利益。

▶ 2. 收入确认条件

根据《企业会计准则——收入》(2017)规定，当企业与客户之间的合同同时满足下列条件时，企业应当在客户取得相关商品控制权时确认收入：

(1) 合同各方已批准该合同并承诺将履行各自义务；

(2) 该合同明确了合同各方与所转让商品或提供劳务(以下简称"转让商品")相关的权利和义务；

(3) 该合同有明确的与所转让商品相关的支付条款；

(4) 该合同具有商业实质，即履行该合同将改变企业未来现金流量的风险、时间分布或金额；

(5) 企业因向客户转让商品而有权取得的对价很可能收回。

在合同开始日即满足前款条件的合同，企业在后续期间无需对其进行重新评估，除非有迹象表明相关事实和情况发生重大变化。合同开始日通常是指合同生效日。

对于不符合上述规定的合同，企业只有在不再负有向客户转让商品的剩余义务，且已向客户收取的对价无须退回时，才能将已收取的对价确认为收入；否则，应当将已收取的对价作为负债进行会计处理。

本书假定销售收入均符合收入确认条件。

二、销售过程核算应设置的账户

根据销售业务的内容，企业一般需要设置"主营业务收入""其他业务收入""主营业务成本""其他业务成本""应收账款""预收账款""税金及附加""销售费用"等账户进行核算。

▶ 1. "主营业务收入"账户

为了反映和监督企业销售产品实现的销售收入，需要设置"主营业务收入"账户。该账户属于损益类。"主营业务收入"账户贷方登记企业销售产品实现的销售收入；借方登记发生的销售退回和转入"本年利润"账户的收入；期末将本账户的余额结账后无余额。该账户应按主营业务的种类设置明细账，进行明细分类核算。"主营业务收入"账户的结构如图4-21所示。

▶ 2. "其他业务收入"账户

为了反映和监督企业出租固定资产、出租无形资产、出租包装物和商品、销售材料等实现的收入，需要设置"其他业务收入"账户。该账户属于损益类，用以核算企业确认的除

图 4-21 "主营业务收入"账户的结构

主营业务活动以外的其他经营活动实现的收入。该账户的贷方登记企业实现的其他业务收入；借方登记转入"本年利润"账户的收入；期末将本账户的余额结账后无余额。本账户应按其他业务的种类设置明细账，进行明细分类核算。"其他业务收入"账户的结构如图 4-22所示。

图 4-22 "其他业务收入"账户的结构

▶ 3."主营业务成本"账户

为了反映和监督企业确认产品销售收入时应结转的成本，需要设置"主营业务成本"账户。该账户属于损益类账户，一般按照主营业务的种类设置明细账。"主营业务成本"账户借方登记企业本期发生应结转的已销产品的实际生产成本；贷方登记企业本期发生的销售退回中已经结转的销售成本，以及期末结转到"本年利润"账户的余额；该账户期末结转后应无余额。"主营业务成本"账户的结构如图 4-23所示。

借方	主营业务成本	贷方
本期发生应结转的已销产品的实际生产成本		本期发生的销售退回中已经结转的销售成本、期末结转到"本年利润"账户的余额

图 4-23 "主营业务成本"账户的结构

▶ 4."其他业务成本"账户

为了核算企业确认的除主营业务活动以外的其他经营活动所发生的支出，包括销售材料的成本、出租固定资产的折旧额、出租无形资产的摊销额、出租包装物的成本或摊销额等，需要设置"其他业务成本"账户。该账户属于损益类账户，借方登记本期各项其他业务成本的发生数，贷方登记期末余额转入"本年利润"账户的余额；该账户期末结转后应无余额。"其他业务成本"账户的结构如图 4-24所示。

借方	其他业务成本	贷方
本期各项其他业务成本的发生数		期末结转到"本年利润"账户的余额

图 4-24 "其他业务成本"账户的结构

▶ 5."应收账款"账户

为了反映和监督企业因销售产品、提供劳务等经营活动应收取的款项，需要设置"应收账款"账户。该账户属于资产类户，一般按照债务人设置明细账。"应收账款"账户借方登记由于销售商品或提供劳务等而发生的应收账款；贷方登记已经收回的应收账款等；期末余额在借方，反映企业尚未收回的应收账款。该账户应按不同的购货单位或接受劳务的单位设置明细账，进行明细分类核算。"应收账款"账户的结构如图 4-25 所示。

借方	应收账款	贷方
企业销售产品及提供劳务应收的金额、代购货单位垫付运杂费和包装费	收回的应收账款	
期末尚未收回应收账款		

图 4-25 "应收账款"账户的结构

▶ 6."预收账款"账户

为了反映和监督企业按照合同规定预收的款项，需要设置"预收账款"账户。该账户属于负债类账户，一般按照购货单位设置明细账。"预收账款"账户贷方登记企业向购货单位预收的款项；借方登记向购货单位销售产品实现收入而应收的金额。如果预收账款小于应收的金额，则将购货单位补付的款项记入该账户贷方；反之，如果预收款项大于应收的金额，则将退回多收的款项记入该账户借方。该账户的期末贷方余额，反映企业预收的款项；期末如果出现借方余额，反映企业应收的款项。"预收账款"账户的结构如图 4-26 所示。

借方	预收账款	贷方
向购货单位销售产品实现收入而应收的金额、退回多收的款项	向购货单位预收的款项、收到补付的款项	
期末企业应收的款项	期末企业预收的款项	

图 4-26 "预收账款"账户的结构

▶ 7."税金及附加"账户

为了反映和监督企业经营活动发生的消费税、城市维护建设税、资源税和教育费附加等相关税费，需要设置"税金及附加"账户。"税金及附加"账户属于损益类账户，其借方登记企业按规定计算确定的与经营活动相关的税费；其贷方登记减免退回的税金和期末转入"本年利润"账户中的税金及附加；期末结账后本账户无余额。"税金及附加"账户的结构如图 4-27 所示。

借方	税金及附加	贷方
企业按规定计算确定的与经营活动相关的税费	期末结转到"本年利润"账户的余额	

图 4-27 "税金及附加"账户的结构

▶ 8."销售费用"账户

销售费用是指企业在销售产品的过程中发生的各种费用。销售费用一般包括包装费、保险费、展览费和广告费、商品维修费、运输费、装卸费等，以及专设销售机构的职工薪酬、业务费、折旧费等经营费用。

为了反映和监督企业销售产品过程中发生的各种费用，需要设置"销售费用"账户。该账户属于损益类账户，一般按照费用项目设置明细账。"销售费用"账户借方登记企业在产品销售过程中发生的各种费用；贷方登记期末结转到"本年利润"账户的余额。该账户期末结转后应无余额。"销售费用"账户的结构如图 4-28 所示。

借方	销售费用	贷方
企业在销售产品过程中发生的各种费用	期末结转到"本年利润"账户的余额	

图 4-28　"销售费用"账户的结构

三、销售过程主要经济业务的核算

现以某企业 202×年 12 月的部分销售业务为例，具体阐述销售过程中主要经济业务的核算。

【例 4-39】 202×年 12 月 15 日向讯达公司销售 A 产品 500 件，开具的增值税专用发票上注明售价为 250 000 元，增值税税率 13%，增值税税额为 32 500 元，收到讯达公司开具的银行承兑汇票一张。

此项经济业务一方面使企业收到了一张银行承兑汇票，应按其票面金额即销售产品的价税合计额借记"应收票据"科目；另一方面企业通过销售产品取得的收入属于主营业务收入，应按增值税专用发票上的销售价格贷记"主营业务收入"科目，应向购货方收取的增值税销项税额，贷记"应交税费——应交增值税"科目。因此，编制会计分录如下：

借：应收票据　　　　　　　　　　　　　　　　　　　　　　　282 500
　　贷：主营业务收入　　　　　　　　　　　　　　　　　　　　250 000
　　　　应交税费——应交增值税（销项税额）　　　　　　　　　 32 500

【例 4-40】 202×年 12 月 20 日以银行存款支付本月广告费 6 000 元，用现金购买办公用品 504 元。

此项经济业务一方面发生了广告费，应计入销售费用，借记"销售费用"科目；另一方面，企业银行存款减少，应贷记"银行存款"科目。因此，编制会计分录如下：

借：销售费用　　　　　　　　　　　　　　　　　　　　　　　 6 000
　　管理费用　　　　　　　　　　　　　　　　　　　　　　　　 504
　　贷：银行存款　　　　　　　　　　　　　　　　　　　　　　6 000
　　　　库存现金　　　　　　　　　　　　　　　　　　　　　　 504

【例 4-41】 202×年 12 月 23 日销售甲材料 50 千克，开具的增值税专用发票上注明售价为 6 000 元，增值税额为 780 元，款项已收存银行。

此项经济业务一方面企业收到销售价款及增值税销项税额，银行存款增加，应借记"银行存款"科目；另一方面企业通过销售材料取得的收入属于其他业务收入，应按增值税专用发票上的售价贷记"其他业务收入"科目，向购货方收取的增值税销项税额，贷记"应交税费——应交增值税"科目。因此，编制会计分录如下：

借：银行存款	6780
贷：其他业务收入	6 000
应交税费——应交增值税（销项税额）	780

【例 4-42】 202×年 12 月 25 日向深云电子厂销售 A 产品 300 件，开具的普通发票上注明价款 175 500 元，以银行存款代垫运费 3 000 元，款项尚未收到。

企业将产品销售给小规模纳税人或消费者时，只能开具普通发票，普通发票中的价款为含增值税的销售价格，此时，需将含税销售价格换算成不含税销售价格，换算公式如下：

不含税售价＝含税售价÷（1＋增值税率）＝175 500÷（1＋13％）≈155 310（元）

增值税额＝不含税售价×增值税率＝155 310×13％≈20 190（元）

企业销售产品过程中支付的运杂费，有两种情况：一是由销售方负担，应计入当期销售费用；二是由购买方负担，销售方代为垫付，该款项应从购买方收回，计入应向购买方收取的款项总额中。

因此，编制会计分录如下：

借：应收账款——深云电子	178 500
贷：主营业务收入	155 310
应交税费——应交增值税（销项税额）	20190
银行存款	3 000

【例 4-43】 月末，结转本月销售 A 产品的生产成本。

本月共销售 A 产品 800 件，随着该产品的销售，一方面企业库存 A 产品减少，应贷记"库存商品"科目；另一方面需在本期损益中确认的已销售 A 产品的生产成本增加，应借记"主营业务成本"科目。根据生产过程的核算，A 产品的实际生产成本为 310 元/件，因此，编制会计分录如下：

| 借：主营业务成本 | 248 000 |
| 贷：库存商品——A 产品 | 248 000 |

【例 4-44】 月末，结转本月销售甲材料的采购成本。

本月共销售甲材料 50 千克，随着该材料的销售，一方面企业库存甲材料减少，应贷记"原材料"科目；另一方面需在本期损益中确认的已销售甲材料的实际采购成本增加，应借记"其他业务成本"科目。根据采购过程的核算，甲材料的实际采购成本为 100.8 元/千克，因此，编制会计分录如下：

| 借：其他业务成本 | 5 040 |
| 贷：原材料——甲材料 | 5 040 |

【例 4-45】 销售 A 产品属消费税应税产品，适用税率为 5％，月末，计算本月销售 A 产品应负担的消费税。

根据相关账户记录，该企业本月共销售 A 产品 405 310 元，按 5％的税率计算应交消费税 20 265.5 元，一方面应计入当期损益，借记"税金及附加"科目；另一方面由于消费税尚未实际缴纳，企业应交税费这项负债增加，贷记"应交税费"科目。因此，编制会计分录如下：

| 借：税金及附加 | 20 265.5 |

　　贷：应交税费——应交消费税　　　　　　　　　　　　　　　　20 265.5

　　【例 4-46】　月末，计提本月的城市维护建设税及教育费附加。本企业适用的城市维护建设税率及教育费附加的征收比率分别为 7％和 3％。

　　城市维护建设税和教育费附加是以企业缴纳的增值税、消费税、营业税税额为依据所征收的附加税费，分别用于城市的公用事业和公共设施的维护建设及教育支出。

　　根据账户记录，本月应交增值税为 53 470 元，应交消费税为 20 265.5 元，无应交营业税，则：

　　应交城建税＝(53 470＋20 265.5)×7％≈5 162(元)

　　应交教育费附加＝(53 470＋20 265.5)×3％≈2 212(元)

　　本月应负担的城建税及教育费附加一方面应计入当期损益，借记"税金及附加"科目；另一方面由于城建税及教育费附加尚未实际缴纳，企业应交税费这项负债增加，应贷记"应交税费"科目。因此，编制会计分录如下：

　　借：税金及附加　　　　　　　　　　　　　　　　　　　　　　7 374
　　　　贷：应交税费——应交城建税　　　　　　　　　　　　　　　　5 162
　　　　　　　　　　　——应交教育费附加　　　　　　　　　　　　　2 212

第六节　利润及利润分配核算

　　企业的财务成果，是指企业在一定时期内生产经营活动所实现的净利润或净亏损，又叫盈亏，是企业最终的经营成果。企业收入大于费用的差额为盈利；收入小于费用的差额为亏损。利润是反映企业一定时期生产经营成果的重要指标。企业一方面应正确确定本期利润，另一方面对实现的净利润要根据有关法规规定进行分配。因此，财务成果业务核算的主要内容有两个方面，即确定企业的利润和对利润进行分配。

一、利润的构成

　　利润是指企业在一定会计期间的经营成果。利润包括收入减去费用后的净额、直接计入当期利润的利得和损失等。

　　直接计入当期利润的利得和损失，是指应当计入当期损益、会导致所有者权益发生增减变动的、与所有者投入资本或者向所有者分配利润无关的利得或者损失。

　　收入与费用、利得与损失作为企业利润的构成部分，均会导致所有者权益发生变动，并与所有者投入资本或向所有者分配利润无关，但二者有着本质的区别：

　　收入与费用是企业在日常活动中形成的经济利益的总流入及总流出，而利得与损失是与企业日常活动没有直接关联的经济利益净流入或净流出。"日常活动"是指企业为完成其经营目标所从事的经常性活动以及与之相关的活动，例如，工业企业制造并销售产品，属企业为完成其经营目标所从事的经常性活动，由此产生的经济利益总流入及总流出，构成企业的收入与费用；而其出售原材料、出租固定资产等，属于与经常性活动相关的活动，由此产生的经济利益的总流入与总流出，也构成企业的收入与费用；而其处置固定资产、对外投资等活动，不是企业为完成其经营目标所从事的经常性活动，也不属于与经常性活动相关的活动，由此产生的经济利益的净流入与净流出，不构成企业的收入与费用，而是形成企业的利得或损失。

利润的相关计算公式如下：

▶ 1. 营业利润

营业利润是指企业在一定时期内从事日常生产经营活动所取得的利润，是企业利润总额的主要内容。

营业利润＝营业收入－营业成本－税金及附加－销售费用－管理费用－财务费用－资产减值损失±公允价值变动净收益±投资净收益±资产处置收益＋其他收益

其中，营业收入是指企业经营业务所确认的收入总额，包括主营业务收入与其他业务收入。营业成本是指企业经营业务所发生的实际成本总额，包括主营业务成本和其他业务成本。

资产处置收益用来核算企业出售划分为持有待售的非流动资产（金融工具、长期股权投资和投资性房地产除外）或处置组（子公司和业务除外）时确认的处置利得或损失，以及处置未划分为持有待售的固定资产、在建工程、生产性生物资产及无形资产而产生的处置利得或损失。债务重组中因处置非流动资产产生的利得或损失和非货币性资产交换产生的利得或损失也包括在本项目内。该项目应根据在损益类科目新设置的"资产处置损益"科目的发生额分析填列；如为处置损失，以"－"号填列。

其他收益是指反映计入其他收益的政府补助。

▶ 2. 利润总额

利润总额是指企业在一定时期实现的税前利润总额。

利润总额＝营业利润＋营业外收入－营业外支出

其中，营业外收入是指企业发生的与其日常活动无直接关系的各项利得；营业外支出是指企业发生的与其日常活动无直接关系的各项损失。

▶ 3. 净利润

净利润是指企业实现的利润总额中扣除应交的所得税费用后的金额，分为"持续经营净利润"和"终止经营净利润"项目，分别反映净利润中与持续经营相关的净利润和与终止经营相关的净利润；如为净亏损，以"－"号填列。该两个项目应按照《企业会计准则第42号——持有待售的非流动资产、处置组和终止经营》的相关规定分别列报。

净利润＝利润总额－所得税费用

所得税费用＝应纳税所得额×所得税税率

其中，所得税费用是企业根据国家税法的规定，对企业的经营所得，按规定的税率计算并交纳的税款。

二、利润核算应设置的账户

根据利润形成业务的内容，企业除了需要设置前面所介绍过的损益类账户外，还要设置"营业外收入""营业外支出""所得税费用""本年利润"等账户进行核算。

▶ 1. "营业外收入"账户

为了反映和监督企业发生的各项营业外收入，企业需要设置"营业外收入"账户。该账户属于损益类账户，一般按照营业外收入项目设置明细账。"营业外收入"账户贷方核算企业发生的与其日常活动无直接关系的各项利得，主要包括非流动资产处置利得、盘盈利得、捐赠利得、确实无法支付而按规定程序经批准后转作营业外收入的应付款项等。其贷方登记企业取得的各项营业外收入；借方登记期末转入"本年利润"的各项营业外收入；期末结账后本账户无余额。本账户可按营业外收入项目设置明细账户，进行明细核算。其账户结构如图 4-29 所示。

借方	营业外收入	贷方
期末结转到"本年利润"的各项营业外收入	企业发生的各项营业外收入	

图 4-29 "营业外收入"账户的结构

▶ 2."营业外支出"账户

为了反映和监督企业发生的各项营来外支出，企业需要设置"营业外支出"账户，该账户属于损益类账户，一般按照支出项目设置明细账。"营业外支出"账户用以核算企业发生的与其日常活动无直接关系的各项损失，主要包括非流动资产处置损失、盘亏损失、罚款支出、公益性捐赠支出、非常损失等。企业确认各项损失时，记入该账户的借方；期末，应将该账户的余额转入"本年利润"账户，记入贷方，结转后该账户无余额。其账户结构如图 4-30 所示。

借方	营业外支出	贷方
企业发生的各项营业外支出	期末结转到"本年利润"账户的余额	

图 4-30 "营业外支出"账户的结构

▶ 3."所得税费用"账户

为了反映和监督企业确认的应从当期利润总额中扣除的所得税费用，需要设置"所得税费用"账户。"所得税费用"账户属于损益类账户，借方登记企业按税法规定计算确定的当期应交所得税；贷方登记期末结转到"本年利润"账户的余额。该账户期末结转后无余额。其账户结构如图 4-31 所示。

借方	所得税费用	贷方
企业按税法规定计算确定的当期应交所得税	期末结转到"本年利润"账户的余额	

图 4-31 "所得税费用"账户的结构

▶ 4."本年利润"账户

为了反映和监督企业当期实现的净利润(或发生的净亏损)，需要设置"本年利润"账户。"本年利润"账户属于所有者权益类账户。企业期末结转利润时，贷方登记从损益类(收入类)账户转入的各项收入额，借方登记从损益类(费用类)账户转入的各项费用额，从而结平各损益账户。如果收入总额大于费用总额，则该账户存在贷方余额，反映当期实现的净利润；如果收入总额小于费用总额，则该账户存在借方余额，反映当期发生的净亏损。年度终了，应将本年收入和费用相抵后结出本年实现的净利润，从"本年利润"账户借方转入"利润分配"账户；如为净亏损，则从"本年利润"账户贷方转入"利润分配"账户。结转后该账户无余额。其账户结构如图 4-32 所示。

借方	本年利润	贷方
期末转入的各项费用额	期末转入的各项收入额	
当期发生的净亏损 年末结转到"利润分配"账户的净利润	当期实现的净利润 年末结转到"利润分配"账户的净亏损	

图 4-32　"本年利润"账户的结构

▶ 5. "利润分配"账户

为了核算企业利润的分配和历年分配后的余额，需要设置"利润分配"账户，该账户应当分别设置"提取法定盈余公积""提取任意盈余公积""应付现金股利或利润"和"未分配利润"等明细账进行明细核算。"利润分配"账户属于所有者权益类账户，借方登记企业按规定提取的盈余公积、经股东大会或类似机构决议分配给股东或投资者的现金股利或利润、结转本年发生的净亏损；贷方登记结转本年实现的净利润、用盈余公积弥补亏损的金额。期末将"利润分配"账户所属其他明细账户的余额，转入"利润分配——未分配利润"明细账户，结转后，除"利润分配——未分配利润"明细账户外，"利润分配"账户所属的其他明细账户应无余额。"利润分配——未分配利润"明细账户的年末余额如果在借方，反映企业历年积存的未弥补亏损；余额如果在贷方，反映企业历年累积的未分配利润。其账户结构如图 4-33 所示。

借方	利润分配	贷方
结转本年发生的亏损 企业按规定提取的盈余公积 分配给股东或投资者的现金股利或利润	结转本年实现的净利润 用盈余公积弥补亏损	
企业历年积存的未弥补亏损	企业历年累积的未分配利润	

图 4-33　"利润分配"账户的结构

▶ 6. "盈余公积"账户

为了核算企业从净利润中提取的盈余公积，需要设置"盈余公积"账户，该账户应当分别设置"法定盈余公积""任意盈余公积"进行明细核算。"盈余公积"账户属于所有者权益类账户。该账户贷方登记企业按规定提取的盈余公积；借方登记经股东大会或类似机构决议，用盈余公积弥补亏损、转增资本或派送新股的金额。该账户的期末余额在贷方，反映企业的盈余公积金额。其账户结构如图 4-34 所示。

借方	盈余公积	贷方
用盈余公积弥补亏损的金额 用盈余公积转增资本的金额 用盈余公积派送新股的金额	企业按规定提取的盈余公积	
	企业的盈余公积金额	

图 4-34　"盈余公积"账户的结构

▶ 7. "应付股利"账户

企业的应付股利，是企业根据股东大会或类似机构审议批准的利润分配方案，按协议规定应该支付给投资者的利润。为了反映和监督企业向股东或投资人发放的利润，需要设置"应付股利"账户。该账户属于负债类账户。贷方登记按协议规定应支付的现金股利或利润；借方登记实际支付的现金股利或利润；余额在贷方，反映企业应付未付的现金股利或利润。该账户应按投资者设置明细账户进行明细分类核算。"应付股利"账户的结构如图4-35所示。

借方	应付股利	贷方
企业实际支付的现金股利或利润	企业应支付的现金股利或利润	
	企业应付未付的现金股利或利润	

图 4-35 "应付股利"账户的结构

三、利润相关业务的核算

以 A 公司为例，具体介绍利润相关业务的核算。

▶ 1. 营业外收支的核算

【例 4-47】 202×年 12 月 22 日获赠机器设备一台，价值 41 000 元。

此项经济业务一方面使企业机器设备增加，应借记"固定资产"科目；另一方面，企业接受捐赠获得了捐赠利得，应贷记"营业外收入"科目。因此，编制会计分录如下：

借：固定资产   41 000

  贷：营业外收入   41 000

【例 4-48】 202×年 12 月 26 日以银行存款交纳违章罚款 4 830 元。

此项经济业务一方面由于被罚款处罚发生了罚款支出，应借记"营业外支出"科目；另一方企业以银行存款支付了罚款，应贷记"银行存款"科目。因此，编制会计分录如下：

借：营业外支出   4 830

  贷：银行存款   4 830

▶ 2. 期末结转损益类科目的核算

【例 4-49】 202×年 12 月月末，将各损益类账户的余额结转到"本年利润"账户(表 4-2)。

表 4-2 各损益类账户余额 单位：元

账 户 名 称	借 方 余 额	贷 方 余 额
主营业务收入		400 000
其他业务收入		6 000
营业外收入		41 000
主营业务成本	248 000	
其他业务成本	5 040	
税金及附加	23 122	
销售费用	24 216	

续表

账 户 名 称	借 方 余 额	贷 方 余 额
管理费用	36 792	
财务费用	5 000	
营业外支出	4 830	

根据表 4-2 中账户记录，将各损益类账户余额从相反方向转出，编制会计分录如下。

（1）结转收入

借：主营业务收入 400 000

其他业务收入 6 000

营业外收入 41 000

贷：本年利润 447 000

（2）结转费用

借：本年利润 347 000

贷：主营业务成本 248 000

其他业务成本 5 040

税金及附加 23 122

销售费用 24 216

管理费用 36 792

财务费用 5 000

营业外支出 4 830

本月实现的利润总额为：447 000－347 000＝100 000（元）

【例 4-50】 已知该企业适用的所得税率为 25%，计提并结转本月所得税费用。

应交所得税＝100 000×25%＝25 000（元）

本期实现的净利润＝100 000－25 000＝75 000（元）

计算出的本月应交所得税，一方面增加了应从当期利润总额中扣除的所得税费用，应借记"所得税费用"科目；另一方面，由于该项税费尚未实际缴纳，企业应交税费这项负债增加，应贷记"应交税费"科目。另外，"所得税费用"账户的期末余额应转入"本年利润"账户，以反映当期的净利润。因此，编制会计分录如下：

（1）计提当期所得税费用

借：所得税费用 25 000

贷：应交税费——应交所得税 25 000

（2）结转所得税费用

借：本年利润 25 000

贷：所得税费用 25 000

根据以上相关分录登记"本年利润"账户如图 4-36 所示。

从以上账户记录可以看出，期初余额 425 000 元为企业本年度 1—11 月实现的净利润，12 月实现的净利润为 75 000 元，当前余额 500 000 元为本年度实现的净利润。

借方	本年利润（单位：元）	贷方
		期初余额　425 000
本期发生额　347 000 　　　　　　 25 000		本期发生额　447 000
		期末余额　500 000

图 4-36　"本年利润"账户的结构

▶ 3. 利润分配核算

利润分配是指企业按照国家规定和企业章程、投资者协议等，对企业当年可供分配利润所进行的分配。

企业当期实现的净利润并不是全部分配给投资者，因为企业还要考虑今后生产发展的需要和有可能遇到的风险，因此，企业应将实现的净利润按照国家规定进行合理分配。

1）一般企业利润分配顺序

企业可供分配利润是指企业当期实现的净利润，加上年初未分配利润或减去年初未弥补亏损等的余额。按《企业财务通则》第 50 条规定，其分配顺序如下。

（1）弥补以前年度亏损。

（2）提取 10％法定公积金。法定公积金累计额达到注册资本 50％以后，可以不再提取。

（3）提取任意公积金。任意公积金提取比例由投资者决议。

（4）向投资者分配利润。

2）股份有限公司利润分配顺序

对于股份有限公司利润分配，按照《公司法》第 166 条规定，其分配顺序如下：

（1）弥补以前年度的亏损；

（2）按当期实现净利润的 10％提取法定公积金；

（3）提取任意公积金；

（4）股份有限公司按照股东持有的股份比例分配股利；有限责任公司按照股东实缴的出资比例分取红利（第 34 条）。

根据《公司法》的规定，公司制企业应当按照净利润的 10％计提法定盈余公积金，法定公积金累计额已达公司注册资本的 50％以上的可以不再提取。应注意的是，由于年初未分配利润为已提取法定公积金后的留存利润，因此，在计算提取法定公积金的基数时，不应包括年初未分配利润。

公司制企业可以根据股东大会的决议提取任意公积金，计提的基数与比例由企业投资者决定。

公司制企业可经股东大会或类似机构决议，向投资者分配现金股利或利润。

【例 4-51】　根据规定按本年税后利润的 10％计提法定公积金。

法定公积金计提额＝500 000×10％＝50 000（元）

提取法定公积金属于企业利润分配，该项业务一方面使企业已分配利润增加、未分配利润减少，应借记"利润分配——提取法定盈余公积"科目；另一方面，所有者权益中来自企业盈利的积累增加，应贷记"盈余公积"科目。因此，编制会计分录如下：

借：利润分配——提取法定盈余公积 50 000

　　贷：盈余公积 50 000

【例 4-52】 根据股东大会决议，按投资者出资比例向投资者分配现金利润 200 000 元。已知企业的投资者长江电信和力丰控股的出资比例为 4：6。

向投资者分配现金利润，一方面使企业已分配利润增加、未分配利润减少，应根据股东大会的决议，借记"利润分配——应付现金股利或利润"科目；另一方面，由于分配的利润尚未实际支付给投资者，企业应付股利这项负债增加，应贷记"应付股利"科目。因此，编制会计分录如下：

借：利润分配——应付现金股利或利润 200 000

　　贷：应付股利——长江电信 80 000

　　　　　　——力丰控股 120 000

▶ **4. 年末结转的核算**

【例 4-53】 年末，结转"本年利润"及"利润分配"各明细账户。

经查，结转前"本年利润"账户贷方余额为 500 000 元，"利润分配——提取法定盈余公积"明细账户借方余额为 50 000 元，"利润分配——应付现金股利或利润"明细账户的借方余额为 200 000 元，应将各账户余额从相反方向结转到"利润分配——未分配利润"账户。因此，编制会计分录如下：

（1）结转"本年利润"

借：本年利润 500 000

　　贷：利润分配——未分配利润 500 000

（2）结转"利润分配"所属各明细账户

借：利润分配——未分配利润 250 000

　　贷：利润分配——提取法定盈余公积 50 000

　　　　　　——应付现金股利或利润 200 000

根据以上相关分录登记"利润分配——未分配利润"账户如图 4-37 所示。

借方	利润分配——未分配利润（单位：元）	贷方
本期发生额 250 000	期初余额 220 000 本期发生额 500 000	
	期末余额 470 000	

图 4-37 "利润分配——未分配利润"的账户结构

从以上账户记录可以看出，"利润分配——未分配利润"明细账户的期初余额为本年年初的累积未分配利润，年初贷方余额为 220 000 元，年末转入贷方的 500 000 元为本年度实现的净利润，转入借方的是本年度分配的利润 250 000 元，期末余额 470 000 元为本年年末的累积未分配利润。

▎本章小结 ▎

资金筹集是企业生产经营活动的首要条件，是资金运动全过程的起点。企业的资金，从来源看有两种途径，即接受投资者投入资金和接受债权人投入资金。投资者投入资本计入"股本"，企业接受投资者投入资本超过其注册资本的数额计入"资本公积"。向银行借款的资金按偿还期限长短，分为短期借款和长期借款，应分别核算其借款取得、支付利息和归还借款本金。

生产准备业务应核算固定资产购建业务和材料采购业务。固定资产应按其原价入账，固定资产原价应包括企业为购建某项固定资产达到预定可使用状态前发生的一切合理的、必要的支出。企业购建的固定资产在没有竣工交付使用前应通过"在建工程"账户进行核算。材料采购成本包括买价和采购费用，材料采购业务核算对于其发生的买价和采购费用应先通过"在途物资"账户，验收入库时再转入"原材料"账户。

产品生产业务的核算主要核算其成本费用。企业在生产过程中发生的资金耗费构成费用，而与制造产品相关的费用计入产品制造成本，与制造产品无关的费用计入期间费用。制造成本按计入产品成本的方式分直接费用和间接费用，其中直接费用在发生时直接计入"生产成本"账户，间接费用发生时先计入"制造费用"账户，月末按分配标准经过分配后再转入"生产成本"账户，然后再计算完工产品成本。

销售是企业生产经营活动的最后阶段，是企业产品价值的实现过程。销售业务的核算包括销售收入和销售成本、费用的核算。销售收入是企业在销售商品、提供劳务等日常活动中所形成的经济利益的流入，包括主营业务收入和其他业务收入，应分别通过"主营业务收入""其他业务收入"账户进行核算。而在销售过程中发生的成本、费用应分别通过"主营业务成本""税金及附加""其他业务成本"和"销售费用"等账户进行核算。

企业的财务成果是指企业在一定时期内生产经营活动所实现的净利润或净亏损，又叫盈亏，是企业最终的经营成果。企业的利润应通过"本年利润"账户进行核算。同时，企业应对其实现的净利润根据有关规定进行分配，利润分配业务应通过"利润分配"账户进行核算。

知识拓展 4-1
注册资本及其认缴与实缴

知识拓展 4-2
公司章程

知识拓展 4-3
增值税及税率

思考与实践

简答题

1. 成本计算的基本要求是什么？
2. 企业资金筹集的方式有哪些？
3. 外购材料的采购成本包含哪些内容？
4. 如何核算产品制造成本？
5. 什么是财务成果？它是怎样构成的？

计算分析题

1. 某企业材料总分类账户的本期借方发生额为 19 000 元，本期贷方发生额为 18 000 元，其有关明细分类账的发生额分别为：甲材料本期借方发生额为 3 000 元，贷方发生额为 5 000 元，乙材料借方发生额为 15 000 元，贷方发生额为 12 000 元，则丙材料本期借方、贷方发生额分别是多少元?

2. 某工业企业购入 A 材料 3 600 千克,每千克 40 元;购入 B 材料 6 400 千克,每千克 25 元。购入两种材料共支付运杂费 2 890 元。根据上述资料分别计算 A、B 两种材料的采购总成本和单位成本(运杂费按购入材料的重量比例进行分配)。

3. 某企业 K 产品单位生产成本 10.00 元,6 月份的有关入库和销售等情况如下列数字所示:月初余额 20 000 千克;6 月 4 日入库 30 000 千克;6 月 12 日销售 40 000 千克;6 月 20 日入库 50 000 千克;6 月 20 日销售 30 000 千克。根据上述资料计算:

(1) 该企业本月 K 产品完工产品的生产成本是多少元?

(2) 该企业本月 K 产品的结存成本是多少元?

4. 若某企业年末"固定资产"账户余额为 350 000 元,固定资产账面价值为 290 000 元,"固定资产减值准备"为 50 000 元,试计算"累计折旧"应为多少元?

5. 20×8 年,公司主营业务收入 400 000 元,主营业务成本 200 000 元,税金及附加 8 100;其他业务收入 200 元,其他业务成本 100 元;营业外收入 1 000 元,营业外支出 2 000 元;期间费用总计 2 000 元,其中,管理费用 1 000 元,销售费用 500 元,财务费用 500 元;本年度获得投资收益 1 000 元,适用的所得税率为 25%,则该公司本年度实现的利润总额为多少元?

业务题

某企业日常经济业务如下。

(1) 计提本月固定资产折旧 18 400 元,其中车间 12 000 元,厂部 6 400 元;

(2) 购入一项商标权,价款为 200 000 元,另外支付有关的费用共 40 000 元,所有的款项已用银行存款支付,合同规定该商标权的受益年限为 10 年;

(3) 向银行借入短期借款 400 000 元,期限为 6 个月,年利率为 4.5%。

(4) 预提本月短期借款利息 1 200 元;

(5) 开出面值为 67 800 元、期限为 6 个月的商业承兑汇票购入原材料一批,其中材料价款 60 000 元,增值税额 7 800 元,材料已验收入库;

(6) 向红星工厂购入材料两批:乙材料买价 30 000 元,增值税 3 900 元;丙材料买价 20 000 元,增值税 2 600 元。款项尚未支付,材料已经验收入库;

(7) 以银行存款归还上述欠红星工厂的货款;

(8) 分配本月职工工资,其中生产工人工资 50 000 元,车间管理人员工资 6 000 元,行政管理人员工资 14 000 元,福利部门人员工资 10 000 元,另专设销售机构人员工资 20 000 元;

(9) 按工资总额的 14% 计提福利费;

(10) 结转本月发生的制造费用 8 000 元;

(11) 结转本月已售产品成本 50 000 元;

(12) 计算本月应交的所得税金额为 18 000 元;

(13) 以银行存款交纳本月应交所得税 18 000 元。

在线自测

扫描封底二维码　获取答题权限

第五章 会 计 凭 证

学习目标

1. 了解会计凭证的内容和种类；
2. 掌握会计凭证填制的要求，掌握审核会计凭证的方法；
3. 掌握正确填制会计凭证和审核会计凭证的技能，具备整理和装订凭证的技能；
4. 了解凭证传递和保管。

导入案例

王红最近被聘为华南科技公司的会计，月底原材料仓管员王悦将该月领料单（财务记账联）统一送交财务，产成品仓管员李明将该月销售发货单交给会计王红，王会计开始着手进行收集与整理相关资料，进行月末结算工作。

案例思考：1. 本案例中王会计在归集生产费用时，需要整理哪些原始资料，如何处理？

2. 王会计核准本月销售收入时需要做哪些工作？

3. 根据这些资料，王会计如何进行账务处理？

第一节 会计凭证的概念、意义与种类

一、会计凭证的概念

会计凭证是记录经济业务、明确经济责任的书面证明，是登记账簿的依据。

企业、行政事业单位在处理任何一项经济业务时，都必须及时取得或填制真实准确的书面证明，通过书面形式明确记载经济业务发生或完成的情况。会计凭证应载明经济业务的时间、内容、金额，并由有关单位和经办人员签名或盖章，以此来保证账簿记录的真实性和正确性，并确定其所承担的法律上和经济上的责任。一切会计凭证都应经过专人进行严格审核，只有经过审核无误的凭证，才能作为记账的依据。

知识链接 5-1
会计凭证

从会计角度说，一项经济业务的发生和处理，要有能够证明该项经济业务发生和处理的书面证明。在会计实务中，经济业务的内容要通过合法、有效的会计凭证进行记录和反映。如，某公司开出转账支票购入材料一批，则证明这项业务发生和进行处理的依据就是转账支票的存根联（原始凭证）、增值税专用发票或普通发票（原始凭

证）、材料入库单（原始凭证）和付款凭证（记账凭证），这些单据都属于会计凭证。

填制和审核会计凭证是进行会计核算的一种专门方法，是会计核算工作的起始环节。

二、会计凭证的意义

及时、准确地填制和审核会计凭证，对于保证会计核算的客观性、正确性和会计信息的质量，以及对企业经济活动进行有效的会计监督，都具有重要意义。

（1）及时、准确、真实地填制和审核会计凭证，是会计核算的基础，是确保会计核算资料的客观性、正确性的前提条件。

填制会计凭证是进行会计核算的第一步。会计凭证的真实与否，直接影响到会计核算的质量。为保证会计核算的客观性、正确性，防止弄虚作假，杜绝经济犯罪，企业、行政事业单位对所发生的每项经济业务，都必须按照经济业务发生或完成时的时间、地点及有关内容，及时、真实地反映到会计凭证上，并由经办该项业务的部门和人员签章，同时必须经有关人员对取得或填制的会计凭证进行认真、缜密的审核。会计人员必须依据审核无误的会计凭证进行登账。没有会计凭证或会计凭证不符合规定的，不得将之作为登记账簿、进行会计核算的依据。

（2）通过会计凭证的填制和审核，监督、检查企业、行政事业单位发生的每项经济业务的合法性、真实性

检查和审核会计凭证是进行常规会计核算的前提。企业、行政事业单位每发生一项经济业务，都必须通过会计凭证记录反映出来，会计人员在入账之前，必须严格、认真地对会计凭证进行逐项的核对、审查，检查该经济业务内容以及填制手续是否符合国家法律、法令的有关规定，是否在预算、计划的开列范围之内，有无违背财经法规的内容。通过检查还可以及时发现企业在资金、人员等管理上存在的问题，便于采取有效措施，严肃财经纪律、法规，保证资本的完整和有效利用，使企业、行政事业单位的经济活动按正常秩序进行。

（3）通过填制和审核会计凭证，明确经办部门和个人的经济责任，促使企业、行政事业单位加强岗位责任制，提高管理水平。

企业、行政事业单位每发生一项经济业务均须由经办部门和人员按一定程序取得或填制会计凭证，并按照规定手续，严格认真地在会计凭证上进行签章，表明其应承担的法律责任和经济责任。由此可促使经办部门和有关人员加强法律意识，照章办事，确保经济业务的记载真实可靠、准确无误；促使企业、行政事业单位提高管理水平，加强内部控制，提高工作效率；便于分清责任，防止弄虚作假，避免给企业、行政事业单位造成损失。

三、会计凭证的种类

按照会计凭证填制程序和用途的不同，将其划分为两类：原始凭证和记账凭证。原始凭证随着经济业务的不同而有不同的内容与格式，记账凭证则是用一定的格式来记录不同经济业务的凭据。

第二节 原 始 凭 证

一、原始凭证的概念

原始凭证是在经济业务发生或完成时取得或编制的，载明经济业务的具体内容、明确经济责任、具有法律效力的书面证明。它是进行会计核算的原始资料和重要依据。

二、原始凭证的类型

▶ 1. 按其来源分类

按其不同来源，原始凭证可分为外来原始凭证和自制原始凭证。

1）外来原始凭证

外来原始凭证简称外来凭证，是指在经济业务发生或完成时从其他单位或个人直接取得的原始凭证。如公司采购时取得的发货票、出差人员报账时提供的车船票、住宿票、货物运单、银行的收账通知单等，均为外来原始凭证。

2）自制原始凭证

自制原始凭证，是指本单位内部具体经办业务的部门和人员，在执行或完成某项经济业务时所填制的原始凭证。如借款单、产品交库单、收料单、领料单、开工单、成本计算单等。

▶ 2. 按填制手续和内容分类

按其填制的手续和内容不同，原始凭证可分为一次原始凭证、累计原始凭证、汇总原始凭证等。

1）一次原始凭证

一次原始凭证是指一次填制完成的原始凭证，它只能反映一项经济业务事项，或同时发生的若干项同类经济业务事项。外来原始凭证一般都属于一次性原始凭证，如发票、收据等。在自制原始凭证中一次凭证有借款单、领料单等。

2）累计原始凭证

累计原始凭证是指在一定时期内记载同类重复发生的经济业务并在一张凭证中多次填制才能完成的原始凭证，一般为自制原始凭证。为简化手续，平时随时登记发生的经济业务，并计算累计数，期末计算总数后作为记账的依据。常用的累计原始凭证有限额领料单、费用登记表等。

3）汇总原始凭证

汇总原始凭证也称"原始凭证汇总表"，是指将一定时期内若干份记录同类经济业务的原始凭证按照一定的管理要求汇总编制成一张汇总凭证，用以集中反映某项经济业务总括发生情况的原始凭证。如"发料凭证汇总表""收料凭证汇总表""现金收入汇总表"等都是汇总原始凭证。

▶ 3. 按用途分类

按其用途的不同，原始凭证可分为通知凭证、执行凭证和计算凭证三种。

1）通知凭证

通知凭证是指要求、指示或命令企业进行某项经济业务的原始凭证，如罚款通知书、付款通知单、银行进账单等。

2）执行凭证

执行凭证是证明某项经济业务已经完成的原始凭证，如销货发票、收料单、领料单等。

3）计算凭证

计算凭证是对已完成的经济业务进行计算而编制的原始凭证，如产品成本计算单、制造费用分配表、工资计算表等。

三、原始凭证的基本要素

在日常经济活动中，由于各项经济业务的内容和经济管理的要求不同，因此各种原始凭证的名称、格式和内容也是多种多样的。但是原始凭证是经济业务的原始证据，都必须详细载明有关经济业务的发生或完成情况，必须明确经办单位和人员的经济责任。因此每种原始凭证都应具备一些共同的基本内容。原始凭证所包括的基本内容通常称为原始凭证的基本要素。如图 5-1 所示，原始凭证包含以下基本内容：

(1) 原始凭证的名称；

(2) 填制凭证的日期；

(3) 凭证的编号；

(4) 接受凭证单位名称；

(5) 经济业务的内容及金额(单价、数量、计量单位)；

(6) 填制单位名称及公章或专用章；

(7) 有关人员(部门负责人、经办人员)的签名盖章。

如图 5-1 所示，湖南增值税专用发票，为原始凭证的名称；2019 年 4 月 2 日为填制凭证的日期；NO.09018303 为凭证的编号；东方红公司为接受凭证单位名称；购买原材料铝锭 5 000 千克，单价 17 元/千克，总金额为 85 000 元，增值税税额为 11 050 元等，这属于经济业务的内容及金额；长沙市顺发公司及该公司的发票专用章，为填制单位名称及公章或专用章；收款人王艳等为有关人员的签名盖章。

原始凭证只有具备这些基本要素才具有法律效力，才能用于会计核算。此外，有的原始凭证为了满足计划、业务、统计等职能部门管理经济的需要，还需要具备一些特殊的内容和要求。如列入计划、定额、合同号码等项目，这样可以对所发生的经济业务进行更加详细的记录。

四、原始凭证的填制

▶ 1. 原始凭证的填制基本要求

1）内容要真实完整

原始凭证一定要按照凭证格式或所规定的基本内容和补充内容逐项填写齐全，不可遗漏少填。经办业务的有关单位和人员要在凭证上签名盖章，完成规定的手续。项目填写不全的原始凭证，不能作为经济业务的合法证明，也不能作为有效的会计凭证。

湖南增值税专用发票

4301093560

抵 扣 联

No 09018303

开票日期：2019年4月2日

| 购货单位 | 名　　称：东方红公司
纳税人识别号：431311555666777
地址、电话：娄底市贤童街125号0738-8329504
开户行及账号：中国建设银行娄底支行 9005600589400351234 | | | | 密码区 | 2216—2＜-12＞＞
3＜45＞241698＝
－53＞－×15＝251
216189—《2887 | 加密板本：01
4301092331
09016323 |

货物或应税劳务名称	规格型号	单位	数量	单价	金额	税率	税额
铝锭		千克	5 000	17	85 000.00	13%	11 050.00
合　计					￥85 000.00		￥11 050.00

| 价税合计（大写） | ⊗ 玖万陆仟零伍拾元整 | （小写）￥96 050.00 |

| 销货单位 | 名　　称：长沙市顺发公司
纳税人识别号：430101166677778
地址、电话：长沙望城区0731-88253111
开户行及账号：建行望城支行 668989612345145123 | 备注 |

收款人：王艳　　　　复核：孙平　　　　开票人：李飞　　　　销货单位：（章）

图 5-1　增值税专用发票

2）经济责任要明确

单位自制原始凭证，必须有经办人和部门签名盖章；对外开出的原始凭证，必须加盖本单位公章；从外部取得的原始凭证，必须盖有填制单位的公章；从个人取得的原始凭证，必须有填制人员的签名盖章。

3）书写要清楚规范

手写原始凭证必须用蓝色或黑色笔书写，支票只能用黑色笔书写，机打发票只能机打，手写无效。一式几联的发票和收据，必须用双面复写纸（发票本身具备复写功能的除外）套写，并连续编号。原始凭证的文字部分要求内容简要，字迹清楚，不得使用未经国务院公布的简化汉字。大小写金额必须相符且填写规范，小写金额用阿拉伯数字逐个书写，在小写金额前要填写人民币符号"￥"，人民币符号"￥"与阿拉伯数字之间不得留有空白。大写金额有"分"的后面不加"整"字，其余一律在末尾加"整"字，大写金额前还应加注币值单位，注明"人民币""美元""港币"等字样，且币值单位与金额数字之间，以及各金额数字之间不得留有空隙。如小写金额为"￥1 108.00"，大写金额应写成"壹仟壹佰零捌元整"。

4）编号要连续

各种凭证都必须编号，以备查考。一些事先印好编号的重要凭证作废时，在作废的凭证上应加盖"作废"戳记，连同存根一起保存，不得随意撕毁。所有经办业务的有关部门和人员，在经济业务实际发生或完成时，必须及时填制原始凭证，做到不拖延、不积压，按规定的程序及时将原始凭证送交会计部门。

5）不得涂改、刮擦、挖补

原始凭证有错误的，应当由出具单位重开或更正，更正处应当加盖出具单位印章。原始凭证金额有错误的，应当由出具单位重开，不得在原始凭证上更正。

▶ **2. 原始凭证的具体填制方法**

1）一次原始凭证的填制

一次原始凭证是指是指一次填制完成的原始凭证，它只能反映一项经济业务事项，或同时发生的若干项同类经济业务事项。下面以"原材料验收单"为例介绍一次原始凭证的填制方法。"原材料验收单"一般为一式三联，一联留仓库，据以登记材料物资明细账和材料卡片；一联随发票账单到会计处报账；一联交采购人员存查。

【例5-1】 2021年4月19日，仓库管理员收到购入的铝材5 000千克，单价为17元/千克，同时发生运杂费300元。验收入库后，仓库管理员填制了"原材料验收单"，如图5-2所示。

东方红公司收料单

2021年4月19日

供货单位：长沙市顺发公司　　　　　　　　　　　　　　凭证编号：000346
发票编号：09018303　　　　　　　　　　　　　　　　　收料仓库：3仓库

材料编号	材料名称	计量单位	数量（千克）		单价（元/千克）	运杂费（元）	合计（元）
			应收	实收			
001	铝锭	千克	5 000	5 000	17	500	855 00

主管：刘婷　　　　会计：张红　　　　记账：雷丽　　　　收料：李志

图5-2　原材料验收单

2）累计原始凭证的填制

累计原始凭证是在一定时期不断重复地反映同类经济业务的完成情况，它是由经办人每次经济业务完成后在其上面重复填制而成的，下面以"限额领料单"为例说明累计原始凭证的填制方法。

"限额领料单"是多次使用的累计领发料凭证。在有效期间内（一般为一个月），只要领用数量不超过限额就可以连续使用。"限额领料单"是由生产计划部门根据下达的生产任务和材料消耗定额按每种材料用途分别填制。通常一料一单，一式两联，一联交仓库据以发料，一联交领料部门据以领料。领料单位领料时，在该凭证内注明请领数量，经负责人签章批准后，持往仓库领料。仓库发料时，根据材料的品名、规格在限额内发料，同时将实发数量及限额余额填写在限额领料单内，领发料双方在单内签章。月末在此单内结出实发数量和金额后转交会计部门，据以计算材料费用，并做材料减少的核算。限额领料单的填制如图5-3所示。

3）汇总原始凭证的填制

汇总原始凭证是由有关责任者根据经济管理的需要定期编制的。现以"原材料发料凭证汇总表"为例说明汇总原始凭证的编制方法。"原始发料凭证汇总表"是由材料会计根据各部门到仓库领用材料时填制的领料单按旬汇总，每月编制一份，送交会计部门做账务处理。原材料发料凭证汇总表如表5-4所示。

东方红公司限额领料单

2021 年 5 月

领料单位：四车间 发料仓库：3 仓库
用　　途：生产 A 产品 编号：501

材料编号	材料名称	计量单位	单价（元/千克）	领用限额（千克）	实际领用	
					数量（千克）	金额（元）
001	铝锭	千克	17.1	6 000	5 500	94 050

| 供应部门负责人 | | 陈剑 | | 生产计划部门负责人 | | 冯斌 |

日期	请领		实发			限额结余（千克）	退库	
	数量（千克）	领料部门负责人	数量（千克）	发料人	领料人		数量（千克）	退料单编号
5 日	1 500	钟山	1 500	李志	李海	4 500		
12 日	1 500	钟山	1 500	李志	李海	3 000		
18 日	1 300	钟山	1 300	李志	李海	1 700		
25 日	1 200	钟山	1 200	李志	李海	500		

图 5-3　限额领料单

原材料发料凭证汇总表

2021 年 5 月 31 日

单位：元

应借科目	应贷科目：原材料					发料合计
	明细科目：主要材料				辅助材料	
	1—10 日	11—20 日	21—31 日	合计		
生产成本	25 650	47 880	20 520	94 050	5 000	99 050
制造费用			5 000	5 000	2 000	7 000
管理费用			12 000	12 000	3 000	15 000
				111 050	10 000	121 050

主管：刘婷　　　　复核：王凡　　　　会计：张红　　　　制单：陈兴

图 5-4　原始发料汇总表

五、原始凭证的审核

我国《会计法》第 14 条规定：会计机构、会计人员必须按照国家统一的会计制度的规定对原始凭证进行审核，对不真实、不合法的原始凭证有权不予接受，并向单位负责人报告；对记载不准确、不完整的原始凭证予以退回，并要求按照国家统一的会计制度的规定更正、补充。

为了正确反映经济业务的发生和完成情况，充分发挥会计的监督作用，保证原始凭证的合理性、合法性和真实性，会计负责人或经其指定的审核人员必须认真、严格地审核原始凭证。

原始凭证的审核主要包括以下 5 个方面。

▶ **1. 审核原始凭证的真实性**

主要是审核原始凭证是否如实反映经济业务的本来面貌，是否有伪造、掩盖、歪曲现象。如在审核原始凭证中发现有多计或少计收入和费用等。

▶ **2. 审核原始凭证的合法性**

主要是审核原始凭证反映的经济业务是否符合国家法律、法规及相关政策的规定。如擅自扩大开支范围、提高开支标准；巧立名目，虚报冒领，滥发奖金、津贴等违反财经制度和财经纪律的情况。

▶ **3. 审核原始凭证的合理性**

主要是审核原始凭证反映的经济业务是否符合企业生产经营活动的需要，是否符合相关的计划和预算。

▶ **4. 审核原始凭证的完整性**

主要是审核原始凭证的基本要素是否齐全，手续是否完备。要素不完整的原始凭证，原则上应当退回重填。特殊情况下须有旁证并经领导批准后才能报账。手续不完备的原始凭证，应退回补办手续后再予以受理。

知识链接 5-3
原始凭证审核
小技巧

▶ **5. 审核原始凭证的正确性**

主要是审核原始凭证上所填列的数字和内容是否正确，计算是否正确。如果原始凭证出现错误，需要出具单位按要求重开或更正。

第三节　记 账 凭 证

一、记账凭证的概念

记账凭证是会计人员根据审核无误的原始凭证及有关资料为依据，对企业的经济业务按性质分类，确定会计分类，并据此登记账簿的会计凭证，是登记账簿的直接依据。

知识链接 5-4
记账凭证

二、记账凭证的类型

记账凭证按其适用的经济业务分为通用记账凭证和专用记账凭证两类。

▶ **1. 通用记账凭证**

通用记账凭证可以记录所有类型的经济业务。一些经济业务比较简单的经济单位，为了简化凭证，一般使用通用记账凭证(图 5-5)记录所发生的各种经济业务。

▶ **2. 专用记账凭证**

专用记账凭证是用来专门记录某一类经济业务的记账凭证。专用凭证按其所记录的经济业务与现金和银行存款的收付关系，又分为收款凭证、付款凭证和转账凭证三种。

1) 收款凭证

收款凭证用于记录库存现金和银行存款收款业务的会计凭证。它是根据有关现金和银行存款收入业务的原始凭证填制的，是登记现金日记账、银行存款日记账以及有关明细账和总账等账簿的依据，也是出纳人员收讫款项的依据。收款凭证如图 5-6 所示。

记 账 凭 证

年　　月　　日　　　　　　　　　　　　　　　　_____字第_____号

摘要	会计科目		借方金额										贷方金额										登讫
	总账科目	明细科目	千	百	十	万	千	百	十	元	角	分	千	百	十	万	千	百	十	元	角	分	
附原始凭证　　　张		合计																						

会计主管　　　　　　记账　　　　　　审核　　　　　　出纳　　　　　　制单

图 5-5　通用记账凭证

收 款 凭 证

借方科目　　　　　　　　　　年　　月　　日　　　　　　　　　　　　_____字第_____号

摘　　要	贷　　方			金　　额										过账页次
	科目	子目	细目	千	百	十	万	千	百	十	元	角	分	
附原始凭证　　　　　　　张			合计											

会计主管　　　　　　记账　　　　　　审核　　　　　　出纳　　　　　　制单

图 5-6　收款凭证

2) 付款凭证

付款凭证用于记录库存现金和银行存款付款业务的会计凭证。它是根据有关现金和银行存款支付业务的原始凭证填制的，是登记现金日记账、银行存款日记账以及有关明细账和总账等账簿的依据，也是出纳人员付讫款项的依据。对于涉及"库存现金"和"银行存款"之间的经济业务，如存入现金和提取现金业务，为了避免重复记账，统一只填制付款凭证。付款凭证如图 5-7 所示。

3) 转账凭证

转账凭证用于记录不涉及库存现金和银行存款业务的会计凭证。它是根据有关转账业务的原始凭证填制的，是登记总分类账及有关明细分类账的依据。转账凭证如图 5-8 所示。

付 款 凭 证

贷方科目　　　　　　　　　　年　　月　　日　　　　　　　　　　　＿＿＿字第＿＿＿号

摘　要	借　方			金　额										过账页次
	科目	子目	细目	千	百	十	万	千	百	十	元	角	分	
附原始凭证　　　　张	合计													

会计主管　　　　　记账　　　　　审核　　　　　出纳　　　　　制单

图 5-7　付款凭证

转 账 凭 证

　　　　　　　　　　年　　月　　日　　　　　　　　　　　＿＿＿字第＿＿＿号

摘　要	会计科目	明细科目	借方金额										贷方金额										登讫
			千	百	十	万	千	百	十	元	角	分	千	百	十	万	千	百	十	元	角	分	
附原始凭证　　张	合计																						

会计主管　　　　　记账　　　　　审核　　　　　出纳　　　　　制单

图 5-8　转账凭证

三、记账凭证的基本要素

为了保证会计核算工作的正确性，明确经济内容及对应关系，记账凭证必须具备如下基本内容。

（1）填制记账凭证的日期。一般为编制记账凭证的当日。

（2）记账凭证的编号。编制单位按月编制统一编号，如果本单位采用分类账凭证时，可将记账凭证按"收字第×号""付字第×号""转字第×号"等进行流水顺序编号；如果本单位采用通用记账凭证，则可以将所有的记账凭证统一编号，注明"总字第×号"。

（3）经济业务的内容摘要。用简明扼要的文字说明经济业务的内容。

（4）经济业务所涉及的会计科目及其记账方向和金额。

（5）记账标记。在记账凭证记账后，在凭证的"记账符号"栏内打"√"符号。表明该凭证已登记入账，以防止重复登记。

（6）所附原始凭证张数。

（7）会计主管、记账、审核、出纳、制单等有关人员的签章。

四、记账凭证的填制

记账凭证的填制是进行会计处理的直接依据，记账凭证的填制除了做到"真实可靠、内容完整、填制及时、书写清楚"外，还必须注意遵守一些基本要求。

▶ **1. 以审核无误的原始凭证为依据**

记账凭证是根据经审核确认为真实、完整和合法的原始凭证为依据而编制的，并且除结账和更正错账的记账凭证可以不附原始凭证外，其他记账凭证必须附有原始凭证。

▶ **2. 正确编制及填制会计分录**

填写会计科目时，应当填写会计科目的全称，不得简写。为了便于登记日记账和明细账，还应填写子目甚至细目。在填制记账凭证时，可以根据一张原始凭证填制记账凭证，也可以根据若干张同类原始凭证汇总填制记账凭证，还可以根据原始凭证汇总表填制记账凭证。但不得将不同内容和类别的原始凭证汇总填制在一张记账凭证上。否则，就会造成摘要无法填写、会计科目失去对应关系、记账时审核困难等问题，也容易造成记账错误。

▶ **3. 记账凭证的种类的确定**

采用专用记账凭证的单位，会计人员应根据原始凭证所记录的经济业务内容，先确定应借、应贷的会计科目。若分录的借方出现现金或银行存款会计科目的应选择使用收款凭证；若分录的贷方出现现金或银行存款会计科目，则应选择使用付款凭证；若会计分录的借方出现现金会计科目，而贷方出现银行存款会计科目，或反之，应选择付款凭证；若会计分录的借、贷方均未出现现金以及银行存款会计科目，则选择使用转账凭证。在采用通用记账凭证的单位，则无论出现什么类型的会计分录，都统一使用一种记账凭证。

▶ **4. 选择正确的书写工具**

采用手工填制记账凭证的单位，会计人员应统一采用蓝黑墨水或碳素墨水钢笔书写。

▶ **5. 记账凭证的日期的确定**

记账凭证的填写日期具体可分为以下 3 种情况。

（1）付款业务的记账凭证，一般以财务部门支付现金或开出银行付款结算凭证的日期填写。

（2）现金收款业务的记账凭证，应当填写收到款项当天的日期；银行存款收款业务的记账凭证，则按填制收款凭证的日期填写。

（3）月末计提、分配费用、成本计算、转账等业务，大多是在下月初进行，但所填日期应当填写当月最后一日的日期。

▶ **6. 摘要应准确而简明**

摘要是为了方便查账和统计，因此摘要应运用简单明了的语言对会计事项进行准确的描述。如"××购材料""××借款""提现"等。

▶ **7. 金额的填写正确规范**

记账凭证的金额必须与所附原始凭证的金额相符；阿拉伯数字应书写规范，并且填至分位；相应的数字应平行对准相应的借贷栏次和会计科目的栏次，防止错栏串行；合计行填写金额时，应在金额最高位数值前填写人民币"￥"字符号，以示金额封顶，防止窜改。

▶ **8. 记账凭证应逐行填写**

记账凭证应按行次逐笔填写，不得跳行或中间留有空行，最后留有的空行，用斜线或

"S"线注销。所划的直线或"S"线应以金额栏最后一笔金额数字下的空行划到合计数行上面的空行。

▶ 9. 记账凭证的编号的要求

为了分清会计事项处理的先后顺序，方便日后登账和对账，以及保证会计凭证的安全和完整，必须对记账凭证进行编号。记账凭证的编号按月编写，具体编写方法有4种：

（1）采用通用记账凭证的单位，将一个月的全部经济业务，按经济业务发生的时间先后顺序统一编号。

（2）采用专用记账凭证的单位，将一个月的全部经济业务，分收款业务、付款业务、转账业务三类经济业务发生的时间先后顺序统一编号。

（3）采用专用记账凭证且经济业务繁多的单位，将一个月的全部经济业务，分现金收款、银行存款收款、现金付款、银行存款付款、转账业务五类经济业务发生的时间先后顺序统一编号。

无论采用上述哪一种方法编号，都应按自然顺序连续编号，不得跳号、重号。

（4）若一笔经济业务在编制记账凭证的会计分录时，需在两张或两张以上的记账凭证上共同反映时，首先记账凭证的编号应是一个号，然后在此号码下，则采用分数的方法来表示，称为分数编号法。例如，某笔经济业务属某月转账业务的第48号，需填制三张转账凭证共同完成，那么这三张转账凭证的编号应是48(1/3)、48(2/3)、48(3/3)，分母3表示这笔业务需三张记账凭证，分子1、2、3分别表示第1、2、3张。

▶ 10. 填写所附原始凭证的张数

记账凭证一般应当附有原始凭证。附件张数用阿拉伯数字写在记账凭证的"附件××张"行内。附件张数的计算方法有两种：①按附原始凭证的自然张数计算。②有原始凭证汇总表的附件，可将原始凭证汇总表张数作为记账凭证的附件张数，再把原始凭证作为原始凭证汇总表的张数处理。

对于汽车票、火车票等外形较小的原始凭证，可粘贴在"原始凭证粘贴单"上，作为一张原始凭证附件。同时在原始凭证粘贴单上应注明所粘贴原始凭证的张数和金额。

当一张或几张原始凭证涉及几张记账凭证时，可将原始凭证附在一张主要的记账凭证后面，并在摘要栏内注明"本凭证附件包括××号记账凭证业务"字样，在其他记账凭证上注明"原始凭证附在××号记账凭证后面"字样。原始凭证的复印件，不能单独作为填制记账凭证的依据。

▶ 11. 记账凭证的签章

记账凭证填制完成后，一般应由会计主管、记账、审核、出纳、制单人分别签名盖章，以示其经济责任，并使会计人员互相制约、互相监督，防止错误和舞弊行为的发生。

【例 5-2】 2021 年 5 月 20 日，采购员李波出差需借支差旅费 2000 元，他拿了经领导审批过的借支单，到财务室出纳处领取现金支票。会计人员依据李波的借支单和支票根(图 5-9)，填制了记账凭证(图 5-10)。

中国建设银行　　　（湘） 现金支票存根 VIV 20136691
附加信息
出票日期 2021年5月20日
收款人：本公司
金　额：￥2 000.00
用　途：差旅费
单位主管 刘婷　会计 张红

图 5-9　李波借支现金支票存根

记 账 凭 证

2021 年 5 月 20 日   记 字第 26 号

摘要	会计科目		借方金额									贷方金额									登讫
	总账科目	明细科目	千	百	十	万	千	百	十	元	角	分	千	百	十	万	千	百	十	元	角	分	
李波借支	其他应收款	李 波				¥	2	0	0	0	0	0											
现支 6691	银行存款															¥	2	0	0	0	0	0	
附原始凭证　2 张	合计					¥	2	0	0	0	0	0				¥	2	0	0	0	0	0	

会计主管　刘婷　　　　记账　蔡娟　　　　审核　王凡　　　　出纳　陈兴　　　　制单　张红

图 5-10　依据李波借支原始凭证填制的记账凭证

五、记账凭证的审核

记账凭证是登记账簿、科目汇总的直接依据，因此所有填制好的记账凭证都必须经过认真的审核。在审核记账凭证的过程中，如发现记账凭证填制有误，应当按照规定的方法及时加以更正。只有经过审核无误的记账凭证，才能作为登记账簿的依据。记账凭证的审核主要包括以下内容：

▶ 1. 完整性审核

审核记账凭证各项目填制是否齐全、字迹是否清楚规范、手续是否齐备、有关人员是否皆已签字盖章等；审核记账凭证是否附有原始凭证，原始凭证是否齐全，内容是否合法，记账凭证的所记录的经济业务与所附原始凭证所反映的经济业务是否相符。

▶ 2. 正确性审核

审核记账凭证的应借、应贷科目是否正确，账户对应关系是否清晰，所使用的会计科目及其核算内容是否符合会计制度的规定，金额计算是否准确；摘要是否填写清楚、项目填写是否齐全；审核记账凭证所反映的经济业务内容和原始凭证所反映的金额是否相等。但是在某些情况下，记账凭证上的金额会小于原始凭证所反映的金额。如在原始凭证金额超过报销标准情况下，记账凭证只能按批准的报销金额填列，出纳员也只能按经批准的报销金额办理款项收付和登记出纳账簿。如出现此类情况时，必须在原始单据上由经办人注明"实际报销××元"字样，以明确经济责任。

第四节　会计凭证的传递和保管

科学、合理地组织会计凭证的传递，做好会计凭证的保管工作，是及时进行各项会计核算，为有关各方面提供真实、准确的数据资料的保证。同时，对于强化内部会计监督机制、加强岗责任制也具有重要的意义。

一、会计凭证的传递

会计凭证的传递是指会计凭证从填制或取得起，经过审核、记账、装订到归档为止，在有关部门和人员之间按规定的时间、路线办理业务手续和进行处理的过程。

各种经济业务的性质不同，经办各项业务的部门和人员以及办理凭证手续所需的时间也不一样。因此，各种经济业务的凭证的传递程序和时间也不尽相同。一般原则是：既要保证会计凭证经过必要的环节进行处理和审核，又要避免不必要的环节；既要有利于会计反映和监督，又要减少不必要的劳动。关于会计凭证传递时间的确定，应考虑各环节的工作内容和工作量，以及在正常情况下完成工作所需的时间。从保证会计核算的及时性出发，应明确规定各种凭证在每个部门和业务环节停留的最长时间，指定专人按规定的顺序和时间监督凭证传递。只有这样，才能保证凭证传递畅通无阻、层次清楚、责任明确，使会计凭证通过最短途径以最快速度传递。应特别注意的是，一起会计凭证的传递和处理，必须在报告期内完成，不允许跨期，否则将影响会计核算的及时性。至于会计凭证传递过程中的衔接手续，应做到既完备严密，又简便易行。凭证的签收、交接应有一定的制度，以确保会计凭证的安全和完整。

会计凭证的传递程序、传递时间和衔接手续明确后，可制成凭证流转图，指定凭证传递程序，规定凭证传递的路线、环节，在各环节上的时间、处理内容及交接书续，使凭证传递工作有条不紊、迅速有效地进行。

二、会计凭证的保管

会计凭证的保管是指会计凭证记账后的整理、装订、归档和存查工作。

会计凭证作为记账的依据，是重要的会计档案和经济资料。本单位以及其他有关单位，可能因为各种需要而查阅会计凭证，特别是发生贪污、盗窃等违法乱纪行为时，会计凭证还是依法处理的有效证据。因此，任何单位在完成经济业务手续和记账后，必须将会计凭证按规定的立卷归档制度形成会计档案资料，妥善保管，防止丢失，不得任意销毁，以便日后随时查阅。

会计凭证的保管要求主要有以下几方面。

（1）会计凭证应定期装订成册，防止散失。会计部门在依据会计凭证记账以后，应定期（每天、每旬或每月）对各种会计凭证进行分类整理，将各种记账凭证按照编号顺序，连同所附的原始凭证一起加具封面和封底，装订成册，并在装订线上加贴封签，由（会计主管或）装订人员在装订线封签处签名或盖章。

从外单位取得的原始凭证遗失时，应取得原签发单位盖有公章的证明，并注明原始凭证的号码、金额、内容等，由经办单位会计机构负责人（会计主管人员）和单位负责人批准后，才能代作原始凭证。若确实无法取得证明的，如车票丢失，则应由当事人写明详细情况，由经办单位会计机构负责人（会计主管人员）和单位负责人批准后，代作原始凭证。

（2）会计凭证封面应注明单位名称、凭证种类、凭证张数、起止号数、年度、月份、会计主管人员和装订人员等有关事项，会计主管人员和保管人员应在封面上签章。

（3）会计凭证应加贴封条，防止抽换凭证。原始凭证不得外借，其他单位如有特殊原因确实需要使用时，经本单位会计机构负责人（会计主管人员）批准，可以复制。向外单位提供的原始凭证复制件，应在专设的登记簿上登记，并由提供人员和收取人员共同签名、盖章。

（4）原始凭证较多时，可单独装订，但应在凭证封面注明所属记账凭证的日期、编号和种类，同时在所属的记账凭证上应注明"附件另订"及原始凭证的名称和编号，以便查阅。对各种重要的原始凭证，如押金收据、提货单等以及各种需要随时查阅和退回的单据，应另编目录，单独保管，并在有关的记账凭证和原始凭证上分别注明日期和编号。

（5）每年装订成册的会计凭证，在年度终了时可暂由单位会计机构保管一年，期满后应当移交本单位档案机构统一保管；未设立档案机构的，应当在会计机构内部指定专人保管。出纳人员不得兼管会计档案。

（6）严格遵守会计凭证的保管期限要求，期满前不得任意销毁。

▌本章小结▐

填制和审核会计凭证是会计核算的一种专门方法。本章介绍了会计凭证的意义和种类以及原始凭证的填制和审核；重点介绍了记账凭证的填制和审核；简要说明了会计凭证的传递和保管。

重点难点：会计凭证的种类；原始凭证的审核；记账凭证的填制和审核。

重要概念：会计凭证；原始凭证、自制原始凭证、外来原始凭证；一次凭证、累计凭证、记账凭证；收款凭证、付款凭证、转账凭证，等等。

▌思考与实践▐

简答题

1. 什么是会计凭证及其作用？

2. 原始凭证的基本要求有哪些？

3. 记账凭证的按其用途分类有哪些？

4. 编制记账凭证可以采用哪些方式？

5. 会计凭证审核的基本要求主要有哪些？

▌在线自测▐

扫描封底二维码　　获取答题权限

第六章　会计账簿

学习目标

1. 了解设置和登记账簿的意义和种类；
2. 掌握日记账、总分类账、明细分类账的内容、格式、登记依据和登记方法；
3. 熟悉运用登记账簿的各种规则；
4. 熟练登记会计账簿，并掌握错账的更正方法。

导入案例

某企业2021年8月发生的业务中有几笔会计处理如下：

(1) 5日，企业从银行提取现金600元供日常开销，由于记账人员的疏忽，其会计处理为：

借：库存现金　　　　　　　　　　　　　　　　　　　　　　　6 000

　贷：银行存款　　　　　　　　　　　　　　　　　　　　　　　6 000

(2) 9日，企业用银行存款购入一台不需要安装的设备，购买价款为50 000元，增值税为6 500元。其会计处理为：

借：固定资产　　　　　　　　　　　　　　　　　　　　　　　56 500

　贷：银行存款　　　　　　　　　　　　　　　　　　　　　　50 000

　　应交税费——应交增值税(进项税额)　　　　　　　　　　　6 500

(3) 15日，企业对外销售一批商品，售价为4 000元，增值税为520元。其会计处理为：

借：应收账款　　　　　　　　　　　　　　　　　　　　　　　4 520

　贷：主营业务收入　　　　　　　　　　　　　　　　　　　　4 520

(4) 18日，企业出售原材料一批，售价为3 000元，款项已存入银行(不考虑增值税)。其会计处理为：

借：银行存款　　　　　　　　　　　　　　　　　　　　　　　3 000

　贷：主营业务收入　　　　　　　　　　　　　　　　　　　　3 000

案例思考：请你指出该企业会计处理的不当之处，并加以改正，同时指出其对企业资产和负债的影响。

案例分析：

错误(1)由于记账人员的疏忽，使企业记错了分录金额。正确的会计处理为

借：库存现金　　　　　　　　　　　　　　　　　　　　　　　600

贷：银行存款　　　　　　　　　　　　　　　　　　　　　　　600

此处理使企业库存现金借方多了 5 400 元，银行存款贷方多了 5 400 元，故对资产总额没有影响。

（2）进项税额应记入应交税费账户借方。正确的会计处理为

借：固定资产　　　　　　　　　　　　　　　　　　　　　50 000

　　应交税费——应交增值税（进项税额）　　　　　　　　　6 500

　　贷：银行存款　　　　　　　　　　　　　　　　　　　56 500

此处理使企业银行存款贷方少了 6 500 元，应交税费——应交增值税（进项税额）贷方多了 6 500 元，也就是使资产增加了 6 500 元，负债增加了 6 500 元。

（3）企业销售商品的销项税不应计入收入，而应计入应交税费。正确的会计处理为

借：应收账款　　　　　　　　　　　　　　　　　　　　　4 520

　　贷：主营业务收入　　　　　　　　　　　　　　　　　4 000

　　　　应交税费——应交增值税（销项税额）　　　　　　　520

此处理使企业负债增加 520 元，收入减少 520 元。

（4）企业销售原材料的价款不应计入主营业务收入，而应计入其他业务收入。正确的会计处理为

借：银行存款　　　　　　　　　　　　　　　　　　　　　3 000

　　贷：其他业务收入　　　　　　　　　　　　　　　　　3 000

此处理使企业主营业务收入贷方多了 3 000 元，其他业务收入贷方少了 3 000 元，对资产负债没有影响。

第一节　会计账簿概述

一、会计账簿的概念和意义

▶ 1. 会计账簿的概念

会计账簿简称账簿，是指由具有一定格式而又相互联系的账页组成，以审核无误的会计凭证为依据，全面、连续、系统地记录和反映一个单位经济业务事项的簿籍。设置账簿是会计工作的一个重要环节，登记账簿是会计核算的一种专门方法。

知识链接 6-1
会计账簿

▶ 2. 设置和登记会计账簿的意义

设置和登记账簿是编制财务报表的基础，是连接会计凭证和财务报表的中间环节，起着承上启下的作用，并对加强企业经济核算，改善和提高经营管理有着重要意义，主要表现在以下 3 个方面。

（1）通过设置和登记账簿，可以系统地归纳和积累会计核算的资料，为改善企业经营管理，合理使用资金提供资料。通过账簿的序时核算和分类核算，把企业承包经营情况，收入的构成和支出的情况，财物的购置、使用、保管情况，全面、系统地反映出来，用于监督计划、预算的执行和资金的合理有效使用，促使企业改善经营管理。

（2）通过设置和登记账簿，可以为计算财务成果、编制会计报表提供依据。根据账簿

记录的费用、成本和收入、成果资料，可以计算一定时期的财务成果，检查费用、成本、利润计划的完成情况。经核对无误的账簿资料及其加工的数据，为编制会计报表提供总括和具体的资料，是编制会计报表的主要依据。

（3）通过设置和登记账簿，可利用账簿的核算资料，为开展财务分析和会计检查提供依据。通过对账簿资料的检查、分析，可以了解企业贯彻有关方针、政策、制度的情况，以考核各项计划的完成情况。另外，对资金使用是否合理，费用开支是否符合标准，经济效益有无提高，利润的形成与分配是否符合规定等作出分析、评价，从而找出差距，挖掘潜力，提出改进措施。

二、会计账簿的种类

会计账簿的种类繁多，不同的账簿，其用途、形式、内容和登记方法各不相同。为了更好地了解和使用各种账簿，有必要对账簿进行分类。账簿可以按其用途。外表形式、账页格式等不同标准进行分类。

▶ 1. 按用途分类

1）序时账簿

序时账簿又称日记账，是按经济业务发生或完成时间的先后顺序进行登记的账簿。序时账簿可以用来核算和监督某一类型经济业务或全部经济业务的发生或完成情况；用来记录全部业务的日记账称为普通日记账（又称分录簿、通用日记账）；用来记录某一类型经济业务的日记账称

知识链接 6-2
普通日记账

为特种日记账，如记录现金收付业务及其结存情况的现金日记账，记录银行存款收付业务及其结存情况的银行存款日记账，以及专门记录转账业务的转账日记账。在我国，大多数企业一般只设现金日记账和银行存款日记账，而不设置转账日记账和普通日记账。

2）分类账簿

分类账簿，是对全部经济业务按照会计要素的具体类别而设置的分类账户进行分类登记的账簿。分类账簿依据其概况程度不同，又可分为总分类账簿和明细分类账簿。按照总分类账户分类登记经济业务事项的是总分类账簿，简称总账；按照明细分类账户分类登记经济业务事项的是明细分类账簿，简称明细账。总分类账提供总括的会计信息，明细分类账提供详细的会计信息，两者相辅相成，互为补充。分类账簿提供的核算信息是编制会计报表的主要依据。

在实际工作中，序时账簿和分类账簿还可以结合为一本，形成既进行序时登记，又进行总分类登记的联合账簿，称为"日记账"。

3）备查账簿

备查账簿又称辅助登记簿、辅助账簿，简称备查账，是对某些能在序时账簿和分类账簿等主要账簿中不进行登记或者登记不够详细的经济业务事项进行补充登记时使用的账簿。这些账簿可以对某些经济业务的内容提供必须的参考资料，但是它记录的信息不须编入会计报表中，所以也称表外记录。备查账簿没有固定格式，可由各单位根据管理的需要自行设置与设计。如租入固定资产登记簿、应收票据备查簿、受托加工来料登记簿等。

备查账簿与序时账簿、分类账簿相比，存在两点不同之处：①登记依据可能不需要记账凭证，甚至不需要一般意义上的原始凭证；②账簿的格式和登记方法不同，备查账簿的

主要栏目不记录金额，它更注重用文字来表述某项经济业务的发生情况。例如，租入固定资产登记簿，它登记的依据主要就是租赁合同与企业内部使用单位收到设备的证明。这两者在企业一般经济业务的核算中，不能充当正式原始凭证，只能作为原始凭证的附件(如作为支付租金的依据)。

▶ **2. 按外表形式分类**

1) 订本账

订本账是指在账簿启用前就把具有账户基本结构并连续编号的若干张账页固定地装订成册的账簿。这种账簿的优点是：可以避免账页散失，防止账页被随意抽换，比较安全；其缺点是：由于账页固定，不能根据需要增加或减少，不便于按需要调整各账户的账页，也不便于分工记账。订本式账簿主要适用于比较重要、业务量较多的账簿，如总分类账和库存现金日记账、银行存款日记账等。

2) 活页账

活页账是指年度内账页不固定装订成册，而是将其放置在活页账夹中的账簿。当账簿登记完毕之后(通常是一个会计年度结束之后)，才能将账页予以装订，加具封面，并给各账页连续编号。这种账簿的优点是：随时取放，便于账页的增加和重新排列，便于分工记账和记账工作电算化；缺点是：账页容易散失和被随意抽换。活页账在年度终了时，应及时装订成册，妥善保管。各种明细分类账一般采用活页账式。

3) 卡片账

卡片账是指由许多具有一定格式的卡片组成的，存放在一定卡片箱内的账簿。卡片账的卡片一般装在卡片箱内，不用装订成册，随时可存放，也可跨年度长期使用。这种账簿的优点是：便于随时查阅，也便于按不同要求归类整理，不易损坏；其缺点是：账页容易散失和随意抽换。因此，在使用卡片账时应对账页连续编号，并加盖有关人员图章，卡片箱应由专人保管，更换新账后也应封扎保管，以保证其安全。在我国，单位一般只对固定资产和低值易耗品等资产明细账采用卡片账的形式。

▶ **3. 按账页格式分类**

1) 两栏式账簿

两栏式账簿是指只有借方和贷方两个基本金额栏目的账簿。普通日记账和转账日记账一般采用两栏式。

2) 三栏式账簿

三栏式账簿是指其账页的格式主要部分为"借方""贷方"和"余额"三栏或者"收入""支出"和"余额"三栏的账簿。三栏式账簿又可分为设对方科目和不设对方科目两种，其区别是在摘要栏和借方科目栏之间是否有一栏"对方科目"栏。有"对方科目栏"的，称为设对方科目的三栏式账簿；不设"对方科目"栏的，称为不设对方科目的三栏式账簿。它主要适用于各种日记账、总分类账以及资本、债权债务明细账等。

3) 多栏式账簿

多栏式账簿是指根据经济业务的内容和管理的需要，在账页的"借方"和"贷方"栏内再分别按照明细科目或某明细科目的各明细项目设置若干专栏的账簿。这种账簿可以按"借方"和"贷方"分别设专栏，也可以只设"借方"专栏，"贷方"的内容在相应的借方专栏内用红字登记，表示冲减。收入、费用明细账一般均采用这种格式的账簿。

4）数量金额式账簿

数量金额式账簿是指在账页中分设"借方""贷方"和"余额"或者"收入""发出"和"结存"三大栏，并在每一大栏内分设数量、单价和金额等三小栏的账簿，数量金额式账簿能够反映出财产物资的实物数量和价值量。原材料、库存商品和产成品等明细账一般采用数量金额式账簿。

第二节　会计账簿的设置

一、设置会计账簿的原则

任何单位都应当根据本单位经济业务的特点和经营管理的需要，设置一定种类和数量的账簿。一般来说，设置账簿应当遵循下列原则。

（1）会计账簿的设置要兼顾国家统一规范和会计主体的具体情况，能保证全面、系统地核算和监督本单位的经济活动情况，为经营管理提供系统、完整的核算资料。《会计法》规定："各单位必须依法设置会计账簿，并保证其真实、完整。"不依法设置会计账簿、私设会计账簿是一种严重的违法行为。

（2）设置会计账簿要在满足实际需要的前提下，考虑人力和物力的节约，力求避免重复设账。

（3）会计账簿体系的设置，要便于会计人员的内部分工。会计账簿的格式，要按照所记录的经济业务内容和需要提供的核算资料进行设计，力求简明、清晰、实用。一般来说，业务活动复杂、经营规模大、会计人员多、分工较细的单位，账簿设置可以细一点；业务简单、经营规模小、会计人员少的单位，账簿的设置在满足经营管理和编制财务报表所需要资料的前提下，可相应简化一些。

二、会计账簿的内容

在实际工作中，账簿的格式是多种多样的，不同格式的账簿所包括的具体内容也不尽相同。但各种账簿都应具备以下基本要素：

（1）封面。封面主要标明账簿的名称和记账单位的名称。

（2）扉页。扉页主要列明科目索引、账簿启用和经营人员一览表。

（3）账页。账页是账簿用来记录具体经济业务的载体，其格式因记录经济业务内容的不同而有所不同，但基本内容包括：①账户的名称（总分类账、明细分类账）；②登记账户的日期栏；③凭证种类和号数栏；④摘要栏（简要说明所记录经济业务的内容）；⑤金额栏（记录经济业务引起账户发生额或余额增减变动的数额）；⑥总页次和分户页次。

三、现金日记账的设置和登记

▶ 1. 现金日记账的格式

现金日记账是用来核算和监督库存现金每天的收入、支出和结存情况的账簿，其格式有三栏式和多栏式两种。无论采用三栏式还是多栏式现金日记账，都必须使用订本账。三栏式现金日记账的格式如表6-1所示。

表 6-1 现金日记账(三栏式)

年		凭	证	摘　　　要	对方科目	收　　　入	付　　　出	余　　　额
月	日	字	号					

▶ 2. 现金日记账的登记

现金日记账由出纳人员根据涉及现金收、付的记账凭证,按经济业务发生的先后顺序,逐日逐笔进行登记,并根据"上日余额＋本日收入－本日支出＝本日余额"的公式(即期初余额＋本期增加－本期减少＝期末余额),逐日结出现金余额,与库存现金实存数核对,以检查每日现金收付是否有误。

1) 三栏式现金日记账

三栏式现金日记账的具体登记方法如下。

(1) 日期栏:第一栏为记账日期栏,登记现金实际收付的日期。

(2) 凭证栏:第二栏为凭照栏,登记收付款凭证的种类和编号,如"现金收(付)款凭证",简写为"现收(付)";"银行存款收(付)款凭证",简写为"银收(付)"。凭证栏还应登记收付凭证的编号数,以便于查账和核对。

(3) 摘要栏:摘要说明登记入账的经济业务的内容。文字要简练,但要能说明问题。

(4) 对方科目栏:是指现金收入的来源科目或支出的用途科目。如银行提取现金,其来源科目(即对方科目)为"银行存款"。其作用在于了解经济业务的来龙去脉。

(5) 收入、支出栏(或借方、贷方):是指现金实际收付的金额。每日终了,应分别计算现金收入和付出的合计数,结出余额,同时将余额与出纳员的库存现金核对,即通常说的"日清"。如账款不符应查明原因,并记录备案。月终同样要计算现金收、付和结存的合计数,通常称为"月结"。

2) 多栏式现金日记账

在实际工作中,如果收付业务较多需要设多栏式现金日记账,一般常把现金收入业务和支出业务分设"现金收入日记账"和"现金支出日记账"两本账,格式分别如表 6-2 和表 6-3 所示。其中:现金收入日记账按对应的贷方科目设置专栏,另设"支出合计"栏和"结余"栏;现金支出日记账则只按支出的对方科目(借方)设专栏,不设"收入合计"栏和"结余"栏。

表 6-2 现金收入日记账(多栏式)

年		凭证		摘要	贷方科目				支出合计	余额
月	日	字	号		银行存款	其他应收款	……	收入合计		

表 6-3 现金支出日记账(多栏式)

年		凭证		摘要	借方科目				
月	日	字	号		管理费用	销售费用	其他应收款	……	收入合计

借贷方分设的多栏式现金日记账的登记方法如下：

（1）先根据有关现金收入业务的记账凭证登记现金收入日记账，根据有关现金支出业务的记账凭证登记现金支出日记账；

（2）每日营业终了，根据现金支出日记账结计的支出合计数，一笔转入现金收入日记账的"支出合计"栏中，并结出当日余额。

四、银行存款日记账的设置

银行存款日记账是用来核算和监督银行存款每日的收入、支出和结余情况的账簿，一般由出纳人员登记。银行存款日记账应按企业在银行开立的账户和币种分别设置，每个银行账户设置一本日记账。由出纳人员根据与银行存款收付业务有关的记账凭证，按时间先后顺序逐日逐笔进行登记，每日结出存款余额。银行存款日记账的格式和登记方法与现金日记账相同。

五、总分类账的设置和登记

▶ 1. 总分类账的设置

总分类账是按照一级会计科目的编号顺序分类开设并登记全部经济业务的账簿是对企业的全部经济业务进行总括的分类反映。因为总分类账能分类、连续、全面、总括地反映企业经济活动的情况，并为编制会计报表提供资料，所以，每一个企业必须设置总分类账簿。

总分类账必须采用订本账，其账页格式一般采用"借方""贷方""余额"三栏式，根据实际需要，也可以在"借方""贷方"两栏内增设"对方科目"栏，以便直接从总分类账户中了解经济业务的来龙去脉。总分类账的账页格式，也可以采用多栏式格式，一般是将一个单位使用的全部总账户户名合设在一张账页上，将单位的全部经济业务既序时又分类地逐笔登记入账。如把序时记录和总分类记录结合在一起形成联合账簿，即日记总账。总分类账的格式如表6-4、表6-5、表6-6所示。

表6-4 总分类账（一般三栏式格式）

会计科目：

年		凭证号数	摘要	借方	贷方	借或贷	余额
月	日						

表6-5 总分类账（设对方科目三栏式格式）

年		凭证号数	摘要	对方科目	借方	贷方	借或贷	余额
月	日							

表6-6　多栏式总分类账(日记总账)

年		凭证		摘要	库存现金		银行存款		应收账款		……	
月	日	字	号		借方	贷方	借方	贷方	借方	贷方	借方	贷方

▶ **2. 总分类账的登记**

由于总分类账簿的登记依据和登记方法受账务处理程序的制约，因此，采用的账务处理程序不同，其登记依据和登记程序也不一样。总分类账可以直接根据收款凭证、付款凭证和转账凭证，按经济业务发生时间的先后顺序逐笔登记，也可以根据经过汇总的科目汇总表或汇总记账凭证等按期或分次汇总登记。

知识链接6-3
三栏式总分类账簿

六、明细分类账的设置和登记

▶ **1. 明细分类账的设置**

明细分类账是根据二级账户或明细账户开设账页，分类、连续地登记经济业务以提供明细核算资料的账簿。其格式有三栏式、多栏式、数量金额式和横线登记式(或平行式)等。

1) 三栏式明细分类账

三栏式明细分类账账页的格式同总分类账的格式基本相同，它只设"借方""贷方"和"金额"三个金额栏，不设数量栏。所不同的是，总分类账簿为订本账，而三栏式明细分类账簿多为活页账。这种账页适用于采用金额核算的应收账款、应付款款等账户的明细核算。

2) 多栏式明细分类账

多栏式明细分类账是将属于同一个总账科目的各个明细科目合并在一张账页上进行登记，即在这种格式账页的"借方"或"贷方"金额栏内按照明细项目设若干专栏。多栏式明细分类账适用于收入、成本、费用、利润和利润分配明细账的核算，如生产成本、制造费用、管理费用、销售费用等账户。多栏式明细账的常见格式如表6-7所示。

表6-7　制造费用明细分类账　　　　　　　　　　　　　　　　第　页

明细科目：××生产车间

年		凭证号码	摘要	借　方						
月	日			工资	折旧费	机物料	办公费	水电费	……	余额

3) 数量金额式明细分类账

数量金额式明细分类账适用于既要进行金额核算又要进行数量核算的存货类账户。如原材料、库存商品、产成品等科目(账户)的明细分类核算，其借方(收入)、贷方(发出)和余额(结存)都分别设有"数量""单价"和"金额"三个专栏。数量金额式明细分类账的格式如表6-8所示。

表 6-8 ×××明细分类账   第 页

材料名称：

年		凭证编码	摘要	收　入			发　出			结　存		
月	日			数量	单价	金额	数量	单价	金额	数量	单价	金额

4）横线登记式明细分类账

横线登记式明细分类账实际上也是一种多栏式明细分类账，其登记方法采用横线登记，即将每一相关的业务登记在同一行，从而可依据每一行各个栏目的登记是否齐全来判断该项业务的进展情况。这种明细账适用于登记其他应收款、在途物资、应收票据等明细账，如表 6-9 所示。

表 6-9 材料采购明细分类账   第 页

材料名称：

年		凭证号码	摘要	借　方　金　额			贷　方　金　额			结余金额
月	日			买价	采购费用	合计	年		凭证号码	金额	
							月	日			

▶ 2. 明细分类账的登记

不同类型经济业务的明细分类账，可根据管理需要，依据记账凭证、原始凭证或汇总原始凭证逐日逐笔或定期（最多 5 天）汇总登记。在一般情况下，明细分类账应逐笔登记。

固定资产、债权、债务等明细账应逐日逐笔登记；库存商品、原材料、产成品收发明细账以及收入、费用明细账可以逐笔登记，也可定期汇总登记。

库存现金、银行存款账户由于已设置了日记账，不必再设明细账，其日记账实质上也是一种明细账。

第三节 会计账簿的登记规则

会计账簿的设置和登记，包括确定账簿的种类，设计账页的格式、内容和规定账簿登记的方法等。各单位应根据经济业务的特点和管理要求，科学、合理地设置账簿。会计账簿登记规则具体如下。

▶ 1. 准确完整

登记会计账簿时，应当将会计凭证日期、编号、业务内容摘要、金额和其他有关资料逐项记入账内，做到数字准确、摘要清楚、登记及时、字迹工整。账簿记录中的日期，应该填写记账凭证上的日期。

▶ 2. 注明记账符号

会计账簿登记完毕后，要在记账凭证上签名或者盖章，并在记账凭证的"过账"栏内注明或画"√"，表示已经记账完毕，避免重记、漏记。

▶ **3. 书写留白**

账簿中书写的文字和数字上面要留有适当的空格，不要写满格，一般应占格距的1/2。

▶ **4. 书写颜色**

（1）正常登记账簿使用蓝黑墨水。

为了保持账簿记录的持久性，防止涂改，登记账簿必须使用蓝黑墨水或碳素墨水书写，不得使用圆珠笔（银行的复写账簿除外）或者铅笔书写。

（2）在下列情况下，可以用红色墨水记账：

① 按照红字冲账的记账凭证，冲销错误记录；

② 在不设借贷等栏的多栏式账页中，登记减少数；

③ 在三栏式账户的余额栏前，如未印明余额方向的，在余额栏内登记负数余额；

④ 根据国家统一的会计制度的规定可以用红字登记的其他会计记录。

由于会计中的红字表示负数，因而除上述情况外，不得用红色墨水登记账簿。

▶ **5. 按页次顺序连续登记**

各种账簿应按页次顺序连续登记，不得隔页、跳行及任意抽掉撕毁。如发生隔页、跳行现象，应在空页、空行处用红色墨水画对角线（"×"）注销，或者注明"此页空白"或"此行空白"字样，并由记账人员和会计机构负责人（会计主管人员）签名或者签章。

▶ **6. 结出余额，反映借贷方向**

凡需要结出余额的账户，结出余额后，应当在"借或贷"栏目内注明"借"或"贷"字样，以示余额的方向；对于没有余额的账户，应在"借或贷"栏内写"平"字，并在"余额"栏用"0"表示。现金日记账和银行存款日记账必须逐日结出余额。

▶ **7. 过次承前**

每一账页登记完毕结转下页时，应当结出本页合计数及余额，写在本页最后一行和下页第一行有关栏内，并在摘要栏内注明"过次页"和"承前页"字样；也可以将本页合计数及金额只写在下页第一行有关栏内，并在摘要栏内注明"承前页"字样，以保持账簿记录的连续性，便于对账和结账。

（1）对需要结计本月发生额的账户，结计"过次页"的本页合计数应当为自本月初起至本页末止的发生额合计数；

（2）对需要结计本年累计发生额的账户，结计"过次页"的本页合计数应当为自年初起至本页末止的累计数；

（3）对既不需要结计本月发生额也不需要结计本年累计发生额的账户，可以只将每页末的余额结转次页。

第四节　对账和结账

一、对账

▶ **1. 对账的含义**

对账就是对账簿记录所作的检查、核对。核对账簿记录，一般是在会计期间（月份、季度、半年度、年度)终了时，检查和核对账证、账账、账实、账表是否相符，以确保账簿记录的准确性。

在会计核算工作中，由于种种原因，有时难免会发生各种差错和账实不符的现象。例如，会计人员在填制凭证、登记账簿等工作中出现的差错，因管理工作不善而带来的财产管理中的各种问题以及其他一些因素的影响，都可能给账簿记录的真实性、准确性带来影响。为了确保账簿记录的真实性、完整性和准确性，必须对账簿和账户所记录的有关数据进行检查、核对，尤其是结账前必须对账。

▶ 2. 对账的内容

按照《会计基础工作规范》的要求，各单位应当定期对会计账簿记录的有关数字与库存实物、货币资金、有价证券、往来单位或个人等进行相互核对，保证账证相符(账簿的记录与记账凭证应相符)、账账相符(账簿与账簿之间的相关数字应相符)、账实相符(账簿记录与实物记录应相符)、账表相符(会计账簿和会计报表之间的有关数字核对相符)。由此可见，对账的主要内容包括账证核对、账账核对、账实核对、账表核对四个方面。

1) 账证核对

账证核对是指核对会计账簿记录与原始凭证、记账凭证的时间、凭证字号、内容、金额是否一致，记账方向是否相符，目的是检查登账中有无错误，以保证账证相符。这种核对平常是通过编制凭证和记账过程中的"复核"环节进行的。月末如果发现账账不符，也须追本溯源，进行账簿记录与会计凭证的检查核对，以保证账账相符。

2) 账账核对

账账核对是指在账证核对相符的基础上，对各种账簿之间有关数字进行互相核对。主要包括以下几方面：

(1) 总分类账簿核对。总分类账中全部总账账户的期末借方余额合计数与全部总账账户的期末贷方余额合计数应核对相符。这种核对可以通过编制总账账户试算平衡表进行。

(2) 总分类账簿与序时账簿核对。总账中"库存现金"和"银行存款"账户期末余额应分别与库存现金日记账、银行存款日记账的期末余额核对相符。一般采用直接核对法。

(3) 总分类账簿与所属明细分类账簿核对。总分类账中各账户的期末余额应与其所属明细分类账的期末余额合计数核对相符。这种核对可以通过编制"总分类账户与明细分类账户发生额及余额对照表"来进行。

(4) 明细分类账簿之间的核对。财会部门的各种财产物资明细分类账的期末余额应与财产物资保管和使用部门的财产物资明细账的结存数核对相符。

3) 账实核对

账实核对是指各种财产物资的账面结余额与实物结存数额相核对。其核对的主要内容包括以下几方面：

(1) 库存现金日记账账面余额应与库存现金实存数额核对相符；

(2) 银行存款日记账账面余额应与银行对账单核对相符，每月至少核对一次；

(3) 各种应收、应付款项明细账账面余额应与有关债务人、债权人的相关账面余额核对相符；

(4) 各种财产物资明细分类账账面余额应与财产物资实存数核对相符。

4）账表核对

账表核对是指将账簿记录与各种财务报表相核对。这种核对应在财务报表编制完时进行。

通过上述的对账工作，就能做到账账相符、账证相符、账实相符、账表相符，使会计核算资料真实、正确、可靠。

二、结账

▶ **1. 结账的含义**

结账就是在把每一个会计期间（月份、季度、半年度、年度）的经济业务全部登记入账的基础上，结算出各个账户的本期发生额和期末余额的一项工作。通过结账可以全面、系统地反映单位一定时期内发生的全部经济活动的变化情况及其结果，为总结生产经营情况、考核财务成果及编制会计报表提供资料。

▶ **2. 结账的程序**

（1）检查本期内发生的经济业务是否已经全部登记入账。结账前，必须将本期内所发生的各项经济业务全部登记入账，并通过对账确保账簿记录正确。若发现漏账、错账，应及时补记、更正。不能为了赶编会计报表而提前结账或将本期发生的经济业务拖延至下期登账，也不能先编制会计报表而后结账。

（2）在实行权责发生制的单位，应按照权责发生制的要求，编制有关账项调整的记账凭证，进行账项调整，以正确反映本期的收入和费用；对于需要在本月办理的有关转账业务，如销售成本的结转、税金及附加的计算结转等，均应编制有关记账凭证并登记入账，从而确保会计信息的真实性和可靠性。

（3）编制记账凭证，结转损益类账户本期发生额。将本期实现的各种收入从"主营业务收入"等收入账户转入"本年利润"账户的贷方；将本期发生的各项费用从"主营业务成本""管理费用"等费用账户转入"本年利润"账户的借方，以便计算确定本期的财务成果。

（4）结算出所有账户的本期发生额和期末余额，年末结账时，应将有余额账户的年末余额结转下年。

▶ **3. 结账的基本方法**

结账时，应当结出每个账户的期末余额。需要结出当月（季、年）发生额的账户，如各项收入、费用账户等，应单列一行登记发生额，在摘要栏内注明"本月（季）合计"或"本年累计"。结出余额后，应在余额前的"借或贷"栏内写"借"或"贷"字样，没有余额的账户，应在余额栏前的"借或贷"栏内写"平"字，并在余额栏内用"0"表示。为了突出本期发生额及期末余额，表示本会计期间的会计记录已经截止或者结束，应将本期与下期的会计记录明显分开，结账一般都划"结账线"。划线时，月结、季结用单线，年结划双线。划线应划红线并应划通栏线，不能只在账页中的金额部分划线。

结账时应根据不同的账户记录，分别采用不同的结账方法。

（1）总账账户的结账方法。总账账户平时只需结计月末余额，不需要结计本月发生额。每月结账时，应将月末余额计算出来并写在本月最后一笔经济业务记录的同一行内，并在下面通栏划单红线。年终结账时，为了反映全年各会计要素增减变动的全貌，便于核对账目，要将所有总账账户结计全年发生额和年末余额，在摘要栏内注明"本年累计"字样，并在"本年累计"行下划双红线。

（2）现金日记账、银行存款日记账和需要按月结计发生额的收入、费用等明细账的结账方法。现金日记账、银行存款日记账和需要按月结计发生额的各种明细账，每月结账时，要在每月的最后一笔经济业务下面通栏划单红线，结出本月发生额和月末余额，写在红线下面，并在摘要栏内注明"本月合计"字样，再在下面通栏划单红线。

（3）不需要按月结计发生额的债权、债务和财产物资等明细分类账的结账方法。对这类明细账，每次记账后，都要在该行余额栏内随时结出余额，每月最后一笔余额即为月末余额。也就是说月末余额就是本月最后一笔经济业务记录的同一行内的余额。月末结账时只需在最后一笔经济业务记录之下通用栏划单红线即可，无须再结计一次余额。

（4）需要结计本年累计发生额的收入、成本等明细账的结账方法。对这类明细账，先按照需按月结计发生额的明细账的月结方法进行月结，再在"本月合计"行下的摘要栏内注明"本年累计"字样，并结出自年初起至本月月末止的累计发生额，再在下通栏划单红线。12月月末的"本年累计"就是全年累计发生额，全年累计发生额下面通栏划双红线。

（5）年度终了结账时的结账方法，年度终了结账时，有余额的账户，要将其余额结转到下一会计年度，并在摘要栏内注明"结转下年"字样；在下一会计年度新建有关会计账簿的第一行余额栏内填写上年结转的余额，并在摘要栏内注明"上年结转"字样。结转下年时，既不需要编制记账凭证，也不必将余额再记入本年账户的借方或贷方，使本年有余额的账户的余额变为零，而是使有余额的账户的余额如实反映在账户中，以免混淆有余额账户和无余额的账户的区别。

若由于会计准则或会计制度改变而需要在新账中改变原有账户名称及其核算内容的，可将年末余额按新会计准则或会计制度的要求编制余额调整分录，或编制余额调整工作底稿，将调整后的账户余额抄入新账中的有关账户余额栏内。

第五节　会计账簿的更换与保管

一、会计账簿的更换

会计账簿的更换是指在会计年度终了时，将上年度的会计账簿更换为次年度的新账簿。一般来说，总账、日记账和多数明细账要每年更换一次，这些账簿在每年年终按规定办理完毕结账手续后，就应更换、启用新的账簿，并将余额结转记入新账簿中。但有些财产物资明细账和债权、债务明细账，由于材料等财产物资的品种、规格繁多，债权、债务单位也较多，如果更换新账，重抄一遍的工作量相当大，因此可以跨年度使用，不必每年更换一次。卡片式账簿，如固定资产卡片，以及各种备查账簿，也都可以连续使用。

更换新账时，应将各账户的年末余额过入下一年度新账簿。在新账簿有关账户新账页的第一行"余额"栏内，填上该账户上年的余额；同时在"摘要"栏内加盖"上年结转"戳记。

二、会计账簿的保管

会计账簿同会计凭证和会计报表一样，都属于会计档案，是重要的经济档案，各单位必须按规定妥善保管，确保其安全与完整，并充分加以利用。

▶ 1. 会计账簿的装订整理

在年度终了更换新账簿后,应将使用过的各种账簿(跨年度使用的账簿除外)按时装订整理立卷。

(1)装订前,首先要按账簿启用和经管人员一览表的使用页数核对各个账户是否相符,账页数是否齐全,序号排列是否连续;然后按会计账簿封面、账簿启用表、账户目录、该账簿按页数顺序排列的账页、装订封底的顺序装订。

(2)对活页账簿,要保留已使用过的账页,将账页数填写齐全,除去空白页并撤掉账夹,用质地好的牛皮纸做封面和封底,装订成册。多栏式、三栏式、数量金额式等活页账不得混装,应按同类业务、同类账页装订在一起。装订好后,应在封面上填明账目的种类、编号、卷号,并由会计主管人员和装订人员签章。

(3)装订后,会计账簿的封口要严密,封口处要加盖有关印章。封面要齐全、平整,并注明所属年度和账簿名称和编号。不得有折角、缺角、错页、掉页、加空白纸的现象。会计账簿要按保管期限分别编制卷号。

▶ 2. 按期移交档案部门进行保管

年度结账后更换下来的会计账簿,可暂由本单位财务会计部门保管一年,期满后原则上应由财务会计部门移交本单位档案部门保管。移交时需要编制移交清册,填写交接清单,交接人员按移交清册和交接清单项目核查无误后签章,并在账簿使用日期栏内填写移交日期。

已归档的会计账簿作为会计档案为本单位利用,原件不得借出,如有特殊需要,须经上级主管单位或本单位领导、会计主管人员批准,在不拆散原卷册的前提下,可以提供查阅或者复制,并要办理登记手续。

会计账簿是重要的会计档案之一,必须严格按《会计档案管理办法》规定的保管年限妥善保管,不得丢失和任意销毁。通常总账(包括日记总账)和明细账保管期限为 15 年;日记账保管期限为 15 年,但现金和银行存款日记账保管期限为 25 年;固定资产卡片账在固定资产报废清理后保管 5 年;辅助账簿保管期限为 15 年。实际工作中,各单位可以根据实际利用的经验、规律和特点,适当延长有关会计档案的保管期限,但必须有较为充分的理由。

本章小结

会计账簿简称账簿,是指由具有一定格式而又相互联系的账页组成,以会计凭证为依据,全面、连续、系统地记录和反映一个单位经济业务事项的簿籍。

设置和登记账簿是编制财务报表的基础,是连接会计凭证和财务报表的中间环节,起着承上启下的作用,在会计核算中具有重要意义。

账簿按用途分为序时账簿、分类账簿和备查账簿;按其外表形式分为订本式账簿、活页式账簿和卡片式账簿;按账页格式分为两栏式账簿、三栏式账簿、多栏式账簿和数量金额式账簿。

序时账簿即日记账,它是按照各项经济业务发生的时间先后顺序,逐日逐笔登记经济业务的账簿。常见的有现金日记账和银行存款日记账。

总分类账簿是按照一级账户设置的，一本总账基本上包括了一个单位的所有一级账户，每个一级账户在总分类账里占有独立的账页。总分类账簿可以总括反映资产、负债、所有者权益、费用成本和收入成果的情况，可以为编制会计报表和进行会计分析检查提供资料。总分类账的格式，一般采用三栏格式。

明细分类账簿是按照二级账户或明细账户设置的，采用活页账簿，可以反映某些总分类账户增减变动的详细情况，为编制会计报表，进行会计分析提供资料。

对账就是定期地对各种账簿记录进行核对，做到账证相符、账账相符、账实相符和账表相符，以保证账簿记录的真实性和正确性、保证会计报表数据的真实可靠。

结账是在把一定时期内(月份、季度、半年度、年度)所发生的经济业务全部登记入账的基础上，将各种账簿记录的经济业务结算清楚，结出本期发生额合计和期末余额，或将余额结转下期，以便编制会计报表，分清上下期会计记录和分期继续核算。

发生记账错误时，必须更正，常用的错账更正方法有划线更正法、红字更正法、补充登记法。

▎思考与实践 ▎

简答题

1. 会计账簿有什么作用？

2. 活页账、订本账和卡片账各有哪些优缺点？

3. 怎样登记现金日记账？

4. 为什么要对账？应从哪几方面进行对账？

5. 错账更正的方法有哪些？

计算分析题

公司会计人员在结账前进行对账时，发现企业所做的部分账务处理如下：

(1)按照工程的完工进度结算建造固定资产的工程价款 40 000 元，款项以银行存款支付，编制的会计分录为

借：在建工程 40 000

　　贷：银行存款 40 000

在记账时，"在建工程"账户记录为 45 000 元。

(2)用现金支付职工生活困难补助 7 000 元，编制的会计分录为

借：管理费用 7 000

　　贷：库存现金 7 000

(3)计提车间生产两种产品共用的固定资产折旧 4 500 元，编制的会计分录为

借：制造费用 45 000

　　贷：累计折旧 45 000

(4)用现金支付工人工资 65 000 元，编制的会计分录为

借：应付职工薪酬 6 500

　　贷：库存现金 6 500

要求：根据上述资料，回答下列问题。

1. 上述账务处理中，错误的有(　　　)。

　A. 业务(1)　　　　B. 业务(2)　　　　C. 业务(3)　　　　D. 业务(4)

2. 对业务(4)的更正方法正确的是(　　　)。

A. 借：应付职工薪酬　　　　　　　　　　　　　　　　　65 000
　　　贷：库存现金　　　　　　　　　　　　　　　　　　　　　65 000

B. 借：库存现金　　　　　　　　　　　　　　　　　　　65 000
　　　贷：应付职工薪酬　　　　　　　　　　　　　　　　　　　65 000

C. 借：应付职工薪酬　　　　　　　　　　　　　　　　　58 500
　　　贷：库存现金　　　　　　　　　　　　　　　　　　　　　58 500

D. 直接划线更正

3. 错账更正方法通常包括(　　　)。

A. 划线更正法　　　B. 红字更正法　　C. 补充更正法　　　D. 蓝线更正法

4. 对业务(1)应采用的更正方法是(　　　)。

A. 划线更正法　　　　　　　　　　B. 红字更正法
C. 补充更正法　　　　　　　　　　D. 重新编制一张正确的分录

5. 业务(2)应采用的更正方法是(　　　)。

A. 划线更正法　　　　　　　　　　B. 红字更正法
C. 补充更正法　　　　　　　　　　D. 业务处理正确，不需要更正

在线自测

扫描封底二维码　获取答题权限

第七章　财产清查

学习目标

1. 了解财产清查的含义和意义；
2. 掌握财产物资、货币资金和往来款项的清查方法；
3. 掌握财产清查结果的业务处理和账务处理。

导入案例

小刘任职于某小型机械公司，负责出纳岗位，且负责库存现金的管理。某日，在小刘的陪同下清查小组人员进行库存现金清查。

案例思考：清查人员在库存现金盘点时，需要注意什么？

案例分析：清查人员在库存现金盘点时，一方面要注意账实是否相符；另一方面还要检查现金管理制度的遵守情况，如库存现金有无超过其限额，有无白条抵库、挪用、舞弊等情况。

第一节　财产清查概述

一、财产清查的含义

财产清查又称财产检查，是指通过实地盘点、核对账目来确定各项财产物资、货币资金和债权债务的实存数，并将实存数与账面结存数进行核对，以查明账实是否相符的一种会计核算方法。

知识链接 7-1
财产清查的定义

造成账实不符的原因主要有以下几方面：

（1）在财产物资发放时，由于计量、检验不正确会发生品种、数量或质量上的差错；

（2）会计人员在登记账簿时，发生漏记、错记、重记或计算上的错误；

（3）在财产物资变动时，没有填制会计凭证、登记入账，或者在填制收发凭证、登记账目时发生了计算上的错误；

（4）各种财产物资在运输、保管过程中，由于自然升溢或损耗，会发生数量和质量上的变化；

（5）在结算过程中，由于存在未达账项或拒付等原因而造成的账实不符；

（6）由于管理不善或工作人员的失职而发生的财产物资的残损、变质、短缺以及货币资金、往来账款的差错；

（7）由于不法分子的贪污、盗窃、营私舞弊等非法行为造成的财产损失；

（8）发生自然灾害而造成的财产损失。

上述原因都有可能造成财产物资和债权、债务等出现账实不符的情况。因此，必须进行财产清查，对各项财产物资和债权债务等进行定期或不定期的盘点和核对，在账实相符的基础上编制财务报表。

知识链接 7-2
财产清查的种类

二、财产清查的意义

很多企业常常发现一些存货会不翼而飞、发生短少的现象；存货因产品设计变更变成呆滞存货；应收账款因账务不清而无法收回；固定资产因没有良好的保管制度，以致固定资产失修而报废或遗失。诸如此类损失，都是企业没有完整的会计数据进行会计管理，没有建立完善健全的财产清查制度、落实执行财产清查工作所导致。因此，运用财产清查手段，对各种财产物资进行定期或不定期的核对或盘点，具有十分重要的意义。

（1）确保会计核算资料的真实可靠。通过财产清查，可以检查各项财产物资的实存数与其账面数是否相符，以及查明产生差异的原因，并及时调整账目记录，使其账实相符，从而保证会计账簿记录的真实性，为编制财务报表做准备。

（2）促使单位健全财产物资的管理制度，确保财产物资的安全、完整。通过财产清查，可以发现财产管理制度执行情况和存在的问题，从而针对存在的问题分析原因，促使企业不断改进财产物资管理，建立和健全财产物资管理的内部控制制度，提高管理水平，确保财产物资的安全、完整。

（3）挖掘财产物资潜力，促进财产物资的合理利用，提高财产物资的使用效率。在财产清查中，不仅要对财产物资进行账实核对，还要查明各种财产物资的储存和使用情况，以便分类排队，采取相应措施，提高财产物资的使用效率。对储存不足的应及时补足，确保产销需要；对多余积压的财产物资应及时解决处理，防止因盲目采购、盲目生产造成产品积压、滞销现象，从而充分挖掘各种资产的潜力。

（4）促使企业遵守财经纪律和结算制度。通过对库存现金、银行存款、往来账款及实物资产的清查，可以检查有关人员是否遵守财经纪律和结算制度，有无贪污、盗窃、挪用公款等营私舞弊的非法行为，使有关人员更加自觉地维护和遵守财经纪律。在财产清查中，对于债权、债务等往来结算账款，也要与对方逐一核对清楚，对于各种应收、应付账款应及时核算，已确认的坏账要按规定处理，避免长期拖欠和常年挂账，维护企业的商业信用。

第二节　财产清查的程序和方法

一、财产清查的程序

财产清查的程序是指清查工作步骤的先后顺序。财产清查是一项复杂而细致的工作，涉及面比较广、工作量比较大，为了顺利完成清查任务，保证清查质量，必须有计划、有组织地按一定程序进行。不同目的的财产清查，应按不同的程序进行。财产清查可分为准备、实施和分析处理三个阶段。

▶ 1. 准备阶段

财产清查的准备工作包括组织准备和业务准备两个方面。

1) 组织准备

组织准备的主要工作是落实清查工作的负责人，并从会计、业务、保管等部门抽调专职人员成立财产清查小组，明确本次清查的目的和要求，研究制定清查方案，学习掌握清查的方法和技术等。

2) 业务准备

业务准备主要包括以下工作。

（1）会计部门的账簿资料准备。在财产清查前，将有关账簿登记齐全，正确结账和对账，保证账证相符和账账相符。

（2）物资保管部门的物资整理准备。财产物资的保管和使用等业务部门在财产清查前将有关财产物资分类排列整齐，并加挂标签，标明财产的品种、规格和结存数量，以便清查时与账簿记录核对。

（3）财产清查人员的清查量具准备。准备好各种必要的量度器具，并确保其标准可靠。

（4）其他准备。准备好有关清查的各种表册，如"盘存表""实存账存对比表""未达账项登记表"等，以便登记；取得银行存款和各种结算款项的对账单，以便清查核对。

▶ 2. 实施阶段

各项准备工作结束以后，清查人员应根据各类财产物资的不同特点，分别采取相应的方法对其数量、质量、品种、类别、金额等予以盘点，并做好盘点记录。盘点结束，清查人员会根据盘点记录编制盘存表（表 7-1），并由盘点人员、保管人员及相关人员签名盖章，以明确责任。然后，清查人员还要根据盘存表资料和有关账簿资料填制实存账存对比表（表 7-2），检查账实是否相符，并将对比结果填入该表。

表 7-1　盘　存　表

单位名称：　　　　　　　　　　盘点地点：　　　　　　　　　　编号：
财产类别：　　　　　　　　　　存放地点：　　　　　　　　　　盘点时间：

编号	名称	计量单位	数量	单价	金额	备注

盘点人签章　　　　　　　　　　　　　　　　保管人签章

表 7-2　实存账存对比表

单位名称：　　　　　　　　　　年　　月　　日

编号	类别及名称	计量单位	单价	实存		账存		对比结果				备注
				数量	金额	数量	金额	盘盈		盘亏		
								数量	金额	数量	金额	

单位负责人签章　　　　　　　　　　　　　　填表人签章

▶ 3. 分析处理阶段

该阶段的工作内容主要包括两个方面。

（1）对清查所确定的差异进行分析并上报。对财产清查所确定的实存数与账存数的差异，要认真分析其性质和原因，明确经济责任，提出改进的意见和措施，并按规定程序上报有关部门和领导。

（2）进行账务处理。对盘盈、盘亏的财产，按规定报请有关部门批准后，分别作相应的账务处理，同时调整相应的账簿记录。

二、财产清查的具体方法

▶ 1. 实地盘存制

实地盘存制又称定期盘存制，也叫以存计销制或以存计耗制。它是指平时只在账簿中登记各项实物资产的增加数，不登记减少数，期末通过实物盘点来确定其实有数并据以倒算出本期实物财产减少数的一种盘存方法。其计算公式如下：

知识链接 7-3
盘存制度

$$本期减少数＝期初结存数＋本期增加数－期末实有数$$

实地盘存制的优点是核算工作比较简单，工作量较小，可以简化日常工作；缺点是手续不够严密，不能随时反映库存财产物资的发出结存情况，也不利于加强财产物资的管理。实地盘一般只是用于核算那些价值低、数量不稳定且损耗大的鲜活商品。

▶ 2. 永续盘存制

永续盘存制也称账面盘存制，它是通过设置存货明细账，对日常发生的存货的收入（增加）数和发出（减少）数，都必须根据会计凭证在账簿中进行连续登记，并随时在账面上结算各项存货的结存数并定期与实际盘存数对比，确定存货盘盈、盘亏的一种制度。在永续盘存制下，对存货仍须定期或不定期地进行实地盘点，以便核对账存数和实存数是否相符。其计算公式如下：

$$账面期末结存数＝账面期初结存数＋本期增加数－本期减少数$$

永续盘存制的优点是能从账簿资料中及时反映企业存货的结存数额，为及时掌握企业存货资产的增减变动情况和余额提供可靠依据，从而加强单位存货资产的管理；缺点是永续盘存制下存货明细账的会计核算工作量较大。从加强存货的管理以提供管理所需会计信息的角度出发，除特殊情况采用实地盘存制外，应尽量采用永续盘存制。

▶ 3. 技术推算法

技术推算法是指通过估值技术推算来确定财产物资实存数量的一种方法。对有些价值低、数量大或难以逐一清查的财产物资，可以在抽样盘点的基础上，运用估值技术推算，从而确定其实存数量。这种方法盘点工作量小，但不够精准，是实地盘点法的一种补充方法。该方法适用于大堆存放、物体笨重、价值低廉、不便逐一盘点的实物资产（如沙石、煤堆等）。

▶ 4. 账面价值法

账面价值法是指根据财产物资的账面单位价值来确定实存金额的方法，即根据各项财产物资的实存数量乘以账面单位价值，计算出各项财产物资的实存金额。

▶ 5. 查询核实法

查询核实法也称询证核对法，是指依据本单位的账簿记录，与对方的账证进行核对，清查财产物资、货币资金、债权债务数量及其价值量的方法。这种方法根据查询结果，分析确定有关财产物资、货币资金、债权债务的实物量和价值，适用于债券债务出租、出借的财产物资的查询核实。

三、各种财产物资的清查方法

财产物资的占用形态各异，因此对实物资产、货币资产、结算款项等采取的清查方法也不相同。

▶ **1. 库存现金的清查**

库存现金的清查采用实地盘存制。由于现金的收支业务十分复杂，容易出现差错，因此出纳人员应当每天进行盘点并与现金的账面余额进行核对。除此之外，单位每月至少还应组织一次清查盘点。为了明确责任，盘点时，出纳人员必须在场，并配合清查人员逐一清点现金的实存数，并与现金账的余额核对，以检查账实是否一致。盘点结束后，填制库存现金盘点报告表，由盘点人员、出纳人员及有关负责人签名盖章，并据以编制记账凭证，调整账簿记录。库存现金盘点报告表的一般格式如表7-3所示。

表7-3　库存现金盘点报告表

单位名称：　　　　　　　　　　　　年　　月　　日　　　　　　　　　　单位：元

币　　　别	实存金额	账存金额	对比结果		备　　　注
			盘盈（长款）	盘亏（短款）	

　　　负责人签章　　　　　　　　盘点人签章　　　　　　　收纳员签章

有价证券（国库券、其他金融债券、公司债券、股票等）的清查与库存现金的清查方法相同。

▶ **2. 银行存款的清查**

银行存款的清查主要是采用与开户银行核对账目的方法进行。在同银行核对账目之前，应检查本单位银行存款日记账的正确性和完整性，然后与银行对账单逐笔核对。对每笔款的收（付）金额、日期、凭证号码以及余额都要仔细核对，以检查账项有无记录错误。银行对账单尽管是逐笔记录了本企业银行存款的存入、支出和结存情况，但其结存余额也常常与企业的银行存款日记账的余额不一致。形成这种情况的原因大致有两个：

（1）本单位与银行之间的一方或双方记账错误，这种情况在清查中即可纠正；

（2）因未达账项造成的不一致。

未达账项是指在开户银行和单位之间，对于同一款项的首付业务，由于结算凭证传递时间和记账时间的不同，发生一方已经入账而另一方尚未入账的会计事项。

未达账项一般有四种类型：①企业送存银行的款项，企业已登记银行存款的增加，银行未办妥手续尚未收讫记账（企业已收，银行未收）；②企业开出支票从银行支付出的款项，企业已登记存款的减少，银行未支付或未办理转账手续尚未付款记账（企业已付，银行未付）；③银行代企业收进的款项，银行已登记企业存款的增加，企业尚未收到通知而未登记入账（银行已收，企业未收）；④银行代企业支付的款项，银行已登记企业存款的减少，企业尚未收到通知而未登记入账（银行已付，企业未付）。

上述①②两种情况属于银行未达账项，③④两种情况属于企业未达账项。未达账项登记表如表 7-4 所示。

表 7-4 未达账项登记表

单位名称：　　　　　　　　　　　　年　　月　　日　　　　　　　　　　单位：元

未达账项种类	摘　　要	结算凭证 种类号数	记账凭证 种类号数	金　　额	备　注
①企业已收，银行未收					
②企业已付，银行未付					
③银行已收，企业未收					
④银行已付，企业未付					

银行存款余额调节表的编制主要采用余额调节法，具体调节方法如下：

在企业（银行存款日记账）和银行（银行对账单）双方余额的基础上，各自分别加减未达账项（加上对方已收款而自己未收款的账项，减去对方已付款而自己未付款的账项）进行调整，使双方余额相等。其计算公式如下：

$$\frac{企业银行存款}{日记账余额}+\frac{银行已收}{企业未收}-\frac{银行已付}{企业未付}=\frac{银行对账单}{余额}+\frac{企业已收}{银行未收}-\frac{企业已付}{银行未付}$$

【例 7-1】 某企业 2020 年 10 月 31 日银行存款日记账的账面余额为 920 000 元，银行对账单余额为 1 050 000 元，经逐笔核对，查明有以下未达账项：

(1) 企业月末时将收到的一张转账支票 6 000 元送存银行，企业已记账，而银行因未办妥划款手续，尚未记账；

(2) 企业月末开出一张转账支票 4 500 元，企业已记账，而收票人尚未向银行办理进账手续，银行尚未记账；

(3) 银行代企业收入销货款 133 000 元，银行已记账，而企业尚未收到银行收款通知，尚未记账；

(4) 银行收取了企业短期借款第一季度的利息 1 500 元，银行已记账，而企业尚未收到银行的计付利息通知单，尚未记账。

根据上述资料，编制"银行存款余额调节表"如表 7-5 所示。

表 7-5 银行存款余额调节表
2020 年 10 月 31 日

单位：元

项　　目	金　　额	项　　目	金　　额
企业银行存款账面余额	920 000	银行对账单账面余额	1050 000
加：银行已收，企业未收	133 000	加：企业已收，银行未收	6 000
减：银行已付，企业未付	1 500	减：企业已付，银行未付	4 500
调节后的存款余额	1 051 500	调节后的存款余额	1 051 500

▶ **3. 应收款项的清查（属于往来款项的清查）**

应收款项的清查应采用查询核实法，查询核实法是通过信函、电询或面询等方式，同对方单位核对账目的方法。在核对前，清查单位应先将本单位应收款项账上记录核对清楚，确认准确无误后，再向对方填发对账单。对账单一式两联，一份由对方留存，另一份作为回单。对方单位如核对相符，应在回单上注明"核对相符"字样，并盖章返回；如发现数额不符，应在回单上注明不符情况或另抄对账单退回，作为进一步核对的依据。

▶ 4. 实物的清查

实物的清查范围包括固定资产、库存原材料、自制半成品、库存商品、周转材料、在途物资、委托外单位加工物资、存放在外埠的材料物资以及代其他单位保管的物资。对实物的清查，一般采用实地盘点法和技术推算的方法，按照实物的不同特点逐一点数丈量。对于有些价值比较低、成堆存放和无法精准计量的存货，如土、石子和沙子等，可采用技术推算的方法进行盘点。

第三节　财产清查结果的处理

一、财产清查结果的处理程序

财产清查如果账实相符，就不必进行账务处理。如果账实不相符，无论是盘盈还是盘亏，都需要进行账务处理，调整账存数。盘盈时，调增账存数；盘亏时，调减账存数，使其与实存数相符。

▶ 1. 财产清查结果的具体处理程序

（1）将已查明属实的财产物资盘盈、盘亏数字，根据有关原始凭证编制记账凭证，据以记入有关账户，调整账目记录，使各项财产物资的实存数与账存数完全一致。

（2）按照差异的原因和报经批准的结果，以上级有关部门审批后的处理决定文件为原始凭证，填制记账凭证，登记有关账簿。

（3）总结经验教训，弥补管理漏洞，建立健全各项管理制度，提高企业管理水平。

▶ 2. 主要设置的账户

为了核算在财产清查中所查明的各项财产物资的盘盈、盘亏及其处理情况，需设置"待处理财产损溢"账户。该账户属于资产类，借方登记发生的待处理财产物资的盘亏数和结转已批准处理的财产物资的盘盈数；贷方登记发生的待处理财产物资的盘盈数和批准转销的待处理财产物资的盘亏数，如为借方余额，表示尚待批准处理的净损失；如为贷方余额，表示尚待批准处理的净盈余。

根据现行会计制度的规定，盘盈财产冲减"管理费用"账户或记入"营业外收入"账户，将盘亏财产记入"营业外支出"或其他账户。同时规定，待处理财产损溢，要求在期末结账前或最迟在对外提供财务报告时处理完毕。所以，该账户在期末没有余额。

"待处理财产损溢"账户的结构如图 7-1 所示。

借	待处理财产损溢	贷
（1）发生的待处理财产盘亏和毁损数		（1）发生的待处理财产盘盈数
（2）结转已批准处理的财产盘盈数		（2）结转已批准处理的财产盘亏和毁损数
尚未处理的财产净损失		尚未处理的财产净溢余

图 7-1　"待处理财产损溢"账户结构

二、财产物资盘盈的账务处理

▶ 1. 流动资产盘盈的账务处理

对于银行存款、应收账款的清查，在剔除未达账项后，如果账实仍不符，应查明情况，及时解决。属于记账有误的，应及时更正错账。下面主要介绍盘盈库存现金及存货的账务处理。

1）库存现金盘盈的账务处理

对于盘盈的库存现金，首先应依据"库存现金盘点报告表"，编制会计分录，借记"库存现金"账户，贷记"待处理财产损溢"账户，并调增现金的账面数，使现金的账存数与实存数一致。其次是按规定程序报经上级有关部门批准后进行处理，属于应支付给有关人员或单位的，应借记"待处理财产损溢"账户，贷记"其他应付款——应付现金溢余"账户；属于无法查明原因的现金溢余，批准后或者期末时借记"待处理财产损溢"账户，贷记"营业外收入——现金溢余"账户。

【例 7-2】 企业某日盘点现金时发现现金溢余 3 000 元，原因待查。

依据"库存现金盘点报告表"，编制会计分录如下：

借：库存现金 3 000

　贷：待处理财产损溢 3 000

经查明，现金溢余的 3 000 元中，800 元属于少付给职工王某的款项；2 200 元无法查明原因，经批准作为营业外收入处理。编制会计分录如下：

借：待处理财产损溢 3 000

　贷：其他应付款——应付现金溢余（王某） 800

　　营业外收入——现金溢余 2 200

2）存货盘盈的账务处理

对于盘盈的存货，首先应根据"账存实存对比表"编制会计分录，借记"原材料"或"库存商品"等账户，贷记"待处理财产损溢"账户，并调增有关存货的账面数，使其账存数与实存数完全一致。然后根据上级批复意见进行处理或期末时进行处理。一般地，盘盈的各种存货，应当冲减当期的"管理费用"。按《企业会计准则》规定，若存货盘盈属于前期差错造成的，则应采用追溯重述法或未来适用法进行差错更正。

【例 7-3】 企业在财产清查中，盘盈材料 2 吨，价值 2 500 元。

盘盈时，根据"账存实存对比表"的记录，编制会计分录如下：

借：原材料 2 500

　贷：待处理财产损溢 2 500

经查，这批盘盈材料是因计量有误造成的，当期经批准或者期末时冲减本月管理费用。编制会计分录如下：

借：待处理财产损溢 2 500

　贷：管理费用 2 500

▶ 2. 固定资产盘盈的账务处理

对于盘盈的固定资产，应依据"账存实存对比表"，按同类或类似固定资产的市场价格，减去按该项资产的新旧程度估计的价值损耗后的余额，编制会计分录，借记"固定资产"账户，贷记"待处理财产损溢"账户，并调增固定资产的账面数，使其账存数与实存数相符。盘盈的固定资产，按《企业会计准则》规定，属于重要的前期差错，企业应当采用追溯重述法，通过"以前年度损益调整"账户予以更正，并将调整的对净利润的影响金额转入"利润分配——未分配利润"账户。

三、财产物资盘亏的账务处理

▶ **1. 流动资产盘亏的账务处理**

1) 库存现金盘亏的账务处理

对于盘亏的现金，应依据"库存现金盘点报告表"编制会计分录，借记"待处理财产损溢"账户，贷记"库存现金"账户。对于盘亏现金的处理，属于有责任人或保险公司赔偿的部分，索赔时应记入"其他应收款"账户；属于无法查明的其他原因，根据管理权限，当期经批准后或者期末时，作为增加管理费用处理。

【例 7-4】　企业在财产清查中，发现现金短缺 800 元，原因待查。

依据"库存现金盘点报告表"，编制会计分录如下：

借：待处理财产损溢　　　　　　　　　　　　　　　　　　　　　　　800

　　贷：库存现金　　　　　　　　　　　　　　　　　　　　　　　　　　800

经查明，上述现金短缺中，500 元属于出纳张某工作失误造成的，应由张某赔偿，其他无法查明原因，经批准作为"管理费用处理"。编制会计分录如下：

借：其他应收款——张某　　　　　　　　　　　　　　　　　　　　　500

　　管理费用——现金短缺　　　　　　　　　　　　　　　　　　　　　300

　　贷：待处理财产损溢　　　　　　　　　　　　　　　　　　　　　　　800

2) 存货盘亏的账务处理

对于盘亏的存货，应依据"账存实存对比表"编制会计分录，借记"待处理财产损溢"账户，贷记"原材料"或"库存商品"等账户。对于盘亏存货的一般处理方法是：属于定额内的自然损耗，转作管理费用；属于管理不善造成的，应由过失人赔偿；属于保险责任范围的，应向保险公司索赔。盘亏的存货在扣除过失人、保险公司赔偿和残值之后，记入"管理费用"账户；对于非常损失，如自然灾害等造成的存货毁损，扣除保险公司赔偿和残值后，记入"营业外账户"。

▶ **2. 固定资产盘亏的账务处理**

对于盘亏的固定资产，首先应依据"账存实存对比表"，按盘亏固定资产的净值，借记"待处理财产损溢"账户，按已提的折旧，借记"累计折旧"账户；按其账面原值，贷记"固定资产"账户。然后，当期经批准时或者期末时根据情况作出处理，对于自然灾害所造成的固定资产毁损，在扣除保险公司赔偿和残值收入后，应列作营业外支出；对于责任事故所造成的固定资产毁损，应由责任人酌情赔偿损失；丢失固定资产，应列作营业外支出。

【例 7-5】　企业在财产清查中，盘亏设备一台，其账面原值为 50 000 元，已提的折旧为 16 000 元。

盘亏时，根据"账存实存对比表"的记录，编制会计分录如下：

借：待处理财产损溢　　　　　　　　　　　　　　　　　　　　　34 000

　　累计折旧　　　　　　　　　　　　　　　　　　　　　　　　16 000

贷：固定资产	50 000

经查明该盘亏属于管理不善导致，其损失由责任人赔偿10%，其余作为营业外支出处理。根据批准文件或者期末时，编制会计分录如下：

借：其他应收款——保管员	3 400
营业外支出	30 600
贷：待处理财产损溢	34000

▌本章小结▐

　　财产清查又称财产检查，是指通过实地盘点、核对账目来确定各项财产物资、货币资金和债权债务的实存数，并将实存数与账面结存数进行核对，以查明账实是否相符的一种会计核算方法。

　　财产清查是一项复杂而细致的工作，涉及面比较广、工作量比较大，为了顺利完成清查任务，保证清查质量，必须有计划、有组织地按一定程序进行。不同目的的财产清查，应按不同的程序进行。财产清查可分为准备、实施和分析处理三个阶段。

　　财产清查的具体方法有：实地盘存制、永续盘存制技术推算法、账面价值法和查询核实法。

　　库存现金的清查采用实地盘点法；银行存款的清查主要是采用与开户银行核对账目的方法进行的；应收账款的清查采用查询核实法；实物的清查，一般采用实地盘点和技术推算的方法。

　　财产清查如果账实相符，就不必进行账务处理。如果账实不符，无论是盘盈还是盘亏，都需要进行账务处理，调整账存数。盘盈时，调增账存数；盘亏时，调减账存数，使其与实存数相符。

▌思考与实践▐

简答题

1. 什么是财产清查？它有何重要作用？

2. 引起财产物资账实不符的原因有哪些？

3. 财产清查结果的处理步骤是什么？

4. 永续盘存制与实地盘存制有什么区别？

计算分析题

某公司"账存实存对比表"显示：

（1）库存现金短缺1 000元，其中：300元属于出纳员责任所致，应由其赔偿；其余700元无法查明原因。

（2）库存商品盘盈3 000元，属于收发计量不准所致。

（3）原材料盘亏及毁损5 000元，其中：2 400元属于收发计量不准所致；2 600元属于自然灾害造成的损失（其中2100元应由保险公司赔偿）。

（4）盘盈账外机器一台，该机器的当前市场价格8 000元，根据其新旧程度估计其价值已损耗2 000元。

（5）盘亏机器一台，其账面原值 55 000 元，已提折旧 16 000 元，应由过失人和保险公司赔偿 15 000 元。

要求：假设不考虑相关税费，根据上述资料回答以下问题。

1. 公司对盘亏及毁损的财产物资，在批准处理之前应借记"待处理财产损溢——待处理流动资产损溢"账户(　　)元。

A. 1 000　　　　　B. 3 000　　　　　C. 5 000　　　　　D. 6 000

2. 公司对盘盈的财产物资，在批准处理之前应贷记"待处理财产损溢"账户(　　)元。

A. 1 000　　　　　B. 3 000　　　　　C. 5 000　　　　　D. 6 000

3. 公司对盘盈的财产物资，在批准处理之前应贷记"管理费用"账户(　　)元。

A. 2 400　　　　　B. 3 000　　　　　C. 3 100　　　　　D. 3 950

4. 公司对盘盈、盘亏的财产物资，在批准处理之后应借记"营业外支出"账户(　　)元。

A. 500　　　　　B. 1 400　　　　　C. 24 000　　　　　D. 24 500

5. 公司对盘盈盘亏的财产物资，在批准处理之后应借记"其他应收款"账户(　　)元。

A. 300　　　　　B. 1 000　　　　　C. 1 400　　　　　D. 17 400

在线自测

扫描封底二维码　　　测试　　　获取答题权限

第八章　财务会计报告

学习目标

1. 了解财务会计报告的内容、分类及编制要求；
2. 熟悉资产负债表、利润表的内容和格式；
3. 掌握资产负债表、利润表的编制原理和填列方法；
4. 了解财务会计报告的报送和汇总。

导入案例

强力电子公司因某一投资失误，导致近期出现了资金紧张，公司急需对外筹集资金，在向工商银行、建设银行等几家银行，某财务公司和投资公司等金融机构申请借款时，在谈判过程中，对方提出要查阅该公司的财务会计报告，据以判断是否能对其贷款，以及贷款的期限和额度。

案例思考：

1. 什么是财务会计报告？

2. 为什么金融机构在提供贷款时，需要查阅强力电子公司的财务报告？

导入案例分析

1. 财务会计报告，是指企业对外提供的反映企业某一特定日期财产状况和某一会计期间经营成果、现金流量等会计信息的书面报告，主要由财务报表和其他应当在财务报告中披露的相关信息和资料组成，财务会计报告也称财务报告。

2. 金融机构作为债权人，需要查阅强力电子公司的财务报告是因为财务报告提供了企业的财务状况、经营成果和现金流量等相关信息，债权人可以据此了解企业的经营情况、偿债能力并预测企业的未来，判断企业在未来是否能产生足够的现金流来支付贷款，据此决定是否对其贷款，以及贷款的额度和期限等。

第一节　财务会计报告概述

一、财务会计报告的含义

财务会计报告也称财务报告，是指企业对外提供的反映企业某一特定日期财产状况和某一会计期间经营成果、现金流量等会计信息的书面报告，主要由财务报表和其他应当在财务报告中披露的相关信息和资料

知识链接 8-1
财务会计报告

组成。我国现行企业财务报告体系及其结构如表 8-1 所示。本书重点讲述资产负债表和利润表的编制。

表 8-1 我国现行企业财务报告体系及其结构

财务报告	财务报表	基本报表	资产负债表
			利润表
			现金流量表
			所有者权益变动表
		附表	利润分配表和分部门报表，应交增值税明细表、资产减值准备明细表等
	财务报表附注		会计政策与会计估计及其变动与影响，关联方及关联方交易，或有事项与承诺事项、重要资产转让与出售、重要项目的注释与说明等
	财务情况说明书		生产经营与利润等情况、影响财务状况的注意事项说明、资产负债表日后事项说明等

二、财务会计报告的作用

财务会计报告是企业对外提供财务会计信息的主要形式，其所提供的资料与其他会计信资料相比更集中、更系统和更有条理性，因而在日常的经济运行过程中发挥着重要的作用。概括而言，财务会计报告的作用包括如下几个方面：

（1）为投资者和债权人进行有关决策提供重要依据；

（2）为企业加强生产经营管理提供重要依据；

（3）为国家制定宏观经济调控政策提供重要依据。

三、财务会计报告中财务报表的分类

▶ 1. 按编报的时间划分

财务报表按照编报的时间可分为中期财务报表和年度财务报表。

月度、季度、半年度统称为中期财务报表。中期财务报表至少应当包括资产负债表、利润表、现金流量表和附注，其中，中期资产负债表、利润表、现金流量表应当是完整的报表，格式和内容应当与年度财务报表相一致。与年度财务报表相比，中期财务报表中的附注披露可适当简化。

▶ 2. 按编报的服务对象划分

财务报表按照报表的服务对象可分为对内报表和对外报表。

对内报表是指为适应企业内部管理需要而编制的不对外公开的报表，如成本报表等。对内报表一般不需要用统一规定的格式，也没有统一的指标体系。

对外报表是指企业对外提供的，供企业投资者、债权人、政府部门以及其他与企业有经济利益关系的单位和个人使用的报表。企业对外提供的报表特别是上市公司报表需经注册会计师审计后，才能对外报出。企业对外报送的财务报表有资产负债表、利润表、现金流量表、所有者权益变动表以及财务报表附注。

▶ 3. 按反映资金的运动状态划分

财务报表按照反映资金的运动状态可分为静态报表和动态报表。

静态报表是反映资金运动处于相对静止状态时的财务报表，用来反映某一时点上的企业资产、负债及所有者权益的分布情况，如资产负债表；动态报表是反映资金运动处于显著变化状态时的财务报表，用来反映企业一定时期内的收入、费用、利润形成情况，如利润表、现金流量表和所有者权益变动表。

▶ 4. 按报表的编制主体划分

财务报表按照编制的主体可分为个别报表和合并报表。

个别报表一般根据账簿记录进行加工后编制，反映个别企业的财务状况、经营成果和现金流量。合并报表是由母公司编制的，在母公司和子公司个别财务报表的基础上，对企业集团内部交易进行相应抵消后编制的财务报表，以反映企业集团综合的财务状况、经营成果和现金流量。

四、财务会计报告的编制要求

财务会计报告的编制必须遵循《会计法》和《企业会计准则》及其具体准则的相关要求，做到数字真实、内容完整、说明清楚和报送及时。

▶ 1. 数字真实

财务报告中的各项数据必须真实可靠，如实地反映企业的财务状况、经营成果和现金流量，这是对会计信息质量的基本要求。

▶ 2. 内容完整

财务报告应当反映企业经济活动的全貌，全面反映企业的财务状况和经营成果，只有这样才能满足各方面对会计信息的需要。凡是国家要求提供的财务报告，各企业必须全部编制并报送，不得漏编和漏报；凡是国家统一要求披露的信息，都必须披露。

▶ 3. 说明清楚

财务报告中需要加以说明的项目应在财务报表附注中汇总，并用文字简要说明，以便报告使用者理解和运用。对财务报表中主要指标的构成和计算方法、报告前发生的特殊情况，都必须加以说明。

▶ 4. 报送及时

及时性是会计信息的重要特征，财务报告信息只有及时地传递给信息使用者，才能为使用者的决策提供依据。否则，即使是真实可靠和内容完整的财务报告，由于编制和报送不及时，对报告使用者来说，就大大降低了会计信息的使用价值。

企业对外提供的财务报表应加具封面、装订成册、加盖公章。财务报表封面上应当注明：企业名称、企业统一代码、组织形式、地址、报表所属年度或者月份、报出日期，并由企业负责人和主管会计工作的负责人、会计机构负责人（会计主管人员）签名并盖章，设置总会计师的企业，还应当由总会计师签名并盖章。

第二节　资产负债表

一、资产负债表的概念与内容

▶ 1. 资产负债表的概念

资产负债表是指反映企业在某一特定日期(月末、季末、半年末、年末)的财务状况的报表。它是企业经营活动的静态体现。资产负债表是根据"资产＝负债＋所有者权益"这一平衡公式，依照一定的分类标准和一定的次序，将某一特定日期的资产、负债、所有者权益的具体项目予以适当的排列编制而成的。通过资产负债表，可以反映企业在某一特定日期所拥有或控制的经济资源、所承担的现时义务和所有者对净资产的要求权，帮助财务报告使用者全面了解企业的财务状况、分析企业的偿债能力等情况，从而为其做出经济决策提供依据。

▶ 2. 资产负债表的内容

资产负债表主要反映资产、负债和所有者权益三方面的内容，并满足"资产＝负债＋所有者权益"平衡式。

1) 资产

资产是反映由过去的交易或事项形成并由企业在某一特定日期所拥有或控制的，预期会给企业带来经济利益的资源。资产应当按照流动资产和非流动资产两大类别在资产负债表中列示，然后在流动资产和非流动资产类别下进一步按性质分项列示。

资产负债表中列示的流动资产项目通常包括：货币资金、交易性金融资产、应收票据、应收账款、预付款项、其他应收款、存货、合同资产、持有待售资产和一年内到期的非流动资产等。

非流动资产是指流动资产以外的资产。资产负债表中列示的非流动资产项目通常包括：债权投资、其他债权投资、长期应收款、长期股权投资、其他权益工具投资、投资性房地产、固定资产、在建工程、无形资产、开发支出、长期待摊费用、递延所得税资产以及其他非流动资产等。

2) 负债

负债是反映在某一特定日期企业所承担的、预期会导致经济利益流出企业的现时义务。负债应当按照流动负债和非流动负债在资产负债表中进行列示，然后在流动负债和非流动负债类别下再进一步按性质分项列示。

资产负债表中列示的流动负债项目通常包括：短期借款、交易性金融负债、应付票据、应付账款、预收款项、合同负债、应付职工薪酬、应交税费、其他应付款、持有待售负债、一年内到期的非流动负债等。

非流动负债是指流动负债以外的负债。非流动负债项目通常包括：长期借款、应付债券、长期应付款、预计负债、递延收益、递延所得税负债和其他非流动负债等。

3) 所有者权益

所有者权益，是企业资产扣除负债后的剩余权益，反映企业在某一特定日期股东(投资者)拥有的净资产的总额，它一般按照实收资本(或股本)、其他权益工具、资本公积、其他综合收益、盈余公积和未分配利润分项列示。

二、资产负债表的结构

资产负债表一般由表头、表体两部分组成。表头部分应列明报表名称、编表单位名称、资产负债表日、报表编号和计量单位；表体部分是资产负债表的主体和核心，列示了用于说明企业财务状况的各个项目。资产负债表的表体格式一般有两种：报告式资产负债表和账户式资产负债表。

▶ 1. 报告式资产负债表

报告式资产负债表为上下结构，上半部分列示资产各项目，下半部分列示负债和所有者权益各项目。这种报表的特点是产权关系清晰，易为所有者、债权人及一般所有者所理解。报告式资产负债表的格式如表 8-2 所示。

表 8-2　资产负债表(报告式)

编制单位：　　　　　　　　　　年　　月　　日　　　　　　　　　单位：元

项　　目	年　初　数	期　末　数
资产：		
流动资产		
非流动资产		
资产合计		
负债：		
流动负债		
非流动负债		
负债合计		
所有者权益：		
实收资本		
资本公积		
盈余公积		
未分配利润		
所有者权益合计		

▶ 2. 账户式资产负债表

账户式资产负债表是左右结构，它如同一个 T 形账户，分为左、右两部分。左边列示资产各项目，右边列示负债和所有者权益各项目。左边资产各项目之和等于右边负债和所有者权益各项目之和。我国《企业会计准则》规定，企业的资产负债表应采用账户式报表编制。账户式资产负债表的格式如表 8-3 所示。

表 8-3　资产负债表(账户式) 会企 01 表

编制单位： 年 月 日 单位：元

资　产	期末余额	年初余额	负债和所有者权益 (或股东权益)	期末余额	年初余额
流动资产：			流动负债：		
货币资金			短期借款		
交易性金融资产			交易性金融负债		
应收票据			应付票据		
应收账款			应付账款		
预付款项			预收款项		
其他应收款			合同负债		
存货			应付职工薪酬		
合同资产			应交税费		
持有待售资产			其他应付款		
一年内到期的非流动资产			持有待售负债		
其他流动资产			一年内到期的非流动负债		
流动资产合计			其他流动负债		
非流动资产：			流动负债合计		
债权投资			非流动负债：		
其他债权投资			长期借款		
长期应收款			应付债券		
长期股权投资			长期应付款		
其他权益工具投资			预计负债		
其他非流动金融资产			递延收益		
投资性房地产			递延所得税负债		
固定资产			其他非流动负债		
在建工程			非流动负债合计		
生产性生物资产			负债合计		
油气资产			所有者权益(或股东权益)：		
无形资产			实收资本(或股本)		
开发支出			其他权益工具		
商誉			其中：优先股		
长期待摊费用			永续债		
递延所得税资产			资本公积		

续表

资　　产	期末余额	年初余额	负债和所有者权益（或股东权益）	期末余额	年初余额
其他非流动资产			减：库存股		
非流动资产合计			其他综合收益		
			盈余公积		
			未分配利润		
			所有者权益（或股东权益）合计		
资产合计			负债和所有者权益（或股东权益）合计		

此外，如有下列情况，应当在资产负债表中调整或增设相关项目。

（1）高危行业企业如有按国家规定提取的安全生产费的，应当在资产负债表所有者权益项下"其他综合收益"项目和"盈余公积"项目之间增设"专项储备"项目，反映企业提取的安全生产费期末余额。

（2）企业衍生金融工具业务具有重要性的，应当在资产负债表资产项下"交易性金融资产"项目和"应收票据"项目之间增设"衍生金融资产"项目，在资产负债表负债项下"交易性金融负债"项目和"应付票据"项目之间增设"衍生金融负债"项目，分别反映企业衍生工具形成资产和负债的期末余额。

三、资产负债表的基本填列方法

资产负债表是在企业完成了日常账务处理的基础上编制的。编制的方法是：在编制资产负债表之前，应当编制"账户余额试算平衡表"，该表应当根据总账的期末余额编制。在试算平衡后，再根据"账户余额试算平衡表"和有关明细账户余额，正式编制资产负债表。资产负债表各栏目均需填列"年初余额"和"期末余额"两栏。

▶ **1. 资产负债表"年初余额"栏的填列方法**

资产负债表的"年初余额"栏内各项数字，应根据上年年末资产负债表的"期末余额"栏内所列数字填列。如果上年度资产负债表规定的各个项目的名称和内容与本年度不一致，应按照本年度的规定对上年年末资产负债表各项目的名称和数字进行调整，按调整后的数字填入资产负债表"年初余额"栏内。

▶ **2. 资产负债表"期末余额"栏的填列方法**

资产负债表的"期末余额"栏一般根据资产、负债、所有者权益科目的期末余额填列。其中，资产类项目主要根据有关资产类账户的借方余额填列，负债和所有者权益类项目主要根据有关账户的贷方余额填列。具体填列方法主要有以下几种。

1）根据总账科目的余额填列

资产负债表中大多数项目的数据来源于总账科目的余额，并主要根据总账科目的余额填列。

资产类项目有"交易性金融资产""衍生金融资产""其他权益工具投资""长期待摊费用"

"递延所得税资产"等项目。

负债类项目有"短期借款""交易性金融负债""衍生金融负债""持有待售负债""长期借款""应付债券""递延收益""递延所得税资产"等项目。

所有者权益项目有"实收资本(或股本)""其他权益工具""资本公积""其他综合收益""库存股""盈余公积"等项目。

有些项目则需根据几个总账科目的余额计算填列,如"货币资金"项目,需根据"库存现金""银行存款"和"其他货币资金"科目期末余额的合计数填列,即货币资金=库存现金+银行存款+其他货币资金。

"其他应付款"项目,应根据"应付利息""应付股利"和"其他应付款"科目期末余额的合计数填列,即其他应付款=应付利息+应付股利+其他应付款。

2)根据明细科目的余额计算填列

资产负债表的某些项目需要根据有关科目所属的明细科目的期末余额计算填列,如下所示:

(1)应收账款项目="应收账款"明细账(借余)+"预收账款"明细账(借余);

(2)预付账款项目="预付账款"明细账(借余)+"应付账款"明细账(借余);

(3)应付账款项目="应付账款"明细账(贷余)+"预付账款"明细账(贷余);

(4)预收账款项目="预收账款"明细账(贷余)+"应收账款"明细账(贷余)。

需要注意的是,如应收账款已提取了坏账准备,则应减去坏账准备金额后才能填列,如下式所示。

应收账款项目="应收账款"明细账(借余)+"预收账款"明细账(借余)-计提的相应的坏账准备

"开发支出"项目,需要根据"研发支出"科目中所属的"资本化支出"明细科目期末余额计算填列;

"应付职工薪酬"项目,需要根据"应付职工薪酬"科目的明细科目期末余额计算填列。

"一年内到期的非流动资产""一年内到期的非流动负债"项目,需要根据有关非流动资产和非流动负债项目的明细科目余额计算填列。

"未分配利润"项目,需要根据"利润分配"科目中所属的"未分配利润"明细科目期末余额计算填列。

3)根据总账科目和明细账科目的余额分析计算填列

如"长期借款"项目,应根据"长期借款"总账科目余额扣除"长期借款"科目所属的明细科目中将在资产负债表日起一年内到期且企业不能自主地将清偿义务展期的长期借款后的金额计算填列。

"其他非流动资产"项目,应根据有关科目的期末余额减去将于一年内(含一年)收回数后的金额填列。

"其他非流动负债"项目,应根据有关科目的期末余额减去将于一年内(含一年)到期偿还数后的金额填列。

4)根据有关科目余额减去其备抵科目余额后的净额填列

"固定资产"项目,应当根据"固定资产"科目的期末余额减去"累计折旧""固定资产减值准备""固定资产清理"后的净额填列。

"无形资产"项目，应当根据"无形资产"科目的期末余额，减去"累计摊销""无形资产减值准备"备抵科目余额后的净额填列。

"在建工程"项目，应当根据"在建工程""工程物资"科目的期末余额，减去"在建工程减值准备""工程物资减值准备"备抵科目余额后的净额填列。

"投资性房地产"(成本模式)项目，应当根据"投资性房地产"科目的期末余额，减去"投资性房地产累计折旧(摊销)""投资性房地产减值准备"备抵科目余额后的净额填列。

5) 综合运用上述填列方法分析填列

如资产负债表中的"存货"项目，需要根据"材料采购""在途物资""原材料""材料成本差异""发出商品""库存商品""周转材料""委托加工物资"等总账科目期末余额的分析汇总数，再减去"存货跌价准备"科目余额后的净额填列。

四、资产负债表的具体填列方法

▶ 1. 资产项目的内容和填列方法

1) "货币资金"项目

"货币资金"项目反映企业库存现金、银行结算户存款、外埠存款、银行汇票存款、银行本票存款、信用卡存款、信用证保证金存款等的合计数。本项目应根据"库存现金""银行存款""其他货币资金"科目期末余额的合计数填列。

【例 8-1】 202×年 12 月 31 日，甲公司"库存现金"科目余额为 0.15 万元，"银行存款"科目余额为 151.35 万元。"其他货币资金"科目余额为 148.5 万元，则 202×年 12 月 31 日，甲公司资产负债表中"货币资金"项目"期末余额"的列报金额＝0.15＋151.35＋148.5＝300(万元)。

2) "交易性金融资产"项目

"交易性金融资产"项目反映企业资产负债表日分类为以公允价值计量且其变动计入当期损益的金融资产，以及企业持有的直接指定为以公允价值计量且其变动计入当期损益的金融资产的期末账面价值。本项目应当根据"交易性金融资产"科目的相关明细科目期末余额分析填列。自资产负债表日起超过一年到期且预期持有超过一年的以公允价值计量且其变动计入当期损益的非流动金融资产的期末账面价值，在"其他非流动金融资产"项目反映。

3) "应收票据"项目

"应收票据"项目反映企业因销售商品、提供劳务等而收到的商业汇票，包括银行承兑汇票和商业承兑汇票。本项目应根据"应收票据"科目的期末余额，减去"坏账准备"科目中有关应收票据计提的坏账准备期末余额后的净额填列。

4) "应收账款"项目

"应收账款"项目反映企业因销售商品、提供劳务等经营活动应收取的款项。本项目应根据"应收账款"和"预收账款"科目所属各明细科目的期末借方余额合计减去"坏账准备"科目中有关应收账款计提的坏账准备期末余额后的金额填列。如"应收账款"科目所属明细科目期末有贷方余额的，应在本表"预收账款"项目内填列。

【例 8-2】 202×年 12 月 31 日，甲公司"应收账款"科目余额为 1 950 万元，"坏账准备"科目中有关应收账款计提的坏账准备金额为 67.5 万元，则 202×年 12 月 31 日，甲公

司资产负债表中"应收账款"项目"期末余额"的列报金额＝1 950－67.5＝1 882.5(万元)

5)"预付款项"项目

"预付款项"项目反映企业按照购货合同规定预付给供应单位的款项等。本项目应根据"预付账款"和"应付账款"科目所属各明细科目的期末借方余额合计数，减去"坏账准备"科目中有关预付款项计提的坏账准备期末余额后的金额填列。如"预付账款"科目所属各明细科目期末有贷方余额的，应在资产负债表"应付账款"项目内填列。

6)"其他应收款"项目

"其他应收款"项目反映企业除应收票据、应收账款、预付账款等经营活动以外的其他各种应收、暂付的款项。本项目应根据"应收利息""应收股利""其他应收款"科目的期末余额合计数，减去"坏账准备"科目中有关坏账准备期末余额后的金额填列。

7)"存货"项目

"存货"项目反映企业期末在库、在途和在加工中的各种存货的可变现净值或成本(按成本与可变现净值孰低计量)。存货包括各种材料、商品、在产品、半成品、包装物、低值易耗品、委托代销商品等。本项目应根据"材料采购""原材料""低值易耗品""库存商品""周转材料""委托加工物资""委托代销商品""生产成本""受托代销商品"等科目的期末余额合计，减去"受托代销商品款""存货跌价准备"科目期末余额后的净额填列。材料采用计划成本核算以及库存商品采用计划成本核算或售价核算的企业，还应按加或减材料成本差异、商品进销差价后的净额填列。

【例8-3】　202×年12月31日，甲公司有关科目余额如下："原材料"科目借方余额为150万元，"委托加工物资"科目借方余额为300万元，"材料成本差异"科目的贷方余额为37.5万元，"发出商品"科目借方余额为1 200万元，"生产成本"科目借方余额为450万元，"存货跌价准备"科目贷方余额为150万元，"受托代销商品"科目借方余额为600万元，"受托代销商品款"科目借方余额为600万元，则202×年12月31日，甲公司资产负债表中"存货"项目"期末余额"的列报金额＝150＋300－37.5＋1 200＋450－150＋600－600＝1 912.5(万元)

8)"合同资产"项目

"合同资产"项目反映企业按照《企业会计准则第14号——收入》的相关规定，根据本企业履行履约义务与客户付款之间的关系，在资产负债表中列示合同资产。"合同资产"项目应根据"合同资产"项目的有关明细科目期末余额分析填列。

9)"持有待售资产"项目

"持有待售资产"项目反映资产负债表日划分为持有待售类别的非流动资产及划分为持有待售类别的处置组中的流动资产和非流动资产的期末账面价值。本项目应根据"持有待售资产"科目的期末余额，减去"持有待售资产减值准备"科目的期末余额后的金额填列。

【例8-4】　甲公司计划出售一项固定资产，该固定资产于202×年12月31日被划分为持有待售固定资产，其账面价值为412.5万元，从划归为持有待售的下个月起停止计提折旧，不考虑其他因素，则202×年12月31日，甲公司资产负债表中"持有待售资产"项目"期末余额"的列报金额为412.5万元。

10)"一年内到期的非流动资产"项目

"一年内到期的非流动资产"项目反映企业将于一年内到期的非流动资产项目金额。本项目应根据有关科目的期末余额分析填列。

11）"债权投资"项目

"债权投资"项目反映资产负债表日企业以摊余成本计量的长期债权投资的期末账面价值。该项目应根据"债权投资"科目的有关明细科目期末余额，减去"债权投资减值准备"科目中的有关减值准备的期末余额后的金额分析填列。自资产负债表日起一年内到期的长期债权投资的期末账面价值，在"一年内到期的非流动资产"项目反映。企业购入的以摊余成本计量的一年内到期的债券投资的期末账面价值，在"其他流动资产"项目反映。

12）"其他债权投资"项目

"其他债权投资"项目反映资产负债表日分类为以公允价值计量且其变动计入其他综合收益的长期债权投资的期末账面价值。该项目应根据"其他债权投资"科目的有关明细科目期末余额分析填列。自资产负债表日起一年内到期的长期债权投资的期末账面价值，在"一年内到期的非流动资产"项目反映。企业购入的以公允价值计量且其变动计入其他综合收益的一年内到期的债券投资的期末账面价值，在"其他流动资产"项目反映。

13）"长期应收款"项目

"长期应收款"项目反映企业融资租赁产生的应收款项和采用递延方式分期收款、实质上具有融资性质的销售商品和提供劳务等经营活动产生的应收款项。本项目应根据"长期应收款"项目的期末余额，减去相应的"未确认融资收益"科目和"坏账准备"科目所属相关明细科目期末余额后的金额列示。

14）"长期股权投资"项目

"长期股权投资"项目反映投资方对被投资单位实施控制、施加重大影响的权益性投资，以及对其合营企业的权益性投资。本项目应根据"长期股权投资"科目的期末余额，减去"长期股权投资减值准备"科目的期末余额后的净额填列。

15）"其他权益工具投资"项目

"其他权益工具投资"项目反映资产负债表日企业指定为以公允价值计量且其变动计入其他综合收益的非交易性权益工具投资的期末账面价值。该项目应根据"其他权益工具投资"科目的期末余额填列。

16）"固定资产"项目

"固定资产"项目反映资产负债表日企业固定资产的期末账面价值和企业尚未清理完毕的固定资产清理净损益。该项目应根据"固定资产"科目的期末余额，减去"累计折旧"和"固定资产减值准备"科目的期末余额后的金额，以及"固定资产清理"科目的期末余额填列。

【例 8-5】 202×年 12 月 31 日，甲公司"固定资产"科目借方余额为 7 500 万元，"累计折旧"科目贷方余额为 4 777.5 万元，"固定资产减值准备"科目贷方余额为 750 万元，"固定资产清理"科目借方余额为 750 万元，则 202×年 12 月 31 日，甲公司资产负债表中"固定资产"项目"期末余额"的列报金额＝7 500－4 777.5－750＋750＝2 722.5（万元）

17）"在建工程"项目

"在建工程"项目反映资产负债表日企业尚未达到预定可使用状态的在建工程的期末账面价值和企业为在建工程准备的各种物资的期末账面价值。该项目应根据"在建工程"科目的期末余额减去"在建工程减值准备"科目的期末余额后的金额，以及"工程物资"科目的期末余额减去"工程物资减值准备"科目的期末余额后的金额填列。

18）"无形资产"项目

"无形资产"项目反映企业持有的专利权、非专利技术、商标权、著作权、土地使用权等无形资产的成本减去累计摊销和减值准备后的净值。本项目应根据"无形资产"科目的期末余额，减去"累计摊销"和"无形资产减值准备"科目期末余额后的净额填列。

【例8-6】　202×年12月31日，甲公司"无形资产"科目借方余额为1 200万元，"累计摊销"科目贷方余额为300万元，"无形资产减值准备"科目贷方余额为150万元，则202×年12月31日，甲公司资产负债表中"无形资产"项目"期末余额"的列报金额＝1 200－300－150＝750(万元)

19）"开发支出"项目

"开发支出"项目反映企业开发无形资产过程中能够资本化形成无形资产成本的支出部分。本项目应当根据"研发支出"科目中所属的"资本化支出"明细科目期末余额填列。

20）"长期待摊费用"项目

"长期待摊费用"项目反映企业已经发生但应由本期和以后各期负担的分摊期限在一年以上的各项费用。长期待摊费用中在一年内(含一年)摊销的部分，在资产负债表"一年内到期的非流动资产"项目填列。本项目应根据"长期待摊费用"科目的期末余额减去将于一年内(含一年)摊销的数额后的金额分析填列。

21）"递延所得税资产"项目

"递延所得税资产"项目反映企业根据所得税准则确认的可抵扣暂时性差异产生的所得税资产。本项目应根据"递延所得税资产"科目的期末余额填列。

22）"其他非流动资产"项目

"其他非流动资产"项目反映企业除上述非流动资产以外的其他非流动资产。本项目应根据有关科目的期末余额填列。

▶ **2. 负债项目的内容和填列方法**

1）"短期借款"项目

"短期借款"项目反映企业向银行或其他金融机构等借入的期限在1年以下(含1年)的各种借款。本项目应根据"短期借款"科目的期末余额填列。

【例8-7】　202×年12月31日，甲公司"短期借款"科目的余额如下：银行质押借款15万元，信用借款60万元，则202×年12月31日，甲公司资产负债表中"短期借款"项目"期末余额"的列报金额＝15＋60＝75(万元)

2）"交易性金融负债"项目

"交易性金融负债"项目反映企业资产负债表日承担的交易性金融负债，以及企业持有的直接指定为以公允价值计量且其变动计入当期损益的金融负债的期末账面价值。本项目应当根据"交易性金融负债"科目的相关明细科目期末余额分析填列。

3）"应付票据"项目

"应付票据"项目反映企业购买材料、商品和接受劳务供应等而开出、承兑的商业汇票，包括银行承兑汇票和商业承兑汇票。本项目应根据"应付票据"科目的期末余额填列。

4）"应付账款"项目

"应付账款"项目反映企业因购买材料、商品和接受劳务供应等经营活动应支付的款项。本项目应根据"应付账款"和"预付账款"科目所属各明细科目的期末贷方余额合计数填列。如"应付账款"科目所属明细科目期末有借方余额的,应在资产负债表"预付款项"项目内填列。

【例 8-8】 202×年 12 月 31 日,甲公司"应付账款"科目的余额为 52.5 万元,则 202×年 12 月 31 日,甲公司资产负债表中"应付账款"项目"期末余额"的列报金额为 52.5 万元。

5)"预收款项"项目

"预收款项"项目反映企业按照销货合同规定预收供应单位的款项。本项目应根据"预收账款"和"应收账款"科目所属各明细科目的期末贷方余额合计数填列。如"预收账款"科目所属各明细科目期末有借方余额,应在资产负债表"应收账款"项目内填列。

6)"合同负债"项目

"合同负债"项目反映企业按照《企业会计准则第 14 号——收入》的相关规定,根据本企业履行履约义务与客户付款之间的关系在资产负债表中列示合同负债。"合同负债"项目应根据"合同负债"项目的有关明细账目期末余额分析填列。

7)"应付职工薪酬"项目

"应付职工薪酬"项目反映企业为获得职工提供的服务或解除劳动关系而给予的各种形式的报酬或补偿。企业提供给职工配偶、子女、受赡养人、已故员工遗属及其他受益人等的福利,也属于职工薪酬。职工薪酬包括短期薪酬、离职后福利、辞退福利和其他长期职工福利。本项目应根据"应付职工薪酬"科目所属各明细科目的期末贷方余额分析填列。外商投资企业按规定从净利润中提取的职工奖励及福利基金,也在本项目列示。

【例 8-9】 202×年 12 月 31 日,甲公司"应付职工薪酬"科目显示,所欠的薪酬项目包括:工资、奖金、津贴和补贴 105 万元,社会保险费(含医疗保险、工伤保险、生育保险)7.5 万元,设定提存计划(含基本养老保险)3.75 万元,住房公积金 3 万元,工会经费和职工教育经费 0.75 万元,则 202×年 12 月 31 日,甲公司资产负债表中"应付职工薪酬"项目"期末余额"的列报金额=105+7.5+3.75+3+0.75=120(万元)

8)"应交税费"项目

"应交税费"项目反映企业按照税法规定计算应交纳的各种税费,包括增值税、消费税、城市维护建设税、教育费附加、企业所得税、资源税、土地增值税、房产税、城镇土地使用税、车船税、矿产资源补偿费等。企业代扣代缴的个人所得税,也通过本项目列示。企业所交纳的税金不需要预计应交数的,如印花税、耕地占用税等,不在本项目列示。本项目应根据"应交税费"科目的期末贷方余额填列;如"应交税费"科目期末为借方余额,应以"一"号填列。

9)"其他应付款"项目

"其他应付款"项目反映企业除应付票据、应付账款、预收款项、应付职工薪酬、应交税费等经营活动以外的其他各项应付、暂收的款项。本项目应根据"应付利息""应付股利""其他应付款"科目的期末余额合计数填列。

10)"持有待售负债"项目

"持有待售负债"项目反映资产负债表日处置组中与划分为持有待售类别的资产直接相关的负债的期末账面价值。本项目应根据"持有待售负债"科目的期末余额填列。

11）"一年内到期的非流动负债"项目

"一年内到期的非流动负债"项目反映企业非流动负债中将于资产负债表日后一年内到期部分的金额，如将于一年内偿还的长期借款。本项目应根据有关科目的期末余额分析填列。

12）"长期借款"项目

"长期借款"项目反映企业向银行或其他金融机构借入的期限在一年以上（不含一年）的各项借款。本项目应根据"长期借款"科目的期末余额，扣除"长期借款"项目所属的明细科目中将在资产负债表日起一年内偿还且企业不能自主地将清偿义务展期的长期借款后的金额计算填列。

【例8-10】 202×年12月31日，甲公司"长期借款"科目余额为232.5万元，其中自乙银行借入的7.5万元借款将于一年内到期，甲公司不具有自主展期清偿的权利，则甲公司202×年12月31日资产负债表中"长期借款"项目"期末余额"的列报金额＝232.5－7.5＝225（万元），"一年内到期的非流动负债"项目"期末余额"的列报金额为7.5万元。

13）"应付债券"项目

"应付债券"项目反映企业为筹集长期资金而发行的债券本金（和利息）。本项目应根据"应付债券"科目的期末余额填列。

14）"长期应付款"项目

"长期应付款"项目反映除长期借款和应付债券以外的其他各种长期应付款。主要有应付补偿贸易引进设备款、采用分期付款方式购入固定资产和无形资产发生的应付账款、应付融资租入固定资产租赁费等。本项目应根据"长期应付款"科目的期末余额，减去相关的"未确认融资费用"科目的期末余额后的金额，以及"专项应付款"科目的期末余额，再减去所属相关明细科目中将于一年内到期的部分后的金额填列。

15）"预计负债"项目

"预计负债"项目反映企业根据或有事项等相关准则确认的各项预计负债，包括对外提供担保、未决诉讼、产品质量保证、重组义务以及固定资产和矿区权益弃置义务等产生的预计负债。本项目应根据"预计负债"科目的期末余额填列。

16）"递延收益"项目

"递延收益"项目反映尚待确认的收入或收益。本项目核算包括企业根据政府补助准则确认的应在以后期间计入当期损益的政府补助金额、售后租回形成融资租赁的售价与资产账面价值差额等其他递延型收入。本项目应根据"递延收益"科目的期末余额填列。

17）"递延所得税负债"项目

"递延所得税负债"项目反映企业根据所得税准则确认的应纳税暂时性差异产生的所得税负债。本项目应根据"递延所得税负债"科目的期末余额填列。

18）"其他非流动负债"项目

"其他非流动负债"项目反映企业除以上非流动负债以外的其他非流动负债。本项目应根据有关科目的期末余额，减去将于一年内（含一年）到期偿还数后的余额分析填列。非流动负债各项目中将于一年内（含一年）到期的非流动负债，应在"一年内到期的非流动负债"项目内反映。

▶ 3. 所有者权益项目的内容和填列方法

1）"实收资本（或股本）"项目

"实收资本（或股本）"项目反映企业各投资者实际投入的资本（或股本）总额。本项目应根据"实收资本"（或"股本"）科目的期末余额填列。

【例 8-11】 甲公司是由 A 公司 201× 年 9 月 1 日注册成立的有限责任公司，注册资本为人民币 7 500 万元，A 公司以货币资金人民币 7 500 万元出资，占注册资本的 100%，持有甲公司 100% 的权益。上述实收资本已于 2010 年 9 月 1 日经相关会计师事务所出具的验资报告验证。该资本投入自 201× 年以来至 202× 年年末从未发生过变动，则 202× 年 12 月 31 日，甲公司资产负债表中"实收资本"项目"期末余额"的列报金额为 7 500 万元。

2）"其他权益工具"项目

"其他权益工具"项目反映企业发行的除普通股以外分类为权益工具的金融工具的账面价值，并下设"优先股"和"永续债"两个项目，分别反映企业发行的分类为权益工具的优先股和永续债的账面价值。

3）"资本公积"项目

"资本公积"项目反映企业收到投资者出资超过其在注册资本或股本中所占的份额以及直接计入所有者权益的利得和损失等。本项目应根据"资本公积"科目的期末余额填列。

4）"其他综合收益"项目

"其他综合收益"项目反映企业其他综合收益的期末余额。本项目应根据"其他综合收益"科目的期末余额填列。

5）"盈余公积"项目

"盈余公积"项目反映企业盈余公积的期末余额。本项目应根据"盈余公积"科目的期末余额填列。

6）"未分配利润"项目

"未分配利润"项目反映企业尚未分配的利润。未分配利润是指企业实现的净利润经过弥补亏损、提取盈余公积和向投资者分配利润后留存在企业的、历年结存的利润。本项目应根据"本年利润"科目和"利润分配"科目的余额计算填列。未弥补的亏损在本项目内以"—"号填列。

资产负债表的编制方法举例如下。

【例 8-12】 承例 8-1～例 8-12，甲公司编制的 202× 年 12 月 31 日的资产负债表如表 8-4 所示。

表 8-4 资产负债表

编制单位：甲公司　　　　　　　　　202× 年 12 月 31 日　　　　　　　　　会企 01 表
　　　　　　　　　　　　　　　　　　　　　　　　　　　　　　　　　　　单位：元

资　　　产	期末余额	年初余额	负债和所有者权益（或股东权益）	期末余额	年初余额
流动资产：			流动负债：		
货币资金	3 000 000		短期借款	750 000	
交易性金融资产			交易性金融负债		
应收票据			应付票据		
应收账款	18 825 000		应付账款	525 000	

资　　产	期末余额	年初余额	负债和所有者权益（或股东权益）	期末余额	年初余额
预付款项			预收款项		
其他应收款			合同负债		
存货	19 125 000		应付职工薪酬	1 200 000	
合同资产			应交税费		
持有待售资产	4 125 000		其他应付款		
一年内到期的非流动资产			持有待售负债		
其他流动资产			一年内到期的非流动负债	75 000	
流动资产合计	45 075 000		其他流动负债		
非流动资产：			流动负债合计	2 550 000	
债权投资			非流动负债：		
其他债权投资			长期借款	2 250 000	
长期应收款			应付债券		
长期股权投资			长期应付款		
其他权益工具投资			预计负债		
其他非流动金融资产			递延收益		
投资性房地产			递延所得税负债		
固定资产	27 225 000		其他非流动负债		
在建工程			非流动负债合计	2 250 000	
生产性生物资产			负债合计	4 800 000	
油气资产			所有者权益（或股东权益）：		
无形资产	7 500 000		实收资本（或股本）	75 000 000	
开发支出			其他权益工具		
商誉			其中：优先股		
长期待摊费用			永续债		
递延所得税资产			资本公积		
其他非流动资产			减：库存股		
非流动资产合计	34 725 000		其他综合收益		
			盈余公积		
			未分配利润		
			所有者权益（或股东权益）合计	75 000 000	
资产合计	79 800 000		负债和所有者权益（或股东权益）合计	79 800 000	

第三节　利　润　表

一、利润表的概念和作用

利润表又称损益表，是反映企业在一定会计期间的经营成果的报表。利润表的编制基础是"收入－费用＝利润"，按照权责发生制将一定期间的收入同一定期间相关的成本费用配比，计算出企业一定期间的净利润(或净亏损)。

通过利润表，可以反映企业在一定会计期间收入、费用、利润(或亏损)的金额和构成情况，帮助财务报表使用者全面了解企业的经营成果，分析企业的获利能力及盈利增长趋势，从而为其作出经济决策提供依据。

二、利润表的结构

利润表一般由表头、表体两部分组成。表头部分应列明报表名称、编表单位名称、编制日期、报表编号和计量单位；表体部分是利润表的主体，列示了形成经营成果的各个项目和计算过程。利润表的结构一般有两种：单步式利润表和多步式利润表。

1. 单步式利润表

单步式利润表是将当期所有的收入列在一起，然后将所有的费用列在一起，两者相减得出当期净损益。其优点是列示简单、计算方便、易于理解。其不足之处在于没能反映出各类收入与费用之间的配比关系，无法揭示各构成要素之间的内在联系，不便于报表使用者进行分析，也不利于同行业之间的比较。其格式如表 8-5 所示。

表 8-5　利润表(单步式)

编制单位：　　　　　　　　　　年　　月　　　　　　　　　　单位：元

项　　目	本 期 金 额	上 期 金 额
一、收入		
主营业务收入		
其他业务收入		
投资收益		
二、费用		
主营业务成本		
其他业务成本		
税金及附加		
管理费用		
销售费用		
财务费用		
所得税费用		
三、净利润		

▶ 2. 多步式利润表

多步式利润表是通过对当期的收入、费用及支出项目按性质加以归类，按利润形成的主要环节列示一些中间性利润指标，分步计算当期净损益。其步骤为：先计算营业利润，再计算利润总额，最后得出净利润。多步式利润表的优点是能够向报表使用者提供具有结构性的信息，便于对企业的生产经营情况进行分析，有利于不同企业之间进行比较。我国《企业会计准则》规定利润表采用多步式结构。

为了使财务报表使用者通过比较不同期利润的实现情况，判断企业经营成果的未来发展趋势，企业需要提供比较利润表。为此，利润表还需将各项目再分为"本期金额"和"上期金额"两栏分布填列。我国企业利润表的格式如表8-6所示。

表 8-6　利润表（多步式）　　　　　　　　　　　　会企02表

编制单位：　　　　　　　　　　年　　月　　　　　　　　　　（单位：元）

项　　目	本 期 金 额	上 期 金 额
一、营业收入		
减：营业成本		
税金及附加		
销售费用		
管理费用		
研发费用		
财务费用		
其中：利息费用		
利息收入		
加：其他收益		
投资收益（损失以"－"号填列）		
其中：对联营企业和合营企业的投资收益		
以摊余成本计量的金融资产终止确认收益（损失以"－"号填列）		
净敞口套期收益（损失以"－"号填列）		
公允价值变动收益（损失以"－"号填列）		
信用减值损失（损失以"－"号填列）		
资产减值损失（损失以"－"号填列）		
资产处置收益（损失以"－"号填列）		
二、营业利润（亏损以"－"号填列）		
加：营业外收入		
减：营业外支出		
三、利润总额（亏损总额以"－"号填列）		

项　　　　目	本 期 金 额	上 期 金 额
减：所得税费用		
四、净利润（净亏损以"－"号填列）		
（一）持续经营净利润（净亏损以"－"号填列）		
（二）终止经营净利润（净亏损以"－"号填列）		
五、其他综合收益的税后净额（略）		
六、综合收益总额		
七、每股收益		
（一）基本每股收益		
（二）稀释每股收益		

三、利润表的填列方法

▶ **1. 利润表项目基本填列方法**

我国企业利润表的主要编制步骤和内容如下。

（1）以营业收入为基础，减去营业成本、税金及附加、销售费用、管理费用、研发费用、财务费用、信用减值损失、资产减值损失，加上其他收益、投资收益（或减去投资损失）、净敞口套期收益（或减去损失）、公允价值变动收益（或减去公允价值变动损失）、资产处置收益（或减去资产处置损失），计算出营业利润。

营业利润＝营业收入－营业成本－税金及附加－销售费用－管理费用－研发费用－财务费用－信用减值损失－资产减值损失＋其他收益＋投资收益＋净敞口套期收益＋公允价值变动收益＋资产处置收益

（2）以营业利润为基础，加上营业外收入，减去营业外支出，计算出利润总额。

利润总额＝营业利润＋营业外收入－营业外支出

（3）以利润总额为基础，减去所得税费用，计算出净利润（或净亏损）。

净利润＝利润总额－所得税费用

（4）以净利润（或净亏损）为基础，计算出每股收益。

（5）以净利润（或净亏损）和其他综合收益为基础，计算出综合收益总额。

利润表各项目均需填列"本期金额"和"上期金额"两栏。其中"上期金额"栏内各项数字，应根据上年该期利润表的"本期金额"栏内所列数字填列。"本期金额"栏内各项数字，除"基本每股收益"和"稀释每股收益"项目外，应当按照有关科目的发生额分析填列。如"营业收入"项目，根据"主营业务收入""其他业务收入"科目的发生额分析计算填列；"营业成本"项目，根据"主营业务成本""其他业务成本"科目的发生额分析计算填列。

▶ **2. 利润表各项目具体填列方法**

1）"营业收入"项目

"营业收入"项目反映企业经营主要业务和其他业务所确认的收入总额。本项目应根据

"主营业务收入"和"其他业务收入"科目的发生额分析填列。

【例 8-13】 乙公司 202×年度"主营业务收入"科目发生额合计为 3 300 万元；"其他业务收入"科目发生额合计为 14 100 万元，则乙公司 202×年度利润表中"营业收入"项目"本期金额"的列报金额＝14 100＋900＝15 000（万元）

2）"营业成本"项目

"营业成本"项目反映企业经营主要业务和其他业务所发生的成本总额。本项目应根据"主营业务成本"和"其他业务成本"科目的发生额分析填列。

【例 8-14】 乙公司 202×年度"主营业务成本"科目发生额合计为 11 250 万元，"其他业务成本"科目发生额合计为 750 万元，则乙公司 202×年度利润表中"营业成本"项目"本期金额"的列报金额＝11 250＋750＝12 000（万元）

3）"税金及附加"项目

"税金及附加"项目反映企业经营业务应负担的消费税、城市建设维护税、教育费附加、资源税、土地增值税即房产税、车船税、城镇土地使用税、印花税等相关税费。本项目应根据"税金及附加"科目的发生额分析填列。

【例 8-15】 乙公司 202×年度"应交税费——应交增值税"明细科目的发生额如下：增值税销项税额合计 2 550 万元，进项税额合计 1 050 万元；"税金及附加"科目的发生额如下：城市维护建设税合计 75 万元，教育费附加合计 45 万元，房产税合计 600 万元，城镇土地使用税合计 30 万元，则乙公司 202×年度利润表中"税金及附加"项目"本期金额"的列报金额＝75＋45＋600＋30＝750（万元）

4）"销售费用"项目

"销售费用"项目反映企业在销售商品过程中发生的包装费、广告费等费用和为销售本企业商品而专设的销售机构的职工薪酬、业务费等经营费用。本项目应根据"销售费用"科目的发生额分析填列。

5）"管理费用"项目

"管理费用"项目反映企业为组织和管理生产经营发生的管理费用。本项目应根据"管理费用"的发生额分析填列。

6）"研发费用"项目

"研发费用"项目反映企业进行研究与开发过程中发生的费用化支出。该项目应根据"管理费用"科目下的"研发费用"明细科目的发生额分析填列。

7）"财务费用"项目

"财务费用"项目反映企业为筹集生产经营所需资金等而发生的筹资费用。本项目应根据"财务费用"科目的发生额分析填列。"其中：利息费用"项目，反映企业为筹集生产经营所需资金等而发生的应予费用化的利息支出，该项目应根据"财务费用"科目的有关明细科目的发生额分析填列。"利息收入"项目，反映企业确认的利息收入，该项目应根据"财务费用"科目的有关明细科目的发生额分析填列。

【例 8-16】 乙公司 202×年度"财务费用"科目的发生额如下：银行长期借款利息支出合计 1 500 万元，银行短期借款利息支出 135 万元，银行存款利息收入合计 12 万元，银行手续费支出合计 27 万元，则乙公司 202×年度利润表中"财务费用"项目"本期金额"的列报金额＝1 500＋135－12＋27＝1 650（万元）

8)"其他收益"项目

"其他收益"项目反映计入其他收益的政府补助等。本项目应根据"其他收益"科目的发生额分析填列。

9)"投资收益"项目

"投资收益"项目反映企业以各种方式对外投资所取得的收益。本项目应根据"投资收益"科目的发生额分析填列。如为投资损失,本项目以"-"号填列。

【例8-17】 乙公司202×年度"投资收益"科目的发生额如下:按权益法核算的长期股权投资收益合计435万元,按成本法核算的长期股权投资收益合计300万元,处置长期股权投资发生的投资损失合计750万元,则乙公司202×年度利润表中"投资收益"项目"本期金额"的列报金额＝435＋300－750＝－15(万元)

10)"公允价值变动收益"项目

"公允价值变动收益"项目反映企业应当计入当期损益的资产或负债公允价值变动收益。本项目应根据"公允价值变动损益"科目的发生额分析填列,如为净损失,本项目以"-"号填列。

11)"信用减值损失"项目

"信用减值损失"项目反映企业计提的各项金融工具减值准备所形成的预期信用损失。本项目应根据"信用减值损失"科目的发生额分析填列,损失以"-"号填列。

12)"资产减值损失"项目

"资产减值损失"项目反映企业各项资产发生的减值损失。本项目应根据"资产减值损失"科目的发生额分析填列,损失以"-"号填列。

【例8-18】 乙公司202×年度"资产减值损失"科目的发生额如下:存货减值损失合计127.5万元,坏账损失合计22.5万元,固定资产减值损失合计261万元,无形资产减值损失合计39万元,则乙公司202×年度利润表中"资产减值损失"项目"本期金额"的列报金额＝－(127.5＋22.5＋261＋39)＝－450(万元)

13)"资产处置收益"项目

"资产处置收益"项目反映企业出售划分为持有待售的非流动资产(金融工具、长期股权投资和投资性房地产除外)或处置组(子公司和义务除外)时确认的处置利得或损失,以及处置未划分为持有待售的固定资产、在建工程、生产性生物资产及无形资产而产生的处置利得或损失。债务重组中因处置非流动资产产生的利得或损失、非货币性资产交换产生的利得或损失也包括在本项目内。本项目应根据"资产处置损益"科目的发生额分析填列;如为处置损失,以"-"号填列。

14)"营业利润"项目

"营业利润"项目反映企业实现的营业利润。如为亏损,本项目以"-"号填列。

15)"营业外收入"项目

"营业外收入"项目反映企业发生的除营业利润以外的收益。主要包括债务重组利得、与企业日常活动无关的政府补助、盘盈利得、捐赠利得(企业接受股东或股东的子公司直接或间接的捐赠,经济实质属于股东对企业的资本性投入的除外)等。本项目应根据"营业外收入"科目的发生额分析填列。

【例8-19】 乙公司202×年度"营业外收入"科目的发生额如下:债务重组利得75万

元，固定资产盘盈利得合计 30 万元，则乙公司 202×年度利润表中"营业外收入"项目"本期金额"的列报金额＝75＋30＝105(万元)

16)"营业外支出"项目

"营业外支出"项目反映企业发生的与经营业务无直接关系的各项支出。主要包括债务重组损失、公益性捐赠支出、非常损失、盘亏损失、非流动资产毁损报废损失等。本项目应根据"营业外支出"科目的发生额分析填列。

【例 8-20】　乙公司 202×年度"营业外支出"科目的发生额如下：固定资产盘亏损失 21 万元，罚没支出 15 万元，捐赠支出合计 6 万元，其他营业外支出 3 万元，则乙公司 202×年度利润表中"营业外支出"项目"本期金额"的列报金额＝21＋15＋6＋3＝45(万元)

17)"利润总额"项目

"利润总额"项目反映企业实现的利润。如为亏损，本项目以"－"号填列。

18)"所得税费用"项目

"所得税费用"项目反映企业应从当期利润总额中扣除的所得税费用。本项目应根据"所得税费用"科目的发生额分析填列。

【例 8-21】　乙公司 202×年度"所得税费用"科目的发生额合计 54 万元，则乙公司 202×年度利润表中"所得税费用"项目"本期金额"的列报金额为 54 万元。

19)"净利润"项目

"净利润"项目反映企业实现的净利润。如为亏损，本项目以"－"号填列。

20)"其他综合收益的税后净额"项目

"其他综合收益的税后净额"项目反映企业根据企业会计准则规定未在损益中确认的各项利得和损失扣除所得税影响后的净额。

21)"综合收益总额"项目

"综合收益总额"项目反映企业净利润与其他综合收益(税后净额)的合计金额。

22)"每股收益"项目

"每股收益"项目包括基本每股收益和稀释每股收益两项指标，反映普通股或潜在普通股已公开交易的企业，以及正处在公开发行普通股或潜在普通股过程中的企业的每股收益信息。

利润表的编制方法举例如下。

【例 8-22】　承例 8-13 至例 8-21，乙公司编制的 202×年利润表如表 8-7 所示。

表 8-7　利润表(多步式)

会企 02 表

编制单位：乙单位　　　　　　　　　　　　　　202×年　　　　　　　　　　　　　　单位：元

项　　　　目	本 期 金 额	上 期 金 额
一、营业收入	150 000 000	
减：营业成本	120 000 000	
税金及附加	7 500 000	
销售费用		
管理费用		

续表

项 目	本 期 金 额	上 期 金 额
研发费用		
财务费用	16 500 000	
其中：利息费用		
利息收入		
加：其他收益		
投资收益（损失以"－"号填列）	−150 000	
其中：对联营企业和合营企业的投资收益		
以摊余成本计量的金融资产终止确认收益（损失以"－"号填列）		
净敞口套期收益（损失以"－"号填列）		
公允价值变动收益（损失以"－"号填列）		
信用减值损失（损失以"－"号填列）		
资产减值损失（损失以"－"号填列）	−4 500 000	
资产处置收益（损失以"－"号填列）		
二、营业利润（亏损以"－"号填列）	1 350 000	
加：营业外收入	1 050 000	
减：营业外支出	450 000	
三、利润总额（亏损总额以"－"号填列）	1 950 000	
减：所得税费用	540 000	
四、净利润（净亏损以"－"号填列）	1 410 000	
（一）持续经营净利润（净亏损以"－"号填列）		
（二）终止经营净利润（净亏损以"－"号填列）		
五、其他综合收益的税后净额（略）		
六、综合收益总额	1 410 000	
七、每股收益		
（一）基本每股收益		
（二）稀释每股收益		

第四节　财务会计报告的报送和汇总

一、财务会计报告的复核

复核是保证财务会计报告质量的一项重要措施。财务会计报告编制完成后，在报送之前，必须由单位会计主管人和单位负责人进行复核。复核的内容主要包括以下几方面：

(1) 报表所列金额与账簿记录是否一致；

(2) 报表的项目是否填列齐全；

(3) 报表的各项数字计算是否正确；

(4) 内容是否完整，相关报表之间的有关数字的钩稽关系是否正确与衔接一致；

(5) 财务报表的附注是否符合有关要求。

经审查无误后，对财务会计报告应依次编定页数、加具封面、装订成册、加盖公章。封面应注明企业的名称、地址、主管部门、开业年份、报表所属年度和月份、送出日期等。

二、财务会计报告的报送

企业的财务会计报告必须由企业领导、总会计师、会计主管人员和制表人员签名盖章后才能报出。单位负责人对会计报表的合法性、真实性负法律责任。

应向哪些单位报送财务会计报告？这与各单位的隶属关系、经济管理和经济监督的需要有关。国有企业一般要向上级主管部门，开户银行，财政、税务和审计机关报送财务会计报告，同时应向投资者、债权人以及其他与企业有关的报告使用者提供会计报表。股份有限公司还应向证券交易和证券监督管理机构提供财务会计报告。根据法律和国家有关规定，对财务会计报告必须进行审计的单位应先委托会计师事务所进行审计，并将注册会计师出具的审计报告，随同财务会计报告按照规定期限报送有关部门。财务会计报告报送时间为：月报于月度终了后 6 天内报出，半年度报告在年度中期结束后 60 天内报出，年报报告于年度结束后 4 个月内报出。

三、财务会计报告的审批

上级主管部门或总公司，财政、税务和金融部门，对各企业报送的财务会计报告应当认真审核。主要审核财务会计报告的编制是否符合会计准则和会计制度的有关规定，审查和分析财务会计报告的指标内容，以便对报送单位的财务活动情况进行监督。在审核过程中，如果发现报告编制有错误或不符合要求，应及时通知原单位进行更正，错误较多的应当重新编报。如果发现有违反法律和财经纪律、弄虚作假的现象，应查明原因，及时纠正，严肃处理。

财务会计报告审核后，要进行批复。年度决算报表除经上级主管部门审核批复外，还应由财政部门审批。企业要认真研究、执行上级主管部门对报表的批复意见，并在账务上做相应的处理。

四、财务会计报告的汇总

汇总财务会计报告是上级根据所属单位上报的财务会计报告汇总编制，用来总括反映所属单位财务状况和经营成果的书面文件。在汇编财务会计报告时，必须先审核后汇总。汇总财务会计报告的格式和基层单位财务会计报告的格式基本相同。编制方法是根据所属单位的财务会计报告和汇编单位本身的财务会计报告，经过合并、分析计算、汇总而填列的。

各级企业主管部门编好汇总财务会计报告后，应按规定的期限逐级上报，并及时报送同级财政、计划、税务等国家部门，以便及时提供国家宏观管理所需的会计信息。

本章小结

财务会计报告也称财务报告是企业对外提供的反映企业某一特定日期财产状况和某一会计期间经营成果、现金流量等会计信息的书面报告，主要由财务报表和其他应当在财务报告中披露的相关信息和资料组成。财务报表包括资产负债表、利润表、现金流量表、所有者权益变动表和附注。财务会计报告的编制应做到数字真实、内容完整、说明清楚和报送及时。财务会计报告的主要作用是提供会计信息，并满足会计信息使用者的需要。

资产负债表是指反映企业在某一特定日期（月末、季末、半年末、年末）财务状况的报表。我国《企业会计准则》规定，企业的资产负债表应采用账户式报表编制。资产负债表应当根据资产、负债、所有者权益科目的期末余额填列。填列的方法可以根据总账科目的余额填列、根据明细科目的余额计算填列、根据总账科目和明细账科目的余额分析计算填列、根据有关科目余额减去其备抵科目余额后的净额填列等。

利润表又称损益表，是反映企业在一定会计期间的经营成果的报表。利润表可以反映企业的获利能力、经营成果和企业的管理水平。我国《企业会计准则》规定利润表采用多步式格式。利润表各项目的填列一般根据损益类账户发生额分析计算填列。

财务会计报告在报送前予以复核，财务会计报告必须由企业领导、总会计师、会计主管人员和制表人员签名盖章后才能报出。单位负责人对会计报表的合法性、真实性负法律责任。财务会计报告报送时间为：月报于月度终了后6天内报出，半年度报告在年度中期结束后60天内报出，年报报告于年度结束后4个月内报出。上级主管部门或总公司，财政、税务和金融部门，对各企业报送的会计报表应当认真审批，最后将财务会计报告予以汇总。

思考与实践

简答题

1. 财务报告有什么作用？

2. 什么是资产负债表？

3. 什么是利润表？利润表有哪几种格式？

4. 财务报告附注有什么作用？

计算题

2021年10月31日，甲公司有关账户期末余额及相关经济业务如下：

（1）"库存现金"账户借方余额2 000元，"银行存款"账户借方余额350 000元，"其他货币资金"借方余额500 000元。

（2）"应收账款"总账借方余额350 000元，其所属明细账户借方余额合计为480 000元，其所属明细账户贷方余额合计为130 000元，"坏账准备"账户贷方余额30 000元（均为应收账款计提）。

（3）"预付账款"总账借方余额130 000元，其所属明细账户借方余额合计为160 000元，其所属明细账户贷方余额合计为 30 000 元。

（4）"应付账款"总账贷方余额 240 000 元，其所属明细账户贷方余额合计为 350 000 元，所属明细账户借方余额合计为 1100 00 元。

（5）"固定资产"账户借方余额 8 700 000 元，"累计折旧"账户贷方余额 2 600 000 元，"固定资产减值准备"账户贷方余额 600 000 元。

（6）本月实现营业收入 2 000 000 元，发生营业成本 1 500 000 元，税金及附加 240 000 元，期间费用 100 000 元，营业外收入 20 000 元，适用的所得税率为 25%。

要求：根据上述资料，计算甲公司 10 月 31 日资产负债表及 10 月利润表中下列项目的金额：

（1）货币资金

（2）应收账款

（3）预付账款

（4）应付账款

（5）固定资产

（6）利润总额

（7）净利润

业务题

1. A 企业 2021 年年末总账如表 8-8 所示。

表 8-8　A 企业 2021 年年末总账　　　　　　　　　　　单位：元

账　户	借 或 贷	余　额	账　户	借 或 贷	余　额
库存现金	借	8 000	短期借款	贷	50 000
银行存款	借	330 000	应付账款	贷	10 000
应收票据	借	6 000	应付职工薪酬	贷	36 000
应收账款	借	123 000	应交税费	贷	12 000
原材料	借	100 000	实收资本	贷	1 090 000
库存商品	借	120 000	盈余公积	贷	77 000
固定资产	借	870 000	利润分配	贷	70 000
累计折旧	贷	210 000			

明细账分类账：

应收账款的坏账准备贷方余额 2 000 元。

其他明细账户如表 8-9 所示。

表 8-9　A 企业 2021 年年末其他明细账户　　　　　　　　单位：元

账　户	借 或 贷	余　额
应收账款——A 公司	借	82 000
应收账款——B 公司	借	75 000

续表

账　　　户	借　或　贷	余　　　额
应收账款——C公司	贷	34 000
应付账款——D公司	借	2 000
应付账款——E公司	贷	12 000

要求：根据以上资料填制该公司资产负债表。

2.B公司2021年12月31日有关损益类账户全年累计发生额资料如表8-10所示。

表8-10　B公司损益类账户2021年全年累计发生额　　　　单位：元

账　　　户	借　或　贷	发　生　额
主营业务收入	贷	720 000
其他业务收入	贷	11 700
营业外收入	贷	9 700
投资收益	贷	3 000
主营业务成本	借	530 000
其他业务成本	借	11 000
税金及附加	借	36 000
营业外支出	借	7 000
销售费用	借	24 000
管理费用	借	50 000
财务费用	借	12 000
所得税费用	借	23 562

要求：根据上述资料编制B公司2021年度利润表。

在线自测

扫描封底二维码  获取答题权限

第九章　账务处理程序

学习目标

1. 掌握账务处理程序的意义和种类；
2. 理解会计账务处理程序的要素；
3. 熟悉记账凭证账务处理程序、科目汇总表账务处理程序、汇总记账凭证账务处理程序和多栏式日记账账务处理程序的各自特点；
4. 掌握科目汇总表的编制和总账的登记方法，汇总收、付、转记账凭证的编制及其总账的登记方法。

导入案例

小王任职于某小型化妆品公司，负责全司的会计业务处理。由于公司规模小，业务杂，会计业务处理不规范，且没有配备相应的财务会计软件。所以每月各项业务凭证登记总账的工作量让小王感到十分棘手，并且常常出现错误，对账也需要花费大量时间。

案例思考：1. 小王如何减少登记总账的工作量？
　　　　　2. 小王采用什么样的方法可提高登记总账的正确率？

第一节　账务处理程序概述

一、账务处理程序的意义

账务处理程序也称会计核算组织程序或会计核算形式，是指会计凭证、会计账簿、财务报表相结合的方式，包括账簿组织和记账程序。账簿组织是指会计凭证和会计账簿的种类、格式，会计凭证与账簿之间的联系方法；记账程序是指由原始凭证到编制记账凭证、登记明细分类账和总分类账、编制财务报表的工作程序和方法等。

不同的单位采用不同的账簿组织和记账程序，构成不同的账务处理程序。各单位科学、合理地选择适用于本单位的账务处理程序，对于保证会计核算工作质量，提高会计核算工作效率，为经济管理提供全面、准确、及时、有用的会计信息，有效地组织会计核算具有重要意义。

二、账务处理程序的种类

目前，我国企业、事业、机关等单位会计核算一般采用的主要账务处理程序有以下五种：

  （1）记账凭证账务处理程序；

  （2）科目汇总表账务处理程序；

  （3）汇总记账凭证账务处理程序；

  （4）多栏式日记账账务处理程序；

  （5）日记总账账务处理程序。

三、账务处理程序分类的依据

  以上五种财务处理程序中，最基本的是记账凭证账务处理程序，其余四种都是在记账凭证账务处理程序的基础上发展演变起来的，所以说它们之间存在着许多共同点。它们的不同之处主要表现在登记总账的依据和方法上。从总体上来分析，登记总分类账的方法可以分为两大类，即直接登记和汇总登记。直接登记是以记账凭证为依据直接登记总分类账的方法，记账凭证账务处理程序和日记总账账务处理程序则属于这一类；另一种则要求定期对记账凭证以一定的方式进行汇总，依据汇总后的资料登记总分类账，这在一定程度上简化了登记总分类账的工作，科目汇总表账务处理程序和汇总记账凭证账务处理程序则属于这一类。多栏式日记账账务处理程序则综合了这两种方式的特点，对于现金和银行存款的收付业务通过汇总登记的形式登记总分类账，而对于业务量不多的转账业务则依据记账凭证直接登记总分类账，只有在转账业务较多时，才以汇总的方式登记总分类账。本章主要介绍前四种账务处理程序的具体特点、基本内容和适用范围。

四、账务处理程序的要求

  合理、科学地组织账务处理程序是做好会计工作的重要前提之一。确定账务处理程序一般应符合以下几点要求：

  （1）要能够及时、准确、全面、系统地提供会计信息，满足各会计信息使用者对会计信息的需要；

  （2）要与本单位的经济性质、经营特点、规模大小及业务的繁简程度相适应，要有利于岗位责任制的建立和分工协作；

  （3）要在保证核算资料准确、及时、完整的前提下，尽可能地提高会计工作效率，节约核算费用。

第二节　记账凭证账务处理程序

一、概念

  记账凭证账务处理程序是指对发生的经济业务事项，都要根据原始凭证或原始凭证汇总表编制记账凭证，然后直接根据记账凭证逐笔登记总分类账的一种账务处理程序，其他账务处理程序都是在此基础上发展演变而形成的。在记账凭证账务处理程序下，应当设置银行存款日记账、现金日记账、明细分类账和总分类账。日记账和总账可采用三栏式；明细分类账可根据需要采用三栏式、数量金额式和多栏式；记账凭证一般使用收款凭证、付款凭证和转账凭证三种格式，也可采用通用记账凭证。

二、核算流程

为了简化会计核算工作，对于经济业务内容相同的原始凭证，应尽可能地先将其予以汇总，然后再根据汇总后的原始凭证编制记账凭证。

▶ 1. 编制记账凭证

根据原始凭证或汇总原始凭证编制各种记账凭证（包括收款凭证、付款凭证和转账凭证）。

知识链接 9-1
记账凭证的
账务处理程序

▶ 2. 登记日记账

根据收款凭证和付款凭证，逐日逐笔登记现金（银行存款）日记账。

▶ 3. 登记明细分类账

根据原始凭证或汇总原始凭证、记账凭证，登记各种明细分类账。

▶ 4. 登记总分类账

根据记账凭证，逐笔登记总分类账。

▶ 5. 对账

月末，将现金（银行存款）日记账的余额、明细分类账的余额分别与总分类账中的相关账户的余额相核对。

▶ 6. 编制会计报表

月末，根据审核无误的总分类账和明细分类账的记录，编制会计报表。

记账凭证账务处理程序的核算流程如图 9-1 所示。

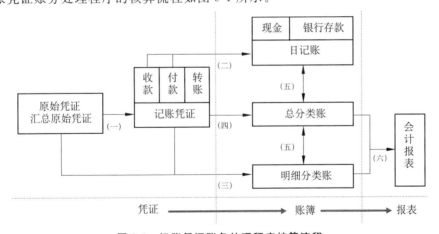

图 9-1　记账凭证账务处理程序核算流程

三、优缺点及适用范围

记账凭证账务处理程序的优点是：简单明了，易于理解，总分类账比较详细地反映了经济业务的发生情况，便于了解经济业务的动态，便于核对账目。其缺点是：由于总分类账是直接根据记账凭证逐笔登记，如果企业规模大，经济业务繁多，就会使得记账凭证多，从而加大登记总分类账的工作量。该账务处理程序一般适应于规模小、经济业务量较少、记账凭证不多的企业。

第三节　科目汇总表账务处理程序

一、概念

科目汇总表账务处理程序又称记账凭证汇总表账务处理程序，是指根据记账凭证定期编制科目汇总表，再根据科目汇总表登记总分类账的一种账务处理程序。与记账凭证账务处理程序相似，在科目汇总表账务处理程序下，应当设置现金日记账、银行存款日记账、明细分类账和总分类账。日记账和总账可采用三栏式；明细分类账可根据需要采用三栏式、数量金额式和多栏式；记账凭证一般使用收款凭证、付款凭证和转账凭证三种格式，也可采用通用记账凭证，但应增设科目汇总表，以作为登记总分类账的依据。

知识链接 9-2
科目汇总表
账务处理程序

二、编制方法

科目汇总表是根据一定时期内的全部记账凭证，按会计科目进行归类编制的。先将汇总期内各项经济业务所涉及的会计科目填列在科目汇总表的"会计科目"栏内，填列的顺序最好与总分类账上会计科目的顺序相同，以便于登记总分类账；然后，依据汇总期内所有的记账凭证，按照相同的会计科目归类，分别计算各会计科目的借方发生额合计数和贷方发生额合计数，并将其填入科目汇总表的相应栏内；最后，进行本期发生额试算平衡。由于借贷记账法的记账规则是"有借必有贷，借贷必相等"，所以在编制的科目汇总表中，全部总账科目的借方发生额的合计数必定等于其贷方发生额的合计数。试算无误后，据以登记总分类账。科目汇总表可以每月汇总一次编制一张，也可视业务量大小每 5 天或 10 天汇总一次，每月编制一张。为便于编制科目汇总表，所有的记账凭证可采用单式记账凭证来填制，这样便于汇总计算其借贷方发生额，不易出错。其格式如表 9-1 所示。

表 9-1　科目汇总表

年　　月　　日至　　日　　　　　　　　　　　　　　　字第　　号

会 计 科 目	本期发生额		记账凭证起讫号码
	借　　方	贷　　方	
合　　计			

三、核算流程

为了简化会计核算工作，对于经济业务内容相同的原始凭证，应尽可能地先将其予以汇总，然后再根据汇总后的原始凭证编制记账凭证。

▶ 1. 编制记账凭证

根据原始凭证或汇总原始凭证，编制各种记账凭证（包括收款凭证、付款凭证和转账凭证）。

▶ 2. 登记日记账

根据收款凭证、付款凭证逐日逐笔登记现金日记账和银行存款日记账。

▶ 3. 登记明细分类账

根据原始凭证、原始凭证汇总表和记账凭证登记各种明细分类账。

▶ 4. 编制科目汇总表

根据各种记账凭证编制科目汇总表。

▶ 5. 登记总分类账

根据定期编制的科目汇总表，登记总分类账。

▶ 6. 对账

期末，将现金日记账、银行存款日记账和明细分类账的余额同有关总分类账的余额核对相符。

▶ 7. 编制会计报表

期末，根据审核无误的总分类账和明细分类账的记录，编制会计报表。科目汇总表账务处理程序的核算流程如图 9-2 所示。

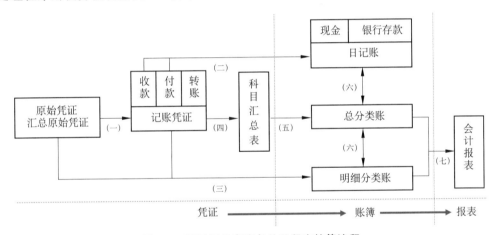

图 9-2　科目汇总表账务处理程序核算流程

四、优缺点及适用范围

科目汇总表账务处理程序的优点是：可以简化总分类账的登记工作，减轻了登记总分类账的工作量，并可以做到试算平衡，简明易懂，方便易学。其缺点是：由于科目汇总表不能反映账户对应关系，不便于查对账面。因此，这种账务处理程序一般适用于经济业务量大、记账凭证较多的企业，尤其是业务较多的企业和单位。

第四节　汇总记账凭证账务处理程序

一、概念

汇总记账凭证账务处理程序是指根据原始凭证或原始凭证汇总表编制记账凭证，定期根据记账凭证分类编制汇总收款凭证、汇总付款凭证和汇总转账凭证，再根据汇总记账凭证登记总分类账的一种账务处理程序。其主要特点是：根据记账凭证定期（如 5 天或 10 天）编制汇总记账凭证，然后根据汇总记账凭证登记总分类账。其总账可全面反映账户汇总的对应关系，提供的总分类核算指标比较详细，可反映资金运动的来龙去脉。

知识链接 9-3
汇总记账凭证
财务处理程序

二、核算流程

汇总记账凭证账务处理程序的核算流程有以下七个步骤。

▶ 1. 编制记账凭证

根据当前会计期的原始凭证和汇总原始凭证，编制收款凭证、付款凭证和转账凭证。

▶ 2. 登记日记账

根据收款凭证、付款凭证逐笔登记库存现金日记账和银行存款日记账。

▶ 3. 登记明细分类账

根据原始凭证，原始凭证汇总表和收、付、转记账凭证，逐笔登记各种明细分类账，包括三栏式、多栏式和数量金额栏式的明细分类账。

▶ 4. 编制汇总收、付、转凭证

根据当期审核无误的收、付、转记账凭证，编制汇总收、付、转记账凭证。

▶ 5. 登记总分类账

根据编制的汇总收、付、转记账凭证登记总分类账。

▶ 6. 对账

期末，将库存现金日记账、银行存款日记账、明细分类账与总分类账进行核对，以确定各种账簿记录是否正确。

▶ 7. 编制会计报表

期末，在账账核对无误的情况下，依据总分类账和明细分类账记录，编制会计报表。

汇总记账凭证账务处理程序的核算流程如图 9-3 所示。

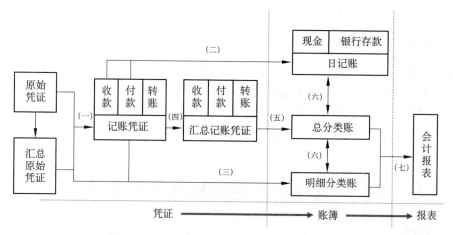

图 9-3　汇总记账凭证账务处理程序的核算流程

三、优缺点及适用范围

汇总记账凭证账务处理程序的优点是:根据汇总记账凭证登记总账,大大减轻了登记总账的工作量;汇总记账凭证是按科目对应关系对记账凭证进行归类编制的,可反映汇总的对应关系;其总分类账全面反映账户汇总的对应关系,有利于分析资金运动的来龙去脉。其缺点是:按每一贷方科目编制汇总转账凭证,不利于会计核算的日常分工,当转账凭证较多时,编制汇总转账凭证的工作量较大。该账务处理程序一般适用于规模较大、经济业务较多的企事业单位。

第五节 多栏式日记账账务处理程序

一、概念

多栏式日记账账务处理程序根据收款凭证和付款凭证逐日登记多栏式现金日记账和多栏式银行存款日记账,根据转账凭证编制转账凭证汇总表或科目汇总表。然后根据多栏式日记账和转账凭证汇总表或科目汇总表登记总分类账。

二、凭证和账簿设置

多栏式日记账账务处理程序下的凭证设置要求与记账凭证账务处理程序类同,且依据转账凭证编制转账凭证汇总表或科目汇总表;采用此种账务处理程序的企业设置分类账簿和序时账。序时账采用多栏式,包括库存现金多栏式日记账和银行存款多栏式日记账;分类账簿需要设置总分类账簿和明细分类账簿,明细分类账簿可根据实际需要设置三栏式、多栏式或数量金额式的明细分类账。

三、核算流程

多栏式日记账账务处理程序的核算流程有以下七个步骤。

▶ 1. 编制记账凭证

根据当前会计期的原始凭证和汇总原始凭证,编制收款凭证、付款凭证和转账凭证。

▶ 2. 登记多栏式日记账

根据收款凭证和付款凭证,登记多栏式库存现金日记账和多栏式银行存款日记账。

▶ 3. 登记明细分类账

根据原始凭证、汇总原始凭证,逐笔登记明细分类账,包括三栏式、多栏式和数量金额栏式的明细分类账。

▶ 4. 编制转账凭证汇总表或科目汇总表

根据当期审核无误的转记账凭证,编制转账凭证汇总表或科目汇总表。

▶ 5. 登记总分类账

根据编制的多栏式日记账、转账凭证汇总表或科目汇总表登记总分类账。

▶ 6. 对账

月底,按照对账要求,将库存现金日记账、银行存款日记账、明细分类账与总分类账进行核对，以确定各种账簿记录是否正确。

▶ 7. 编制会计报表

月末，在账账核对无误的情况下，依据总分类账和明细分类账记录，编制会计报表。

多栏式日记账账务处理程序的核算流程如图 9-4 所示。

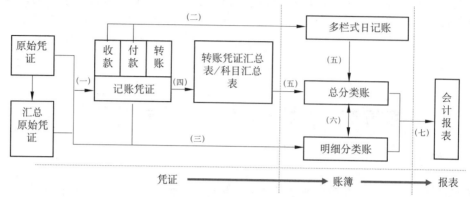

图 9-4　多栏式日记账账务处理程序的核算流程

四、优缺点及适用范围

多栏式日记账账务处理程序的优点是：通过多栏式日记账汇总后再登记总账，转账凭证汇总表汇总各种转账业务，可大大减轻登记总账的工作量，多栏式日记账中有相应的对应多栏，清楚而细致地反映企业货币资金的流向，便于加强日常资金的管理。其缺点是：登记多栏式日记账的工作量大，若企业业务较多，会导致日记账专栏过长，不便于记账；转账凭证汇总表或科目汇总表，不能反映对应关系，不利于查账。该账务处理程序适用于规模适中，收付款业务较多但转账业务较少的企事业单位。

知识链接 9-4
财务处理程序
的区别

┃本章小结┃

本章主要介绍了账务处理程序的基础理论知识。账务处理程序也称为会计核算组织程序或会计核算形式，是指会计凭证、会计账簿、财务报表相结合的方式，包括账簿组织和记账程序。目前我国企事业单位采用的账务处理程序包括记账凭证账务处理程序、科目汇总表账务处理程序、汇总记账凭证账务处理程序、多栏式日记账账务处理程序、日记总账账务处理程序。以上 6 种账务处理程序中，最基本的是记账凭证账务处理程序。它们的不同之处主要表现在登记总账的依据和方法不同。本章主要介绍前四种账务处理程序的具体特点、基本内容和应用范围。

记账凭证账务处理程序是依据各种记账凭证登记总分类账的账务处理程序，手续简便，易于理解，但只适用于规模小、业务量少且记账凭证不多的企业。

科目汇总表账务处理程序需定期根据各种记账凭证登记科目汇总表，再根据科目汇总表登记总账，该账务处理程序大大减少了登记总分类账的工作量，但不能反映各科目之间的对应关系，一般适用于经济业务量大、记账凭证较多的企业。

汇总记账凭证账务处理程序则定期根据各种记账凭证登记汇总记账凭证，并据此登记总账，此账务处理程序可大大减少登记总账的工作量，可反映资金的对应关系，但增加了编制汇总记账凭证的工作量，一般适用于经济业务比较多、规模比较大的企事业单位。

多栏式日记账账务处理程序需编制转账凭证汇总表或科目汇总表，并据此登记总账，该账务处理程序登记多栏式日记账的工作量大，适用于规模适中，收付款业务较多但转账业务较少的企事业单位。

▎思考与实践 ▎

简答题

1. 试述记账凭证账务处理的优缺点及适用范围。
2. 试述科目汇总表账务处理的优缺点及适用范围。
3. 试述汇总记账凭证账务处理的优缺点及适用范围。
4. 试述记账凭证账务处理程序的核算过程是什么？

▎在线自测 ▎

扫描封底二维码　　测试　　获取答题权限

会计技能综合实训

（一）实训目的

培养学生认证能力、制证能力、登账能力和编制报表的能力。通过会计实训，加深学生对会计的基本理论、基本知识、基本方法的掌握与运用，提高会计业务技能，形成会计责任观念。

（二）实训资料

1. 企业名称：ABC 机械公司

2. 企业简介：该公司为一般纳税人企业，所生产的产品均为缴纳增值税产品，增值税税率为 13%，装卸费按产品重量分配，运输费增值税税率为 7%；该公司现有职工 200人，公司设一个基本生产车间，生产甲、乙产品，本月产品全部完工入库，无期初、期末在产品。

　　单位主要相关人员：单位主管：王鹏

　　　　　　　　　　　财务负责人：王萍

　　　　　　　　　　　会计：白亚楠

　　　　　　　　　　　出纳：方梦

　　　　　　　　　　　仓库保管：周围

3. 会计核算方法：

（1）记账凭证采用通用记账凭证；

（2）采用记账凭证核算形式；

（3）明细核算只核算"原材料""库存商品"科目，其余明细账不作要求。

4. 核算期间：2020 年 8 月份一个月的经济业务。

5. 要求：

（1）根据上月末的期末余额（表Ⅰ、表Ⅱ），建立总账、现金日记账、银行存款日记账和有关明细账；并登记 8 月份的期初余额；

（2）根据发生的经济业务（业务以原始凭证或原始凭证汇总表的形式出现），填制记账凭证；

（3）计算甲产品、乙产品的的生产成本；

（4）计提所得税费，税率 25%；

（5）期末结转损益类账户余额（不需要原始凭证）；

（6）按要求登记有关的日记账和明细账，并登记总账；

（7）结出有关账户的发生额及余额；

（8）按要求编制资产负债表、利润表。

表Ⅰ ABC公司

2020年7月总账及有关明细账月末余额 单位：元

资产类科目	金　额	负债和所有者权益	金　额
现金	1 500	短期借款	150 000
银行存款	520 000	应付票据	90 000
其他应收款	4 200	应付账款	180 000
——王丽	800	——山水公司	120 000
——李莹	3 400	——泉城公司	60 000
原材料	314 750	应交税费	21 400
A材料(250吨单价1 100元)	275 000	——未交增值税	20 000
B材料(100吨单价397.5元)	39 750	——应交城建税	1 400
库存商品	950 000		
甲产品(2 000件，单价300元)	600 000	应付福利费	11 750
乙产品(1 000件，单价350)	350 000		
		应付工资	300 000
固定资产	4 239 168	应付利息	1 500
减：累计折旧	893 868	其他应付款	600
		实收资本	3 359 000
		盈余公积	143 000
		资本公积	158 100
		本年利润	750 400
资产合计	5 165 750	权益合计	5 165 750

表Ⅱ ABC公司

2020年1—7月总账及有关明细账月末余额 单位：元

主营业务收入	8 486 000
主营业务成本	6 268 000
税金及附加	51 000
其他业务收入	24 000
其他业务支出	16 000
营业费用	537 000
管理费用	412 000
财务费用	109 100
投资收益	4 000
营业外收入	6 800
营业外支出	7 700
所得税费用	369 600

（三）日常业务核算

业务 1

2020 年 8 月 1 日，收到济南钢铁集团投资款 150 000 元。

凭证 1-1/2

接受投资收据

2020 年 8 月 1 日   字第 89 号

投资单位	济南钢铁集团	投资日期		2020 年 8 月 1 日	
投资项目	现金		投资期限		备注
货币资金	150 000.00		—		
共计	人民币（大写）：壹拾伍万元整				￥150 000.00

凭证 1-2/2

中国工商银行进账单（收款通知）

2020 年 8 月 1 日

收款人	全 称	ABC公司	付款人	全 称	济南钢铁集团								
	账 号	098-5674321		账 号	市交通银行								
	开户银行	市工商银行		开户银行	234-98675445								
人民币（大写）	壹拾伍万元整				百	十	万	千	百	十	元	角	分
					￥1	5	0	0	0	0	0	0	0
票据种类		转账			收款人开户银行盖章								

业务 2

3 日，职工王丽预借差旅费赴北京出差，现回来差旅费并交回多余款。

凭证 2-1/2

收 款 收 据

2020 年 8 月 3 日   字第 90 号

今收到　　王丽　　交来的出差借款余额　　现金	
人民币（大写）：捌拾捌元整	￥88.00
备注：	
出纳：方梦　　　　　　制单：白亚楠　　　　　　单位盖章：财务专用章	

凭证 2-2/2

差旅费结算单
2020 年 8 月 3 日

姓名	王丽	出差地点	北京	出差事由	
出差日期	起：7 月 28 日　止：8 月 3 日			出差人职务	说明：原借款800 元
乘火车费	自　站至　站		金额		
乘汽车费	自　站至　站		金额		
乘费	自　站至　站		金额		
行李运费	千克	每千克　元	金额		
出差补助	天	定额	金额		
旅馆费	天	单价	金额		
其他		金额			
合计金额	小写	￥712.00			
	大写	人民币柒佰壹拾贰元整			
单位负责人	王鹏		出差人	王丽	

业务 3

8 日，开转账支票上交上月未交增值税 20 000 元、城市维护建设税 1 400 元、教育费附加 600 元。

凭证 3-1/4

中国工商银行转账支票存根

支票号码：398865

科目：

对方科目：

签发日期：2020 年 8 月 8 日

收款人：武汉市税务局
金　额：￥22 000.00
用　途：缴纳税款
备　注：

复核：　　　　记账：

凭证 3-2/4

增值税专用缴款书

填制日期：2020 年 8 月 8 日　　　　　　　　　　　　编号：01234

收 款 人	全　称	市税务局	付 款 人	全　　称	ABC公司								
	预算级次			账　号	45698321								
	收缴金库			开户银行	工商银行								
税款所属日期：2020年7月			税款限缴日期：2020年8月10日										
销项税额	抵扣税额	应交税额	已交税额	补交税额	百	十	万	千	百	十	元	角	分
							2	0	0	0	0	0	0
合计						￥	2	0	0	0	0	0	0
人民币 （大写）	贰万元整												
备注：	缴款单位盖章		收款银行盖章				税务机关盖章	样章					

凭证 3-3/4

城市维护建设税专用缴款书

填制日期：2020 年 8 月 8 日　　　　　　　　　　　　编号：036854

收 款 人	全　称	市税务局	付 款 人	全　　称	ABC公司								
	预算级次			账　号	45698321								
	收缴金库			开户银行	工商银行								
税种名称		计征税额	税率		百	十	万	千	百	十	元	角	分
增值税		20 000.00	7%					1	4	0	0	0	0
人民币 （大写）	壹仟肆佰元整							￥	1	4	0	0	0	0
备注：	缴款单位盖章		税务机关盖章				收款银行盖章	样章					

凭证 3-4/4

教育费附加专用缴款书

填制日期：2020 年 8 月 8 日 　　　　　　　　　编号：036854

收款人	全　称	市税务局	付款人	全　称	ABC公司
	预算级次			账　号	45698321
	收缴金库			开户银行	工商银行

税种名称	计征税额	税率	百	十	万	千	百	十	元	角	分
增值税	20 000.00	3%					6	0	0	0	0

人民币（大写）	陆佰元整			￥	6	0	0	0	0

备注：	缴款单位盖章	税务机关盖章	收款银行盖章

业务 4

10 日，结算本月份应付职工工资，按用途归集如下：

甲产品生产人员	79 500.00
乙产品生产人员	99 000.00
车间管理人员	29 700.00
行政管理人员	88 800.00

凭证 4-1/2

中国工商银行转账支票存根

支票号码：39800752

科目：

对方科目：

签发日期：2020 年 8 月 10 日

收款人：ABC 公司
金　额：￥297 000.00
用　途：发 7 月份工资
备　注：

复核：　　　　　　记账：

凭证 4-2/2

工资结算汇总表

2020 年 8 月 10 日（备注：7 月份工资）

部门	应付工资	代扣个人所得税	实发工资
甲产品生产人员	80 000.00	500.00	79 500.00
乙产品生产人员	100 000.00	1 000.00	99 000.00
车间管理人员	30 000.00	300.00	29 700.00
行政管理人员	90 000.00	1 200.00	88 800.00
合计	300 000.00	3 000.00	297 000.00

复核：王萍　　　　　　　　　　　　制表人：白亚楠

业务 5

11 日，从银行借入的为期 3 个月的借款本日到期，如数偿还。同时支付利息 2 250 元。（利息按月计提，按季支付。已预提 1 500 元）

凭证 5-1/1

中国工商银行转账支票存根

支票号码：398932

科目：

对方科目：

签发日期：2020 年 8 月 11 日

收款人：工商银行雄楚分行
金　额：￥2 250.00
用　途：短期借款利息
备　注：

复核：　　　　　　记账：

业务 6

12 日，出售乙商品一批，售价 400 000 元，增值税税率为 13%。货款收到，存入银行。

凭证 6-1/2

中国工商银行进账单（收款通知）

2020 年 8 月 12 日

收款人	全 称	ABC公司	付款人	全 称	人民商场
	账 号	市工商银行		账 号	市建设银行
	开户银行	123-45678		开户银行	234-9867533

人民币（大写）	肆拾伍万贰仟元整		百	十	万	千	百	十	元	角	分
		¥	4	5	2	0	0	0	0	0	0

票据种类	转账	收款人开户银行盖章
票据张数		
单位主管会计：	记账：	

凭证 6-2/2

东方省增值税专用发票

（发票联）

开票日期：2020 年 8 月 12 日　　　　　　　No45789760

购货单位	名称			人民商场			纳税人登记号				678912432-97								
	地址、电话			2345433			开户银行及账号				678654								

货物名称	单位	数量	单价	金额									税率(%)	税额						
				百	十	万	千	百	十	元	角	分		十	万	千	百	十	元	角	分
乙商品	件	800	500		4	0	0	0	0	0	0	0	13		5	2	0	0	0	0	0
合计				¥	4	0	0	0	0	0	0	0		¥	5	2	0	0	0	0	0

价税合计（大写）	人民币肆拾伍万贰仟元整	¥ 452 000.00

销货单位	名称	ABC公司	纳税人登记号	
	地址、电话		开户银行及账号	
备注				

收款人：　　　　　　　　　　　　开票单位（未盖章无效）

业务 7

15 日，偿还前欠山水公司的货款 120 000 元。

凭证 7-1/2

中国工商银行转账支票存根

支票号码：398752

科目：

对方科目：

签发日期：2020 年 8 月 15 日

收款人：山水公司
金　额：¥120 000.00
用　途：偿还货款
备　注：

复核：　　　　　记账：

凭证 7-2/2

收　款　单

2020 年 8 月 15 日

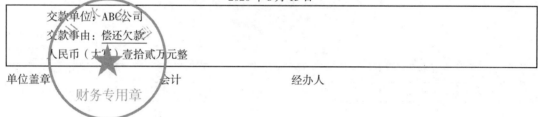

交款单位：ABC公司
交款事由：偿还欠款
人民币（大写）壹拾贰万元整

单位盖章　　　　　　　会计　　　　　　　经办人

业务 8

16 日，向供应商信达公司采购 A 材料 200 吨，单价 1 200 元/吨，B 材料 150 吨，单价 400 元/吨，增值税税率 13%，装卸费 38 500 元，装卸费按材料重量分配。

凭证 8-1/5

中国工商银行转账支票存根

支票号码：398752

科目：

对方科目：

签发日期：2020 年 8 月 16 日

收款人：信达公司
金　额：¥339 000.00
用　途：货款
备　注：

复核：　　　　　记账：

凭证 8-2/5

中国工商银行转账支票存根

支票号码：398752

科目：

对方科目：

签发日期：2020 年 8 月 16 日

收款人：武汉汽车运输公司
金　额：￥38 500.00
用　途：装卸费
备　注：

复核：　　　　　记账：

凭证 8-3/5

湖北省增值税专用发票

（发票联）

开票日期：2020 年 8 月 16 日　　　　　　No45789760

购货单位	名称		ABC公司						纳税人登记号				678912432-97				
	地址、电话		2345433						开户银行及账号				678654				

货物名称	单位	数量	单价	金额									税率(%)	税额							
				百	十	万	千	百	十	元	角	分		十	万	千	百	十	元	角	分
A材料	吨	200	1 200		2	4	0	0	0	0	0	0	13		3	1	2	0	0	0	0
B材料	吨	150	400			6	0	0	0	0	0	0	13			7	8	0	0	0	0
合计				￥	3	0	0	0	0	0	0	0		￥	3	9	0	0	0	0	0

价税合计（大写）	叁拾叁万玖仟元整	￥ 339 000.00
销货单位	名称	信达公司	纳税人登记号	
	地址、电话		开户银行及账号	
备注				

收款人：　　　　　　　　　　开票单位（未盖章无效）

凭证 8-4/5

武汉汽车运输公司运费杂费收据

单位：ABC公司　　　　　　　　　　2020 年 8 月 17 日　　　　　　　　　　№9076544

货物名称	单位	数量	路程（公里）	单位运价（吨·公里）	金额						
					万	千	百	十	元	角	分
A材料	吨	200	200	0.5	2	0	0	0	0	0	0
B材料	吨	150	200	0.5	1	5	0	0	0	0	0
				装卸费		3	5	0	0	0	0
人民币（大写）　叁万捌仟伍佰元整					3	8	5	0	0	0	0
备注											

复核人：张三　　　　　　　　　　　　　　　　　　　　　　制单：王平

凭证 8-5/5

收 料 单

供货单位：　　　　　　　　　　　　　　　　　　　　　　材料类别：原材料
支票号码：　　　　　　　　　　　　　　　　　　　　　　仓库：4

2020 年 8 月 16 日

编号	材料名称	单位	数量			实际成本								
			应收	实收	单价	合　计								
						十	亿	千	百	十	万	千	百	十	元	角	分
	A 材料	吨	200	200	1 200					2	4	0	0	0	0	0	0
	B 材料	吨	150	150	400						6	0	0	0	0	0	0
	合计	人民币（大写）：叁拾万元整							￥	3	0	0	0	0	0	0	0
备注：装卸费按材料重量分配														

验收人：周围　　　　　　　　　　　　　　　　　　　　　　制单：白亚楠

业务9

18日，支付广告费300 000元。

凭证9-1/2

中国工商银行转账支票存根

支票号码：412552

科目：

对方科目：

签发日期：2020年8月18日

收款人：广告公司
金　额：¥30 000.00
用　途：广告费
备　注：

复核：　　　　　　记账：

凭证9-2/2

山东省工商企业普通发票 (发票联) 税务局监制

客户名称：ABC公司　　　　　　2020年8月18日

货号	品名或项目	计量单位	数量	单价	金额								备注
					十	万	千	百	十	元	角	分	
	广告费					3	0	0	0	0	0	0	现金已收讫
合计	人民币（大写）	叁万元整			¥	3	0	0	0	0	0	0	
备注													

单位：　　　　　　财务：　　　　　　开票：

业务 10

向银座商城销售甲商品 1 000 件，单价 500 元/件，增值税税率为 13％，收到转账支票一张已送存银行。

凭证 10-1/2

山东省增值税专用发票
（记账联）

开票日期：2020 年 8 月 20 日　　　　　　　　No45723660

购货单位	名称			银座商城						纳税人登记号						458905432-97				
	地址、电话			6542693						开户银行及账号						2659874				

货物名称	单位	数量	单价	金额									税率(%)	税额							
				百	十	万	千	百	十	元	角	分		十	万	千	百	十	元	角	分
甲商品	件	1 000	500		5	0	0	0	0	0	0	0	13		6	5	0	0	0	0	0
合计				¥	5	0	0	0	0	0	0			¥	6	5	0	0	0	0	0

价税合计（大写）		伍拾陆万伍仟元整		¥ 565 000.00	
销货单位	名称	ABC公司	纳税人登记号	
	地址、电话		开户银行及账号	
备注				

收款人：　　　　　　　　　　开票单位（未盖章无效）

凭证 10-2/2

中国工商银行进账单（收款通知）
2020 年 8 月 20 日

收款人	全　称	ABC公司	付款人	全　称	银座商城								
	账　号	市工商银行		账　号	市建设银行								
	开户银行	123-45678		开户银行	234-98675445								

人民币（大写）	伍拾陆万伍仟元整	百	十	万	千	百	十	元	角	分
			¥	5	6	5	0	0	0	0	0
票据种类	转账									
票据张数				收款人开户银行盖章						
单位主管会计：	记账：									

业务 11

21 日，购买办公用品 670 元，其中厂部 150 元，车间 520 元。

凭证 11-1/1

山东省工商企业普通发票 (发票联) 税务局监制

购货单位：ABC公司　　　　　　　　　　2020 年 8 月 31 日

货号	品名规格或加工修理	计量单位	数量	单价	金额								备注
					十	万	千	百	十	元	角	分	
	办公用品	宗	1					6	7	0	0	0	现金已收讫
合计	人民币（大写）	陆佰柒拾元整					¥	6	7	0	0	0	
备注													

单位：　市百货商场财务章　　财务：　　　　　　开票：

业务 12

22 日，向供应商信达公司采购 A 材料 350 吨，单价 1 200 元/吨，B 材料 150 吨，单价 400 元/吨，增值税税率 13%，开出商业承兑汇票一张。

凭证 12-1/3

商业承兑汇票

签发日期：2020 年 8 月 22 日　　　　　　　　　汇票号码 67 号

收款人	全　称	信达公司	付款人	全　称	ABC 公司								
	账　号	458621478		账　号	123－45678								
	开户银行	建设银行		开户银行	工商银行								
人民币（大写）	伍拾肆万贰仟肆佰元整				百	十	万	千	百	十	元	角	分
					¥	5	4	2	4	0	0	0	0
汇票到期日		2020 年 11 月 22 日											
合同交易号码		56789－6		负责人：									
单位主管会计：		记账：		经办人：									

凭证 12-2/3

山东省增值税专用发票
（发票联）

开票日期：2016 年 8 月 22 日　　　　　　　　　　　No45789760

购货单位	名称	ABC公司	纳税人登记号	678905432-97
	地址、电话	2345433	开户银行及账号	678654

货物名称	单位	数量	单价	金额 百	十	万	千	百	十	元	角	分	税率(%)	税额 十	万	千	百	十	元	角	分
A材料	吨	350	1 200		4	2	0	0	0	0	0	0	13		5	4	6	0	0	0	0
B材料	吨	150	400			6	0	0	0	0	0	0	13			7	8	0	0	0	0
合计				¥	4	8	0	0	0	0	0	0		¥	6	2	4	0	0	0	0

价税合计（大写）	人民币伍拾肆万贰仟肆佰元整	￥542 400.00

销货单位	名称	信达公司	纳税人登记号	
	地址、电话		开户银行及账	
备注				

样章

收款人：　　　　　　　　　　开票单位（未盖章无效）

凭证 12-3/3

收　料　单

供货单位：　　　　　　　　　　　　　　　　　　　　材料类别：原材料
支票号码：　　　　　　　　　　　　　　　　　　　　仓　库：4

2020 年 8 月 22 日

编号	材料名称	单位	数量 应收	实收	单价	实际成本 发票金额	运杂费	合计 百	十	万	千	百	十	元	角	分
	A 材料	吨	350	350	1200				4	2	0	0	0	0	0	0
	B 材料	吨	150	150	400					6	0	0	0	0	0	0
合计		人民币（大写）：肆拾捌万元整						¥	4	8	0	0	0	0	0	0
备注：							附单据 3 张									

验收人：周围　　　　　　　　　　　　　　　　　　　制单：白亚楠

业务 13

25 日，以银行存款的方式支付水电费，其中车间水费 4 000 元，管理部门水费 1 000 元。

凭证 13-1/2

水电分配表

2020 年 8 月 25 日

项目	使用部门	数量	单位	单价(元)	金 额							
					十	万	千	百	十	元	角	分
	生产车间						4	0	0	0	0	0
	管理部门						1	0	0	0	0	0
合计						¥	5	0	0	0	0	0

财务科长：王萍　　　　　　　　　　　　　　　　　　制表人：白亚楠

凭证 13-2/2

中国工商银行转账支票存根

支票号码：398752

科目：

对方科目：

签发日期：2020 年 8 月 25 日

收款人：供电局
金　额：¥5 000.00
用　途：支付水电费
备　注：

复核：　　　　　　记账：

业务 14

31 日，生产车间生产甲产品，领用 A 材料 250 吨，单价 1200/吨，B 材料 150 吨，单价 400 元/吨；生产乙产品，领用 A 材料 150 吨，单价 1200/吨，B 材料 90 吨，单价 400 元/吨。

凭证 14-1/1

材料发出汇总表

2020 年 8 月 31 日　　　　　　　　　　　　　　　　　　　　　字第 9 号

应借科目	A 材料			B 材料			合计金额 (元)
	单位	数量	金额(元)	单位	数量	金额(元)	
生产成本——甲	吨	250	300 000	吨	150	60 000	360 000
——乙	吨	170	204 000	吨	90	36 000	240 000
合计		430	504 000		240	96 000	600 000

仓库主管：周围　　　　　记账：白亚楠　　　　　发料：王丽丽　　　　　领料：薛雪

业务 15

31 日工资费用分配如下。

甲产品生产人员：100 000.00 元

乙产品生产人员：100 000.00 元

生产车间管理人员：20 000.00 元

企业行政管理人员：30 000.00 元

按 14% 计提员工福利费。

凭证 15-1/1

工资费用分配汇总表

2020 年 8 月 31 日　　　　　　　　　　　　　　　　　　　单位：元

应借科目	甲产品生产工人工资	乙产品生产工人工资	生产车间管理人员	企业行政管理人员	合计
生产成本——甲	100 000.00				100 000.00
生产成本——乙		100 000.00			100 000.00
制造费用			20 000.00		20 000.00
管理费用				30 000.00	30 000.00
合计	100 000.00	100 000.00	20 000.00	30 000.00	250 000.00

财务负责人：王萍　　　　　　　　　　　　　　　　制表人：方梦

业务 16

计提部门折旧费，其中车间 33 660 元，管理部门 5 400 元。

凭证 16-1/1

固定资产折旧计算表

2020 年 8 月 31 日

使用部门	月折旧额
车间用固定资产	￥33 660.00
管理部门用固定资产	￥5 400.00
合计	

复核：王萍　　　　制表人：白亚楠

参 考 文 献

［1］企业会计准则编审委员会. 企业会计准则案例讲解［M］. 上海：立信会计出版社，2017.

［2］李海波，蒋瑛. 新编会计学原理——基础会计［M］. 18 版. 上海：立信会计出版社，2018.

［3］张蕊. 会计学原理［M］. 6 版. 北京：中国财政经济出版社，2019.

［4］李瑞芬. 会计学原理［M］. 4 版. 大连：东北财经大学出版社，2020.

［5］崔九九，徐黎，杨滨. 基础会计学［M］. 上海：立信会计出版社，2020.

［6］邱卫林，周美玲，苏亚莉. 会计学原理［M］. 上海：立信会计出版社，2020.

［7］财政部会计资格评价中心. 初级会计实务［M］. 北京：中国财经出版传媒集团经济科学出版社，2020.

教师服务

感谢您选用清华大学出版社的教材！为了更好地服务教学，我们为授课教师提供本书的教学辅助资源，以及本学科重点教材信息。请您扫码获取。

》 教辅获取

本书教辅资源，授课教师扫码获取

》 样书赠送

会计学类重点教材，教师扫码获取样书

 清华大学出版社

E-mail: tupfuwu@163.com
电话: 010-83470332 / 83470142
地址: 北京市海淀区双清路学研大厦 B 座 509

网址: https://www.tup.com.cn/
传真: 8610-83470107
邮编: 100084